战略性新兴领域"十四五"高等教育系列教材

数字孪生技术

主　编　任志贵　张明德
副主编　刘　杰　马帅旗　刘文帅
参　编　张政武　徐　凯　梁永永　朱永超
　　　　汪　泉　庞晓平　龚晓燕　黄现代
　　　　贾　伟　达列雄　闫群民

机械工业出版社

本教材为战略性新兴领域"十四五"高等教育系列教材之一，希望能在帮助学生学习和理解数字孪生技术基本知识的基础上，着力培养学生运用数字孪生技术解决实际问题的能力。

本教材共 7 章，内容包括概述、数字孪生中的物联网和人工智能、数字孪生技术在无人机系统中的应用、数字孪生技术在智能产线中的应用与实践、数字孪生技术在工程机械行业中的应用、数字孪生技术在电力系统中的应用、数字孪生技术在风力发电机叶片设计及智能运维中的应用。

本教材可供应用型本科院校智能制造、机械工程、机电一体化等相关专业作为教材使用，也可供相关工程技术人员作为参考书使用。

图书在版编目（CIP）数据

数字孪生技术 / 任志贵，张明德主编 . -- 北京：机械工业出版社，2024.12. --（战略性新兴领域"十四五"高等教育系列教材）. -- ISBN 978-7-111-77007-7

Ⅰ. F407.4-39

中国国家版本馆 CIP 数据核字第 2024WS8135 号

机械工业出版社（北京市百万庄大街 22 号　邮政编码 100037）
策划编辑：余　　皞　　　　　　责任编辑：余　皞　杨　璇
责任校对：张爱妮　王　延　　　　封面设计：严娅萍
责任印制：张　博
北京建宏印刷有限公司印刷
2024 年 12 月第 1 版第 1 次印刷
184mm×260mm・13.25 印张・293 千字
标准书号：ISBN 978-7-111-77007-7
定价：49.80 元

电话服务　　　　　　　　网络服务
客服电话：010-88361066　　机 工 官 网：www.cmpbook.com
　　　　　010-88379833　　机 工 官 博：weibo.com/cmp1952
　　　　　010-68326294　　金　书　网：www.golden-book.com
封底无防伪标均为盗版　机工教育服务网：www.cmpedu.com

前 言

2023年2月，中共中央、国务院印发的《数字中国建设整体布局规划》提出，建设数字中国是数字时代推进中国式现代化的重要引擎，是构筑国家竞争新优势的有力支撑。数字孪生技术与实体经济融合发展正在重新定义产业新生态，重塑数字经济发展新格局。为加快数字孪生技术创新应用，加强高等学校战略性新兴领域卓越工程师培养，教育部开展了战略性新兴领域"十四五"高等教育教材体系建设工作，本教材是其中高端装备制造领域的系列教材之一。

本教材定位为应用型本科院校智能制造等相关专业使用教材。在内容选取方面，基于专业对人才培养的知识、能力、素质等目标需求，以工程案例为载体，以培养学生应用能力为目标，坚持面向行业实际、产业发展需要，强化课程理论知识的基础性，重视学生在数字孪生技术行业应用能力的培养。

本教材具有以下特点：

1）结合行业最新技术、工艺方法、规范标准及研究成果，突出理论学习与实践应用，实现了教学内容与行业标准、生产流程、项目研发等精准对接，适应产业发展新需求、新变化。

2）融入了编者在物联网和人工智能、无人机系统、智能产线、液压挖掘机、电力系统等行业领域多年的研究成果和教学经验，以例说理，以点带面，帮助学生培养严谨的科学思维能力、实践动手能力和解决实际问题能力。

3）符合教学规律和认知规律，由浅入深、循序渐进，逻辑清晰、图文并茂，并注重阐明实际问题的研究思路、技术方法、实施路径和结果分析，启发性、可读性强，便于学生自学。

4）积极适应"互联网+"教学新形态，建有线上课程教学资源，配有丰富的产品设计、仿真验证、工艺与生产规划、设备管理与远程监控、设备维护与检修等教学案例，可帮助学生提高学习质量，加深学生对知识的理解，拓宽学生的视野。

本教材由任志贵、张明德主编。具体分工如下：第1章由任志贵、张政武、梁永永编写，第2章由刘杰、黄现代、贾伟、达列雄编写，第3章由刘文帅编写，第4章由张明德、徐凯编写，第5章由任志贵、庞晓平、龚晓燕编写，第6章由马帅旗、闫群民编写，第7

章由朱永超、汪泉编写。

  本教材的编写征求了有关同仁的建议,参考了诸多相关文献,得到了三一重工、柳工、华中数控等多个企业的大力支持,在此一并表示诚挚的感谢。

  由于编者水平有限,教材中难免有不妥之处,敬请读者批评指正。

编 者

目　录

前言 知识图谱

第 1 章　概述 ······ 1
1.1　数字孪生内涵 ······ 1
1.2　数字孪生的应用领域 ······ 3
1.3　数字孪生的基本原理 ······ 4
1.4　数字孪生技术 ······ 7
1.5　数字孪生工具 ······ 11
课后思考题 ······ 20

第 2 章　数字孪生中的物联网和人工智能 ······ 21
2.1　数字孪生与物联网 ······ 21
2.2　数字孪生与人工智能 ······ 29
2.3　物联网、人工智能与数字孪生的融合应用案例 ······ 36
课后思考题 ······ 40

第 3 章　数字孪生技术在无人机系统中的应用 ······ 41
3.1　无人机系统与模拟飞行 ······ 41
3.2　无人机系统模拟飞行流程 ······ 50
3.3　数字孪生系统搭建 ······ 62
3.4　数字孪生技术在模拟飞行中的应用 ······ 72
课后思考题 ······ 84

第 4 章　数字孪生技术在智能产线中的应用与实践 ······ 86
4.1　智能产线数据流程管理 ······ 86
4.2　数字孪生系统搭建 ······ 94
4.3　数字孪生技术在智能产线中的应用 ······ 102
课后思考题 ······ 115

第5章　数字孪生技术在工程机械行业中的应用 117
5.1　数字孪生模型 117
5.2　数字孪生技术在工程机械设计中的应用 126
5.3　数字孪生技术在工程机械智能化中的应用 131
5.4　液压挖掘机智能制造平台 136
课后思考题 140

第6章　数字孪生技术在电力系统中的应用 141
6.1　电力系统数字孪生概述 141
6.2　电力系统数字孪生模型的框架 143
6.3　电力系统数字孪生建模 147
6.4　数字孪生在光伏发电功率预测中的应用 150
6.5　数字孪生在光伏阵列故障诊断中的应用 159
课后思考题 173

第7章　数字孪生技术在风力发电机叶片设计及智能运维中的应用 175
7.1　风力发电机叶片的数字孪生模型 176
7.2　数字孪生技术在风力发电机叶片设计中的应用 183
7.3　风电设备的智能化运维 189
课后思考题 202

参考文献 203

教学大纲

第 1 章

概 述

PPT 课件

课程视频

1.1 数字孪生内涵

1.1.1 数字孪生的起源与发展

(1) 数字孪生的起源 "孪生"的概念源自于 1969 年美国航空航天局的"阿波罗计划"。在该计划中,通过利用与太空飞行器完全相同的地面飞行器(孪生体)来模拟太空飞行器的工作状态,辅助工程技术人员分析、处理太空中出现的紧急事件。

2002 年,美国密歇根大学的 Michael Grieves 教授在产品全生命周期管理课程中,首次提出了"Conceptual Ideal for PLM (Product Lifecycle Management)"的概念模型,并在后来的文章中定义为"镜像空间模型"。该模型包括了物理空间的实体产品、数字空间的虚拟产品以及两者间的连接。虽然数字孪生(Digital Twin)的概念没有被正式提出,但是已经将虚拟产品从设计阶段扩展至制造和运行的全生命周期中,体现了数字孪生的基本思想,其被看作是产品数字孪生概念的雏形。

2010 年,美国航空航天局在未来飞行器数字孪生技术报告中正式提出了数字孪生概念,并将其定义为"集成了多物理量、多尺度、多概率的系统或飞行器仿真过程"。

2012 年,美国国家标准与技术研究院提出了基于模型的定义和企业概念,将数字孪生的内涵延伸至整个产品的制造过程,即创建企业和产品的数字模型,数字模型的仿真分析贯穿整个产品的生命周期。随后数字孪生逐渐应用于航空航天领域,包括机身设计与维修、飞行器能力评估、飞行器故障预测等,数字孪生技术引起了研究人员和工程人员的广泛关注。

(2) 数字孪生的发展 数字孪生概念起源于美国,最初是用于航天意外事件的诊断与预测、空军战斗机维护等,后来美国通用电气公司将其推广至工业生产领域。随着西门子、达索等制造企业开展数字孪生应用技术的研究,数字孪生技术的应用逐步扩展至欧洲。

数字孪生技术发展历程是新一代信息技术不断集成融合的过程。由于人工智能、物联网、虚拟现实等技术的不断发展以及元宇宙概念的兴起，数字孪生概念进一步完善，适用范围不断拓宽。回顾数字孪生技术发展历程，大致可以分为以下四个阶段。

1）数字孪生技术积累期（1980—2000 年）。它是指 CAD、CAE、CAM 等计算机建模仿真、计算机辅助工程等技术准备与应用阶段，以模型仿真驱动为特征。1980 年以来，随着计算机辅助设计、制造等建模仿真与分析软件在工程设计中的逐步应用，基于计算机的产品数字化设计、仿真、验证和分析是该时期的主要表现形式。

2）数字孪生概念提出期（2000—2015 年）。它是指数字孪生体模型的出现和英文名称的确定阶段，以模型与感知控制驱动为特征。Michael Grieves 教授首次提出"镜像空间模型"，成为数字孪生概念的起源，并将该理念应用于产品全生命周期管理中。2010 年，美国航空航天局将数字孪生应用于航空航天领域，随后通用电气、达索、西门子等制造业龙头企业广泛开展数字孪生的应用。

3）数字孪生应用推广期（2015—2020 年）。它是指更大范围的应用延伸阶段，以模型、感知、位置等多技术融合驱动为特征。随着物联网、BIM 技术的成熟与普及，二维 GIS 技术向三维化、实体化、语义化不断发展，数字孪生技术应用逐渐从封闭空间的小场景，走向更加开放空间的大场景，从数字孪生零件、产品、车间，走向数字孪生楼宇、园区、城市等更大尺度范围。

4）数字孪生快速发展期（2020 年以后）。它是指跨领域技术集成与融合阶段，以模型、位置、感知、交互、AI 等技术全面融合驱动为特征。随着数字孪生与大数据、AI 等技术进一步融合，数字孪生技术广泛应用于工业互联网、智慧城市建设等领域。近两年，由于元宇宙概念的兴起、AR/VR 的发展提速，加速推动了数字空间与现实空间的深度融合，数字孪生进入大集成大融合发展阶段。

1.1.2 数字孪生的概念与特征

（1）数字孪生的概念　数字孪生的概念在标准化组织、学术界和企业中有不同的表述方式。标准化组织认为，数字孪生是指具有数据连接的特定物理实体或过程的数字化表达，该数据连接可以保证物理状态和虚拟状态间的同速率收敛，并提供物理实体或过程的整个生命周期的集成视图，有助于优化整体性能。学术界认为，数字孪生是以数字化方式创建物理实体的虚拟实体，借助历史数据、实时数据和算法模型等，模拟、验证、预测、控制物理实体全生命周期过程的技术手段。企业认为，数字孪生是资产和流程的软件表示，用于理解、预测和优化绩效以实现改善的业务成果。

通俗地讲，数字孪生（Digital Twin）是指通过软件工具和数据分析，创建一个真实物理对象、系统或过程的虚拟数字复制品，所以又称为"数字双胞胎"，也被称为"数字映射""数字镜像"等。它是利用物理模型、传感器反馈、运行历史等数据，集成多学科、多物理量、多尺度、多概率的仿真过程，在虚拟空间中完成映射，从而反映相对应的实体装备的全生命周期过程。

（2）数字孪生的特征　从上述数字孪生的概念可以看出，数字孪生具有以下几个典型特征。

1）互操作性。通过物理对象和数字空间的双向映射、动态交互和实时连接，数字模型能够映射物理实体，并在不同数字模型之间转换、合并和建立"表达"的等同性。

2）可扩展性。数字孪生具备集成、添加和替换数字模型的能力，能够针对多尺度、多物理、多层级的模型内容进行扩展。

3）实时性。数字孪生模型能够表征物理实体的外观、状态、属性、内在机理，并形成物理实体实时状态的数字虚体映射。

4）保真性。数字孪生的保真性要求虚体模型和物理实体保持几何结构的一致性，同时在状态、相态和时态上也要仿真。

5）闭环性。数字孪生中的数字虚体用于描述物理实体的可视化模型和内在机理，以便于对物理实体的状态数据进行监视、分析推理、优化工艺参数和运行参数，实现决策功能。

（3）数字孪生体的生命周期　数字孪生体的核心对象包括物理实体和虚拟实体。物理实体是指现实物理世界中离散的、可识别和可观察的事物，如城市、工厂、建筑物、电网中的电流、制造工艺等；虚拟实体是指与物理实体对应的表示信息或数据的事物。

数字孪生中虚拟实体的生命周期包括起始、设计和开发、验证与确认、部署、操作与监控、重新评估和退役，物理实体的生命周期包括验证与确认、部署、操作与监控、重新评估和回收利用。同时，虚拟实体在全生命周期过程中与物理实体的相互作用是持续的，在虚拟实体与物理实体共存阶段，两者保持相互关联并相互作用。另外，全生命周期中虚拟实体存在迭代过程，即虚拟实体在验证与确认、部署、操作与监控、重新评估等环节发生的变化，可以迭代反馈至设计和开发环节，从而提升物理实体从设计到回收利用整个过程的智能化水平。

（4）数字孪生与传统仿真的区别　仿真技术是指借助数值计算和问题求解，通过仿真实验反映系统行为或过程的模型技术，目的是依靠正确的模型和完整的信息、环境数据，反映物理世界的特性和参数，但仿真技术仅能以离线的方式模拟物理世界，不具备实时性、闭环性等特征。

数字孪生利用仿真、实测、数据分析等手段对物理实体状态进行感知、诊断和预测，进而优化物理实体，进化数字模型。同时，数字孪生利用仿真技术和其他技术，与传感器共同在线，使其具有保真性、实时性与闭环性。

1.2　数字孪生的应用领域

数字孪生概念起源于工业领域。随着数字孪生技术的发展，工业产品制造也成为数字孪生应用较广的领域，主要表现在产品设计、制造、调试、运行决策以及智能维护方面。

在产品设计方面，通过制造系统的数字孪生体映射制造过程或模拟制造过程，改进设计方案，实现设计和制造的融合，提高产品的质量和性能。在产品制造方面，通过构建设备生产过程的数字孪生模型，对生产、检测等关键环节实现智能监管。在产品调试方面，借助设备和生产环境的实时映射仿真，实现对设备的虚拟化调试，降低调试成本并缩短周期。在运行决策方面，利用对生产环境、生产任务和设备状态的动态映射，制定和优化运行策略。在智能维护方面，可复现故障场景，提取故障特征，判定故障位置。同时，通过数字孪生系统，建立设备关键零部件寿命衰减模型，分析剩余寿命，实现对工业设备的预测性维护。

此外，数字孪生作为一个普适的理论技术体系，不仅在制造领域被关注和应用，还广泛应用于电力、医疗健康、城市管理、铁路运输、环境保护、汽车、建筑等领域，并展现出巨大的技术潜力。数字孪生的应用领域及其内容见表1-1。

表1-1 数字孪生的应用领域及其内容

应用领域	内容
制造业	产品设计与仿真验证、工艺规划、生产规划、质量管理与工艺优化、能效管理与优化、设备管理与远程监控、设备维护与检修等
电力	电厂运行优化、电力设备管理、电网模型构造、电网设计、电网运行与维护、电厂管理等
医疗健康	医疗资源管理、医疗诊断和治疗策略优化、医疗方案验证、医疗设备功能测试与故障预测等
城市管理	城市规划、城市交通、民生安全、智慧社区网格管理、生态环保、智慧生态空间治理等
铁路运输	车站与铁路设计、铁路交通监控、列车运行与故障诊断、铁路基础设施智能维护、决策优化等
环境保护	资源管理、环境监测与分析、环境应急响应和危机管理、新能源运行与设备健康管理等
汽车	车辆智能制造、车辆运行状态监测、车辆故障诊断与维护、车辆行驶过程模拟等
建筑	施工进度监测、施工现场管理、建材与废物管理、建筑性能与质量评估、建筑设计与运营优化等

1.3 数字孪生的基本原理

数字孪生是一种旨在精确反映物理对象的虚拟模型。它基于多维虚拟模型和融合数据双驱动，通过闭环虚拟交互，对物理对象或者系统进行动态虚拟表示。虚拟模型与真实系统一一对应，通过数据和模型的实时交互，实现系统的状态同步与行为预测，即构建虚拟与实际之间的交互映射，以此实现对物理世界的数字化模拟和优化。数字孪生的基本原理如图1-1所示。

数字孪生技术还涉及将物理系统的数字模型与实际系统进行同步更新，以实现对系统状态、行为、性能等方面的全面监测和预测。这种技术可以在不影响实际系统运行的情况下，对其进行虚拟仿真分析，从而优化设计方案、提高系统效率和可靠性。

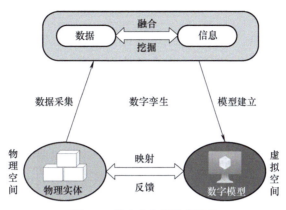

图 1-1 数字孪生的基本原理

1.3.1 数字孪生的物理基础

数字孪生的物理基础在于将数字化技术与孪生模型相结合。数字化技术包括建模技术、传感器技术、实时数据处理与分析技术、计算机模拟与交互技术等,实现对物理世界对象活动的还原。孪生模型则是一种基于数据驱动的模型,通过对真实物体或系统的数字化描述和仿真,来模拟其行为和性能。数字化技术提供了获取物体数据的手段,而孪生模型则利用这些数据构建和优化模型,从而实现对物体行为的准确预测和仿真。数字化过程的实现基于以下物理基础。

1)建模技术。数字孪生的物理基础首先在于对物理系统的深入理解和建模。通过对物理实体数学建模,将实体的几何形状、材料特性、运行原理等实际物理特性转化为数学方程和模型。这些模型可以用于仿真实体的运作和性能,以便进行测量、控制、预测和优化。

2)传感器技术。数字孪生需要实时数据的监测和采集,如温度、压力、位置、振动等。传感器技术是实现数据监测和采集的关键,通过传感器将实体的物理量转换为数字信号,并传输到数字化系统中进行处理。

3)实时数据处理与分析技术。数字孪生依赖于实时数据处理与分析,利用数据处理算法和技术对采集的数据进行处理与分析,从而实现对实体状态的实时监测、故障诊断和预测。

4)计算机模拟与交互技术。数字孪生技术的核心在于数字孪生模型与实际物理系统之间的协同运行。通过数据传输工具和通信协议,将数字孪生模型实时连接到实际物理系统,实现数据的双向传输和模型的实时更新。通过计算机模拟实现实体与虚拟模型之间的交互和对比。计算机模拟可以对虚拟模型进行仿真,与实际数据进行对比验证,进而实现对实体行为和性能的实时监测和闭环控制。

5)人工智能和机器学习技术。数字孪生还借助人工智能和机器学习技术,通过对大量数据的学习和分析,实现对实体行为的智能预测、优化和控制,提高系统的自适应性、抗干扰和智能化水平。

这些物理基础相互结合，构成了数字孪生技术的基本框架和实现路径，为实现对实体的数字化、智能化管理和优化提供了强有力的技术支持。

1.3.2 数字孪生建模与仿真方法

建模过程始于对实体对象的深入分析，包括收集关于其结构、功能和性能的详尽数据。建立模型后，将模型与现实世界连接。这需借助于传感器技术不断地从实体对象上采集数据，并通过物联网技术将这些数据实时反馈到数字模型。这一环节确保了数字孪生可以准确反映其实体对应物的实际状况。当模型拥有了实时数据，即可进行仿真。仿真不仅仅是复现现实情况，更重要的是它可以提供"假设"情景下的操作空间，可以在不影响真实系统的前提下，对模型施加不同的变化，观察这些变化对整个系统的影响。

1）数据采集。使用各种传感器、成像设备等对实际物体或系统进行数据采集。这些数据可以包括几何形状、材料特性、运动状态、环境条件等方面的信息。

2）数据预处理。在数据采集完成后，通常需要对采集到的数据进行预处理，包括数据清洗、去噪、插值、平滑等操作，以确保数据的质量和一致性。

3）模型构建。基于预处理后的数据，构建数字孪生模型。

常用的仿真方法如下。

1）有限元分析（FEA）。有限元分析用于解决连续介质的力学问题，如结构分析、热传导、流体力学等。

2）计算流体动力学（CFD）。计算流体动力学用于模拟流体流动和传热过程，广泛应用于空气动力学、汽车工程、航空航天等领域。

3）多体动力学（MBD）。多体动力学用于模拟多体系统的运动和相互作用，如机械装置、车辆、飞行器等。

4）离散元素方法（DEM）。离散元素方法用于模拟颗粒体系的力学行为，如颗粒流动、颗粒堆积、颗粒破碎等。

5）流体-结构耦合（FSI）。流体-结构耦合用于模拟流固耦合系统的相互作用，如液体与结构物的相互影响。

6）多物理场仿真（Multiphysics Simulation）。多物理场仿真综合利用多种仿真技术，同时考虑多个物理场之间的耦合关系，如结构-热、结构-电、流体-热等。

1.3.3 数字孪生的数据驱动与交互方式

数字孪生通过数据驱动与交互方式，为物理世界的数字化转型提供了全新的思路和方法。这一模型由多渠道获取的大量数据构成，包括传感器、历史记录、仿真模型等。正是这些数据的持续流动和交互，使得数字孪生具备了动态更新的能力，从而能够对物理实体进行实时监控和管理。

数字孪生的数据驱动是一种问题求解的方法，从初始数据出发，运用启发式规则，寻找并建立内部特征之间的关系。数据驱动的过程可分解为四个阶段，即：检测阶段、分析阶段、挖掘阶段与使能阶段，对数据进行深度挖掘与赋能就能形成信息、知识与智慧的生成。利用先进的物联网技术，各种传感器被部署于物理实体之上，实时捕捉其温度、压力、运动状态等信息，这些数据会同步被传输至中央处理系统，基于数字孪生模型和实时数据的反馈，进行数据驱动的优化和决策。

数字孪生的交互方式体现在人与系统之间以及系统内部各个组件之间的互动。用户可以通过可视化展现和交互界面与数字孪生系统进行交互，如调整参数、启动模拟等。数字孪生系统内部的交互方式包括数据采集与传输、虚拟模型构建与更新、数据与模型的实时交互以及优化与决策支持。通过采集实时数据、构建虚拟模型并与数据进行交互，数字孪生系统可以保持与物理实体的同步，并预测和优化物理实体的行为。此外，系统内部的智能算法也可以自动调整运行策略，以适应外部环境的变化或者实现更高效的资源配置。

1.4 数字孪生技术

1.4.1 建模技术

建模是数字孪生技术的基础，尤其在几何建模、行为建模、物理建模、规则建模等方面。它通过精确地创建物理对象或环境的三维数字复制品，实现与现实世界的无缝对接。利用这一关键技术，设计师可以直观地理解物体的结构特性，进行实时模拟和预测。

（1）几何建模　几何建模实现了设计的可视化，同时提升分析精度，为后续的操作和决策提供坚实的数据支持。几何建模包括以下四个关键技术。

1）曲线与曲面建模。几何建模通常涉及曲线与曲面建模。采用不同的曲线与曲面建模技术，如贝塞尔曲线、样条曲线、NURBS 曲面等，可以实现对复杂几何形状的建模。

2）参数化建模。参数化建模是指在建模过程中引入参数，通过调整参数值来改变模型的形状和特性。参数化建模具备较高的灵活性和可调节性。

3）逆向建模。逆向建模主要通过对现有产品、系统或软件进行分析和研究，以了解其设计、功能和运行原理的过程。逆向建模常用于理解和学习现有的技术、产品或软件，并可以用于其改进、优化或重新设计。

4）隐式建模。隐式建模是一种利用隐式函数来表示物体表面的建模方法。这种方法通过数学函数来表征几何结构的外形及内部特征，而不是直接定义物体的边界。

（2）行为建模　行为建模通过创建物理实体和环境的动态数字映射，实现与现实世界的完美同步。通过行为建模能够深入理解物理实体或系统的运行机制，进行实时监测和预测。行为建模丰富了分析层面，还提高了决策的准确性。行为模型的建立基于以下流程。

1）定义行为。行为模型用于定义物理实体的行为，包括操作模式、工作特性、反应动态等方面。通过行为模型，可以描述实体的工作过程和对外界环境的响应。

2）动态表示。行为模型通常是动态的，可描述实体在不同工况下的响应和变化。通过模拟实体的动态行为，可以实现对实体状态的监测和预测。

3）状态转换。行为模型可以描述实体的状态转换和行为变化过程。通过建立状态转换模型，可以了解实体在不同状态下的行为和性能。

4）行为规则。行为模型包括行为规则和约束条件，用于定义实体的行为规则和约束条件。行为规则和约束条件可以帮助实现对实体行为的模拟和控制。

5）仿真分析。基于行为模型，可以进行仿真分析，模拟实体的行为和性能，预测实体的工作效果和响应规律。通过仿真分析，可以评估实体的性能和优化潜力。

6）智能决策。行为模型的仿真结果可用于智能决策和控制。基于模拟结果，可以制定优化措施和行为策略，调整实体的运行参数和工作方式。

（3）物理建模　物理建模是指对物理实体、系统或过程的物理属性和行为进行建模的技术。这些模型基于物理定律、原理，通过数学方程或计算方法来描述物理实体的结构、特性和行为，以便模拟其在不同条件下的运行情况。物理模型是对现实世界中物体、系统或过程的数字化描述，便于进行仿真、分析和优化。常见的物理模型有以下几类。

1）基于物理定律的模型。这种模型基于物理定律和原理，如牛顿力学、热力学、流体力学等，对物理实体的运动、热传递、流动等物理过程进行建模。例如，对于机械系统可以使用运动方程描述其运动状态，对于热系统可以使用热传导方程描述其温度分布。

2）有限元模型。有限元模型将复杂的实体分割成有限数量的小单元，然后利用数值方法对每个小单元进行分析，最终得到整体的物理行为。

3）多体动力学模型。多体动力学模型用于描述多个物理实体之间的相互作用和运动规律。它可以应用于机械系统、车辆系统等领域，用于模拟多个物理实体的运动轨迹、受力情况等。

4）流体动力学模型。流体动力学模型用于描述流体在不同条件下的流动行为，如速度场、压力场等。这种模型可以应用于空气动力学、水力学、气象学等领域，用于预测流体的运动和传热情况。

5）材料模型。材料模型描述了物理实体的材料属性和行为，包括弹性、塑性、断裂等特性。

6）系统模型。系统模型将多个物理子模型整合在一起，以描述复杂系统的整体行为。

7）统计与数据驱动模型。统计与数据驱动模型通过大数据和机器学习技术，从历史数据中提取规律和预测未来行为。

（4）规则建模　在虚拟世界中，规则建模是构建精确、动态、实时反映现实的关键步骤。规则建模基于规则和逻辑定义，对物理实体的行为和决策过程进行建模和描述的技术。规则建模主要侧重于规范性和逻辑性，以实现对物理实体行为的模拟、分析和控制。规则模型的建立基于以下流程。

1）规则定义。规则建模通过定义规则和约束条件，描述实体行为和运行过程中的各种规则和逻辑关系。这些规则包括操作规程、决策条件、行为准则等。

2）逻辑表达。规则建模使用逻辑表达式、条件语句、IF-THEN 规则等方式，表达不同规则之间的逻辑关系和触发条件。逻辑表达在规则建模中扮演重要角色，用于描述实体行为的复杂性和变化性。

3）知识表示。规则建模涉及知识表示和知识推理，将专家知识和经验转化为规则形式，以实现对实体行为的模拟和预测。这有助于系统化和形式化地表示实体的行为特性。

4）条件触发。规则建模中的规则通常是通过条件触发的方式实现的，即当某些条件满足时，会激发相应的规则启动，从而影响实体的行为和决策过程。

5）智能决策与控制。基于规则建模，可以实现智能决策与控制，制定操作规则与行为策略，实现对实体的自动化控制和优化。

6）更新和调整。规则建模是一个动态的过程，需要根据实时数据和系统反馈不断更新和调整规则，以适应实体行为的变化和环境需求。

1.4.2 数字孪生数据管理技术

数字孪生数据管理技术是一个综合性的技术体系，需要综合运用各种技术和方法来确保数据的准确性、完整性、实时性、可靠性、安全性和合规性。

（1）数据收集　数据收集为规则建模提供了必要的输入。在数字孪生的虚拟世界中，数据不仅需要准确反映实体或系统的现状，还必须捕捉其变化和动态行为。这要求数据收集过程必须精确、全面并具有强大的实时性。因此，高质量的数据收集直接关系到规则建模的准确性和有效性。只有通过持续、精确的数据收集，才能确保构建的规则模型能够准确地模拟现实世界的情况，从而能够预测和应对可能的变化，为构建可靠的规则模型奠定基础。

（2）数据传输　数据需要准确地反映出实体或系统的现状，并捕捉其变化和动态行为，以确保规则建模的准确性和有效性。因此，数据传输过程必须精确、全面且实时性强。只有通过持续、精确的数据收集和传输，才能确保构建的规则模型能够准确地模拟现实世界的情况，进而预测和应对可能的变化。

（3）数据存储　为准确模拟现实，需要确保数据的精确性和全面性，捕捉实体或系统的实时动态变化。因此，数据存储必须高效、可靠，并具备快速读写能力，以支持实时数据处理和分析。同时，为应对未来的挑战，数据存储还需具备良好的扩展性，以适应不断增长的数据量。数据存储在确保数字孪生技术有效性方面起到了决定性作用。它为构建精准的规则模型提供了坚实的基础。数据存储涉及选择合适的存储介质、数据结构、存储技术和管理策略等方面。

（4）数据处理　数据处理技术能够实时捕捉、分析并处理大量数据，确保数字世界与物理世界的同步。通过精确的模拟和预测，数据处理技术使得数字孪生能够为各种行业提供决策支持，优化产品设计和运营流程，提高效率和降低成本。数据处理技术主要包含数据清洗与预处理、数据转换与集成、数据分析与挖掘、实时数据处理、数据可视化等。

（5）数据融合　　数据融合涉及整合和汇聚不同来源、不同格式和不同类型的数据，以生成更全面、准确和有用的信息。在数字孪生中，数据融合涉及整合和转换多个数据源，以支持对实体行为和性能的深入分析和优化。数据融合关键在于数据集成、数据清洗和准备、数据转换和映射、数据校准、数据关联和分析、数据挖掘和智能分析。通过数据融合技术实现更深层次的数据挖掘和智能分析，发现数据中的价值信息和隐含规律，为智能决策和优化提供支持。

（6）数据可视化　　数据可视化是一种将复杂抽象的数据转化为直观图形的技术，使人们能够更容易地理解和分析数据。它通过使用图表、图形、地图等视觉元素，将数据进行视觉表现，使数据的含义和关系一目了然。数据可视化极大地提高了数据的可理解性。通过数据可视化，能够将复杂的数据转化为直观、易于理解的可视化信息，为决策者和用户提供直观的数据分析和展示方式。

1.4.3　数字孪生服务技术

数字孪生服务技术是指在数字孪生系统中提供的一系列技术和服务。这些技术和服务支持对物理世界的实时监控、模拟、诊断和预测。

（1）监控　　数字孪生技术中的监控模块用于监测、追踪和管理实体、系统或过程状态，旨在实时监控物理世界的运行情况，并为数字孪生系统提供实时数据支持。监控模块通常包括传感器、监控设备、数据采集系统和监控软件等组件，能够实现对实体的实时监控、数据采集和分析，可以帮助用户实时了解设备或系统的运行状况，预测潜在问题并及时采取措施，为决策者提供准确的数据支持。

（2）模拟（仿真、虚拟制造、数字样机）　　在数字孪生中，仿真技术被用于构建数字孪生模型，实现对物理实体的实时监测、预测和优化。仿真技术可以帮助企业更好地理解系统的运行情况，发现潜在问题并进行改进。虚拟制造是以虚拟现实（VR）和仿真技术为基础，对产品的设计、生产过程统一建模，在计算机上实现产品的设计、加工和装配、检验、使用等过程。数字样机是真实物理产品在计算机内的静态特征、动态行为等全要素表达，用于在虚拟环境中模拟、分析、验证物理样机的功能和性能。

（3）诊断和预测　　诊断和预测是利用数字孪生技术对实体、系统或过程进行故障诊断和未来状态预测。它们涉及对实体状态和运行情况进行监测、分析和预测，以识别问题、预测趋势并制定相应措施。通过对实际物体的精确复制，可以实时监测设备或系统的状态，一旦发现异常情况，即可立即进行诊断和维护，极大地避免了可能的设备故障和生产停滞。通过合理应用诊断和预测技术，可以提高实体的运行效率和安全性，降低维护成本和风险。

1.4.4　数字孪生连接技术

数字孪生连接技术用于连接和集成数字孪生系统中各个组件和子系统，旨在实现物理实体与数字模型之间的双向通信和信息交换，使数字孪生系统能够准确地模拟和反映实体的状态、行为和性能。常见的数字孪生连接技术有以下几种。

1）网络通信技术。网络通信技术是数字孪生连接技术的基础，用于实现数字孪生系统中各个组件之间的数据传输和通信。

2）数据集成技术。数据集成技术主要将不同来源和格式的数据进行集成和整合。数字孪生系统通常涉及多个数据源和数据类型，需要采用数据集成技术将这些数据整合为统一的数据模型，以支持系统的建模和分析。

3）接口标准化技术。接口标准化技术是通过制定数字孪生系统中各个组件之间的接口标准，以实现组件之间的互操作和集成。接口标准化技术包括制定通信协议、数据格式规范、接口参数约定等，以确保不同组件之间的连接和通信的统一性和规范性。

4）安全认证和授权技术。安全认证和授权技术为数字孪生系统中的连接和通信提供安全保障。通过安全认证和授权技术，可以确保数据传输的机密性、完整性和可靠性，防止数据泄露和篡改，保护系统的安全性和稳定性。

5）实时监控和管理技术。实时监控和管理技术为数字孪生系统中的连接和通信提供实时监控和管理。通过实时监控和管理技术，可以及时发现和处理连接故障、数据丢失、通信延迟等问题，确保数字孪生系统的稳定运行和高效工作。

数字孪生连接技术的应用极大地避免了可能的设备故障和生产停滞。它能提前预知设备的磨损或损坏，确保生产线的稳定运行。

1.5 数字孪生工具

1.5.1 认知和控制物理世界的工具

认知物理世界的工具是利用现代技术和方法来认知、模拟和探索物理世界。认知物理世界的过程如图1-2所示。这些工具可以帮助人们更好地理解物理世界的现象和规律，从而促进科学研究和技术发展。

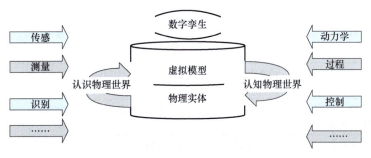

图1-2 认知物理世界的过程

控制物理世界的工具则是用来控制和操作物理世界，包括各种机器、设备和软件系统。其使得数字模型能够精确地映射、模拟物理现实，允许远程或自动化的控制实际的物理系统。控制物理世界技术则是通过数据传感和收集系统来实现对物理世界的操控，使得数字孪生技术能够更好地模拟真实世界的行为。认知和控制物理世界的工具为数字孪生系统提供了对物理世界进行感知、理解和控制的能力。通过合理应用传感器技术、执行器技术、控制算法等工具，可以实现对物理世界的实时监测、分析和调节，为系统的运行和优化提供有力支持。常用认知和控制物理世界的工具如图 1-3 所示。

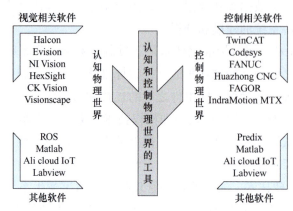

图 1-3　常用认知和控制物理世界的工具

1.5.2　数字孪生建模工具

数字孪生模型的构建主要通过几何建模工具、物理建模工具、行为建模工具和规则建模工具实现。

（1）几何建模工具　几何建模工具用于创建和编辑数字孪生系统中实体的几何形状和结构。几何建模工具通常支持多种建模技术，包括参数化建模、实体建模、曲面建模等，以满足不同对象或系统的建模需求。

常用的几何建模工具见表 1-2。

表 1-2　常用的几何建模工具

名称	特点	应用领域
AutoCAD	强大的绘图和建模功能，提供了丰富的工具和库，用于创建和编辑二维和三维几何形状	建筑设计、土木工程、机械设计等领域
SolidWorks	具有易学易用的界面和强大的装配设计、零件建模、渲染等功能	机械设计和制造工程
CATIA	提供了全面的建模、仿真和制造工具，具有高度的可定制性和扩展性	航空航天、汽车工程、工业设计等领域
Blender	提供了强大的建模、渲染、动画和特效功能，支持多种文件格式和插件扩展	动画制作、电影特效、游戏开发等领域
Rhinoceros	具有高度灵活和精确的几何建模能力，支持各种曲面建模工具和插件，适用于复杂几何形状的设计和分析	工业设计、珠宝设计、船舶设计等领域
3DS Max	提供了丰富的建模工具集，包括多边形建模、曲面建模等，支持强大的材质编辑和渲染功能	建筑可视化、游戏开发、电影特效和电视广告等领域

（2）物理建模工具　物理建模工具用于创建数字孪生系统中实体物理行为和性能。这些工具能够以数学和物理方程的形式描述物理对象或系统的运行机制和行为规律，为数字孪生模型提供了基于物理原理的模拟和预测能力。物理建模工具包括各种建模技术和方法，如数值模拟、微分方程建模和多物理场耦合，以满足不同对象或系统的建模需求。常用的物理建模工具见表 1-3。

表 1-3　常用的物理建模工具

名称	特点	应用领域
ANSYS Twin Builder	允许用户创建详细的虚拟模型，通过模拟来分析和优化物理实体的性能，并具有系统级建模和实时仿真的能力	多领域的物理建模，包括机械、热力学、流体力学等
Simulink（MATLAB）	在数字孪生中，Simulink 可以用于构建复杂系统的物理模型，并通过仿真来评估系统的性能	工程和科学领域
Dymola	提供了丰富的物理模型库和仿真功能，可以用于构建物理实体的虚拟模型，并通过仿真来预测和优化系统的性能	汽车工程、能源系统、航空航天等领域
COMSOL Multiphysics	具有强大的建模和求解能力，提供广泛的物理模型和求解器	机械、电子、化工、生物医学等领域
OpenFOAM	复杂流动和传热问题的建模和模拟	航空航天、汽车、能源等领域

（3）行为建模工具　行为建模工具是用于描述和模拟系统中实体行为和动态过程的工具。它们允许用户在数字孪生模型中定义物体的行为和动态特性。这些工具通过对对象或系统的行为进行建模和分析，可以模拟其在不同条件下的行为表现，为数字孪生模型提供了行为层面的仿真和预测能力。常用的行为建模工具见表 1-4。

表 1-4　常用的行为建模工具

名称	特点	应用领域
UML（Unified Modeling Language）	提供了丰富的图形符号和语义规则，支持对系统的活动、状态等进行建模	软件开发领域
BPMN（Business Process Model and Notation）	提供了图形化的符号和规则，用于描述业务流程中的活动、事件、网关、流程顺序等	业务流程管理、流程优化和系统集成等领域
Petri 网络（Petri Nets）	用于描述并发系统中的行为和状态转换	并发系统分析、工作流建模、协议验证等领域
SysML（Systems Modeling Language）	提供了用于系统结构、行为、需求和分析的图形符号和语义规则	系统工程领域

（4）规则建模工具　规则建模工具是用于描述、制定和执行规则、逻辑或知识库的软件工具。这些规则可以是逻辑条件、数学方程、约束条件等，用于约束模型中物体的行为和属性，以确保模型的行为和状态符合用户的设计要求和预期。这些工具包括规则引擎、专家系统、逻辑编程语言等，用于捕捉和表达实体行为的规则、约束和逻辑，实现对实体行为和性能的建模和分析。常用的规则建模工具见表 1-5。

表 1-5 常用的规则建模工具

名称	特点	应用领域
Drools	提供了规则编辑、验证和执行功能,支持基于规则的业务逻辑建模和执行	业务规则管理、决策支持系统、智能推荐等领域
Jess	支持规则的定义、模式匹配和推理,提供了灵活的规则编程和执行环境	专家系统、知识推理、自动推理等领域
Microsoft Azure Logic Apps	提供了规则引擎和可视化设计器,支持基于事件触发的规则执行和业务流程管理	企业集成、自动化流程、事件驱动的规则执行等领域
ILOG JRules	提供了规则编辑器、验证器和执行引擎,支持复杂的规则建模和管理	企业规则管理、决策支持系统、风险评估等领域

1.5.3 数字孪生数据管理工具

数字孪生数据管理工具是指用于收集、存储、组织和管理数字孪生数据的技术和系统。数字孪生数据是指与物理实体相对应的数字化信息,包括几何形状、结构、行为、性能和其他相关属性。这些数据管理工具提供了一种有效的方式来处理数字孪生数据,使其能够被轻松地访问、共享和分析。

(1)数据采集工具　在数字孪生技术中,数据采集工具收集、整合和处理数字孪生系统中各种数据源以支持数字孪生模型的建立和验证。数据采集工具可以用于监测实时系统状态、记录历史数据、分析趋势变化,从而为数字孪生模型的训练、优化和预测提供数据支持。以下是在数字孪生技术中常用的数据采集工具。

1)传感器和采集设备。传感器和采集设备用于实时监测系统各种参数,如温度、压力、湿度、振动等,将采集的数据传输给数字孪生系统进行分析和建模。

2)数据标注和清洗工具。数据标注和清洗工具是用于对采集到的数据进行标注和清洗的工具。这些工具可以帮助用户对数据进行质量控制、异常检测和数据清洗,确保数据的准确性和可靠性,为数字孪生系统的建模和分析提供高质量的数据支持。

3)数据采集软件。LabVIEW、MATLAB等工具用于编写数据采集程序、连接不同设备并实时获取数据。

4)数据采集卡。数据采集卡用于连接计算机与传感器之间的接口,接收模拟或数字信号,并将其转换为计算机可识别的数据格式。

5)虚拟传感器和模拟数据生成工具。虚拟传感器和模拟数据生成工具用于模拟生成实验数据或缺失数据,填补数字孪生模型中的数据空缺,以提高模型的准确性和全面性。

(2)数据传输工具　数据传输工具是指用于在数字孪生系统内部和外部各个组件之间传输数据的工具,以支持数字孪生模型的建立、更新和应用。数据传输工具可以将实时数据、历史数据、模型参数等信息从物理系统传输到数字孪生模型,或者从数字孪生模型传输反馈控制信号到物理系统。数据传输工具包括网络通信技术、消息队列系统、数据总线、API 接口等，用于实现数字孪生系统中数据的传输、交换和共享，从而实现数字孪生系统的联合、协同和应用。常用的数据传输工具见表 1-6。

表 1-6 常用的数据传输工具

名称	用途	常用工具
网络通信技术	实现数字孪生系统内部和外部各个组件之间的数据传输	以太网、Wi-Fi、蓝牙、LoRaWAN 等
消息队列系统	实现异步通信和解耦系统组件的数据传输	RabbitMQ、Kafka、ActiveMQ 等
数据总线	实现内部各个组件之间的数据传输	CAN 总线、Modbus 总线、Ethernet/IP 总线等
API 接口	实现系统之间数据交换和通信	RESTful API、SOAP API、GraphQL 等
云端数据传输服务	实现数字孪生系统中数据的上传、下载和共享	Amazon S3、Google Cloud Storage、Microsoft Azure Blob Storage 等

（3）数据存储工具　在数字孪生技术中，数据存储工具用来存储、管理和组织数字孪生系统中产生的数据，包括实时数据、历史数据、模型参数等信息。数据存储工具包括数据库系统、文件存储系统、云存储服务等，用于确保数据的安全性、可靠性和可访问性。常用的数据存储工具见表 1-7。

表 1-7 常用的数据存储工具

名称	用途	特点	常用工具
数据库系统	存储结构化数据和非结构化数据	进行数据的组织、管理和检索	MySQL、PostgreSQL、MongoDB、Redis、InfluxDB、Prometheus 等
文件存储系统	存储和管理文件数据	组织和管理文件，提供了文件的读写和访问功能	本地文件系统、网络文件系统（NFS、CIFS）、分布式文件系统（HDFS、GlusterFS）等
云存储服务	存储和管理大规模数据	高可用性、弹性扩展、安全备份	Amazon S3、Google Cloud Storage、Microsoft Azure Blob Storage 等
对象存储系统	存储和管理大规模非结构化数据	数据存储为对象，可通过唯一的标识符来管理和访问数据	MinIO、Ceph、Swift 等
时间序列数据库	专门用于存储和分析时间序列数据	高效的时间序列数据存储和查询功能	InfluxDB、TimescaleDB、OpenTSDB 等

（4）数据处理工具　在数字孪生技术中，数据处理工具用于对原始数据进行清洗、转换、分析和建模，以支持数字孪生模型的构建、训练和应用。数据处理工具包括数据预处理工具、数据分析工具、机器学习算法库等，可以帮助提取有效的信息、发现潜在的规律，并为数字孪生系统的优化、预测和决策提供数据处理和分析能力。常用的数据处理工具见表 1-8。

表 1-8 常用的数据处理工具

名称	用途	常用工具
数据预处理工具	对原始数据进行清洗、转换、归一化	Pandas、NumPy、Scikit-learn、ATLAB 等
数据分析工具	对数据进行统计分析、可视化和探索性分析	Matplotlib、Seaborn、Plotly、ggplot2、dplyr 等
机器学习算法库	用于数据分类、回归、聚类、降维	Scikit-learn、TensorFlow、PyTorch、caret、mlr 等
深度学习框架	用于图像识别、自然语言处理、时间序列预测	TensorFlow、PyTorch、Keras 等
大数据处理工具	处理大规模数据	Hadoop、Spark、Flink 等

（5）数据融合工具　数据融合工具在数字孪生系统中扮演着整合和协调多源数据的关键角色。数据融合工具将多个来源和不同类型的数据进行整合、融合和处理。数据融合工具能够将异构数据转化为统一的格式和表示，以支持数字孪生模型的构建、分析和应用。数据融合工具包括数据集成工具、数据清洗工具、数据转换工具等，将多源异构数据融合成统一的数据模型，为数字孪生系统提供一致性、完整性和准确性的数据支持。常用的数据融合工具见表 1-9。

表 1-9 常用的数据融合工具

名称	用途	常用工具
数据集成工具	提供数据源连接、数据映射、数据转换并将多个数据源的数据进行整合	Talend、Informatica、IBM DataStage 等
数据清洗工具	发现和修复数据中的错误、缺失值、异常值等问题，保证数据的质量和准确性	OpenRefine、Trifacta Wrangler、DataCleaner 等
数据转换工具	将数据从一种格式或结构转换为另一种格式或结构，使数据能够在不同系统和应用之间进行无缝交互和共享	Apache NiFi、Pentaho Data Integration、Apache Camel 等
实体识别和关联工具	识别数据中的实体，并通过实体关系的建立和维护，实现数据之间的关联和链接	Stanford NER、OpenNLP、spaCy 等

（6）数据可视化工具　数据可视化工具是将数字孪生模型中的数据转换成图形、图表，包括交互式可视化工具、多维数据可视化工具、时空数据可视化工具等，以便用户能够更直观地理解数据的含义、发现数据之间的关联性，并进行有效决策和分析。常见数据可视化工具见表 1-10。

1）交互式可视化工具。这类工具允许用户通过交互式界面探索数据，如通过缩放、滚动和筛选等操作来动态改变数据呈现方式。这种交互性使用户能够自由地探索数据，发现数据中的模式和趋势。

2）多维数据可视化工具。多维数据可视化工具可以将数据以多个维度展示，如散点图、平行坐标图等。这种方式能够帮助用户在多个维度上理解数据之间的关系，发现数据中的复杂模式和结构。

表 1-10 常用数据可视化工具

类型	用途	常用工具
交互式可视化工具	将数据以可视化的形式呈现，并允许用户与数据进行交互	Tableau、Power BI、Plotly、Qlik Sense、Highcharts
多维数据可视化工具	帮助用户以直观的方式理解复杂数据	D3.js、TIBCO Spotfire、Pivot Tables、Google Data
时空数据可视化工具	展示和分析与时间和空间相关的数据	ArcGIS、Google Earth Engine、QGIS、Kepler.gl、CARTO、TimeMapper
网络数据可视化工具	分析和可视化网络结构、流量和相关数据	Gephi、Cytoscape、NetworkX、Graphistry、Pajek
3D/VR 可视化工具	创建和展示三维图形和虚拟现实环境	Unity、Unreal Engine、Blender、SketchUp、Vega、Oculus Medium
自定义可视化工具	允许用户根据特定需求创建独特的数据可视化	Plotly、Vega and Vega-Lite、Highcharts、Processing、
实时可视化工具	用于动态展示和分析数据流	Grafana、Kibana、Tableau、Power BI、Streamlit、Looker、

3）时空数据可视化工具。时空数据可视化工具可以将数据在时间和空间上进行可视化展示，如时间序列图、地图等。这种可视化方式有助于用户理解数据随时间和空间变化的规律和趋势。

4）网络数据可视化工具。网络数据可视化工具可以将数据以网络结构的形式进行可视化展示，如节点链接图、社交网络图等。这种可视化方式能够帮助用户理解复杂网络结构中的节点和连接关系。

5）3D/VR 可视化工具。一些高级的可视化工具支持 3D 或虚拟现实（VR）技术，能够将数据以三维或虚拟现实的形式进行可视化展示。这种方式使用户能够更加直观地理解数据的空间结构和关联关系。

6）自定义可视化工具。一些可视化工具提供了丰富的定制化选项，允许用户根据自己的需求和偏好进行可视化呈现方式的定制。用户可以调整图表样式、颜色主题、标签显示等参数，以满足特定的可视化需求。

7）实时可视化工具。针对实时数据，实时可视化工具可以实时地将数据进行可视化展示，并支持动态更新和实时监控。这种方式使用户能够及时地观察数据的变化，快速做出反应和决策。

1.5.4 数字孪生服务应用工具

数字孪生服务应用工具是指应用数字孪生技术的软件、平台或系统，旨在解决特定行业或领域中的问题并提供相应的服务。这些工具利用数字孪生模型和数据，提供实时的监测、分析、优化和决策支持，以改善业务流程和增强决策制定的能力。

（1）平台服务工具　平台服务工具是用于构建、部署和管理各种类型软件应用程序和服务的软件工具。数字孪生技术的实现离不开一个支撑性的平台服务工具体系。这类工具为数字孪生系统提供软硬件基础设施、数据管理、运行环境、应用开发等支撑，确保整个系统的可靠性、可扩展性和可维护性。常用的平台服务工具见表 1-11。

表 1-11 常用的平台服务工具

名称	特点	应用领域
Siemens MindSphere	提供了连接、监视、分析和优化物理系统的能力，并提供了开放的 API 和工具，以便开发者构建自定义应用程序和服务	用于实时监测和优化生产过程、预测性维护、能源效率管理等领域
IBM Watson IoT Platform	提供了设备管理、数据采集、实时分析和机器学习等功能，具有强大的分析和认知能力，可以帮助用户从物联网中提取数据和智能决策	用于设备远程监控、预测性维护、智能城市解决方案等领域
PTC ThingWorx	提供了设备连接、数据采集、实时分析和应用开发等功能，具有可视化建模和快速应用开发能力，使用户能够快速构建和部署数字孪生解决方案	用于设备监测和控制、生产优化、供应链可视化等领域

（2）仿真服务工具　仿真服务工具是指用于建立和运行数字孪生系统中仿真模型的工具。这些工具提供了仿真建模、仿真运行和结果分析等功能，用于模拟和预测实际系统的行为、性能和状态。这些工具能够基于数学模型和物理规律，对复杂的物理系统进行高保真的仿真和模拟，为优化设计、运维决策等提供有价值的参考。

1）Ansys Twin Builder。

① 特点。Ansys Twin Builder 是一款功能强大的仿真工具，用于创建和部署数字孪生模型。它提供了广泛的物理建模和仿真功能，包括结构力学、流体力学、电磁场等。Ansys Twin Builder 还具有高度可视化的用户界面和数据分析能力，帮助用户实现准确的数字孪生模拟和预测性分析。

② 应用领域。Ansys Twin Builder 广泛应用于制造业、能源行业、交通运输等领域。它可以用于产品设计验证、性能优化、设备故障诊断等场景。

2）Siemens Simcenter Amesim。

① 特点。Siemens Simcenter Amesim 是一款全面的多物理仿真工具，用于建立和验证数字孪生模型。它提供了多领域仿真能力，包括机械、电气、液压、热力等，并支持系统级建模和分析。Siemens Simcenter Amesim 还具备模型参数化和优化等功能。

② 应用领域。Siemens Simcenter Amesim 广泛应用于汽车行业、航空航天、能源系统等领域。它可以用于系统设计验证、能耗优化、控制策略开发等场景。

3）Dassault Systèmes SIMULIA。

① 特点。Dassault Systèmes SIMULIA 提供了一系列的仿真工具和平台，用于数字孪生建模和仿真分析。它涵盖了多个领域，如结构力学、流体力学、多体动力学等。Dassault Systèmes SIMULIA 还提供了高性能计算和云计算支持，以实现大规模的数字孪生仿真。

② 应用领域。Dassault Systèmes SIMULIA 在航空航天、汽车工程、消费品设计等领域得到广泛应用。它可以用于产品性能评估、材料优化、结构安全性分析等场景。

（3）优化服务工具　优化服务工具是提升系统效率、降低成本、提高性能和实现智能决策的重要手段。这些工具通过对系统进行建模、仿真和分析，结合优化算法和方法，寻找系统的最优解或者近似最优解，以实现系统性能、效率、成本等方面的优化。常用的优化服务工具见表 1-12。

表 1-12　常用的优化服务工具

类型	工具	特点
优化算法	Gurobi	支持线性规划（LP）、混合整数规划（MIP）和非线性规划（NLP）等多种优化问题
	IBM CPLEX	强大的优化求解器，广泛应用于各种优化问题，包括供应链、金融和工程优化
遗传算法	DEAP（Distributed Evolutionary Algorithms in Python）	支持遗传算法、遗传规划和其他进化计算技术
	NSGA-II（Non-dominated Sorting Genetic Algorithm II）	用于多目标优化的遗传算法，适用于复杂的优化问题
粒子群优化	PySwarms	基于 Python 的粒子群优化工具包，支持多种优化问题的求解
	PSO in MATLAB	MATLAB 提供的粒子群优化工具，适用于工程和科学计算的优化问题
机器学习	Google Cloud AutoML	提供自动化的机器学习模型训练和优化服务，适用于图像、视频、文本和表格数据
	H2O.ai Driverless AI	支持特征工程、模型选择和超参数优化
深度学习	TensorFlow	开源深度学习框架，支持构建和训练复杂的优化模型
	PyTorch	灵活的深度学习框架，支持动态计算图和高级优化算法
时间序列分析	Prophet by Facebook	用于时间序列预测和异常检测的开源工具，适用于业务预测和容量规划
	ARIMA（AutoRegressive Integrated Moving Average）	经典的时间序列分析方法，广泛应用于金融和经济领域的预测和优化

（4）诊断和预测服务工具　诊断和预测服务工具用于分析系统运行状态、检测故障和预测性能。它结合了数字孪生系统的建模、仿真和数据分析能力，通过对系统数据进行监测和分析，识别系统的异常行为、故障模式和性能变化，并提供诊断和预测服务，以实现对系统的可靠性、安全性和维护性的提升。

1）IBM Watson IoT。

① 特点。IBM Watson IoT 是一个智能物联网平台，提供了诊断和预测分析的功能。它结合了物联网设备数据和人工智能技术，能够实时监测和分析设备状态，并进行故障诊断和预测。IBM Watson IoT 还提供了可视化仪表盘和报告，方便用户查看和理解诊断结果。

② 应用领域。IBM Watson IoT 广泛应用于制造业、能源行业、交通运输等领域，用于设备故障诊断、预测性维护、生产率优化等场景。

2）GE Digital Predix。

① 特点。GE Digital Predix 是一个工业互联网平台，提供了诊断和预测分析的解决方

案，能够从大量的设备数据中提取特征并进行模式识别，以实现故障诊断和预测性维护。GE Digital Predix 还支持可扩展的数据分析和机器学习算法。

② 应用领域。GE Digital Predix 广泛应用于制造业、能源行业、航空航天等领域，用于设备健康监测、故障预警、优化生产过程等场景。

3）Siemens MindSphere。

① 特点。Siemens MindSphere 是一个工业物联网平台，提供了诊断和预测分析的功能。它能够集成和分析物联网设备数据，并应用机器学习和数据挖掘技术进行故障诊断和预测。Siemens MindSphere 还支持实时数据监控和远程设备管理。

② 应用领域。Siemens MindSphere 广泛应用于制造业、能源行业、交通运输等领域。它用于设备故障诊断、预测性维护、能源优化等场景。

1.5.5 数字孪生连接工具

数字孪生连接工具在数字孪生技术中起着至关重要的作用。它们负责连接物理空间和数字空间，确保数据在两者之间的实时、准确传输。通过各种连接工具，数字孪生技术实现数字孪生系统与现实世界之间的连接和交互。数字孪生连接工具如图 1-4 所示。

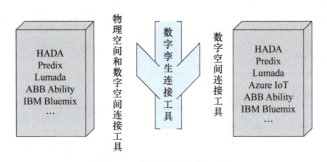

图 1-4　数字孪生连接工具

课后思考题

1. 数字孪生的特征是什么？
2. 数字孪生的基本原理是什么？
3. 数字孪生数据管理工具在数字孪生工具生态系统中的作用是什么？列举两个数字孪生数据管理工具的功能。
4. 规则建模的主要流程是什么？
5. 几何建模的关键技术有哪些？

科学家科学史
"两弹一星"功勋科学家：最长的一天

第 2 章 数字孪生中的物联网和人工智能

PPT 课件　课程视频

2.1 数字孪生与物联网

物联网技术实现了物理资产、传感器及设备与数字领域的无缝集成,为数字孪生的模拟提供数据基础,是数字孪生创建和运营的基础。

2.1.1 物联网概述

物联网(Internet of Things,IoT)是指通过信息传感器、射频识别技术、全球定位系统、红外感应器、激光扫描器等各种装置与技术,实时采集任何需要监控、连接、互动的物体或过程的声、光、热、电、力学、化学、生物、位置等信息,通过各类可能的网络接入,实现物与物、物与人的泛在连接,实现对物品和过程的智能化感知、识别和管理,体系结构如图 2-1 所示。

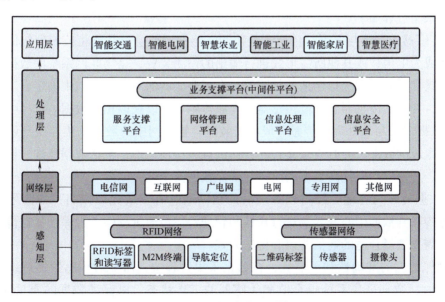

图 2-1　物联网的体系结构

物联网是一个基于互联网、传统电信网等的信息载体，让所有能够被独立寻址的普通物理对象形成互联互通的网络，使人们能够在任何时间、任何地点实现人、机、物的互联互通，其正在被广泛应用于智能家居、智能交通、智慧医疗、智慧农业、智能工业等领域，改善了生活质量、提高了生产率、提升了社会管理水平。

（1）工业物联网（Industrial Internet of Things，IIoT） 工业物联网是物联网的一个重要分支，主要应用于工业领域。它是将具有感知、监控能力的采集、控制传感器或控制器以及移动通信、智能分析等技术融入工业生产过程各环节，以实现优化生产过程、提高制造效率、改善产品质量、降低产品成本和资源消耗，最终实现将传统工业提升到智能化的新阶段。与消费物联网相比，工业物联网在技术要求、应用场景和安全性等方面具有更高的标准和更复杂的需求，被广泛应用于制造业、能源管理、供应链管理、物流等多个领域。

1）制造业。工业物联网可以实现设备的智能化监控和维护，提高设备的可靠性和寿命。

2）能源管理。工业物联网可以实现能源的实时监测和优化使用，降低能源成本和减少碳排放。

3）供应链管理和物流。工业物联网可以实现库存和资产的实时跟踪和管理，提高物流效率，降低库存成本。

物联网是一种建立在互联网基础上的泛在网络。物联网的数据采集和数据传输为数字孪生系统提供了底层的数据保障。它们的有效融合不仅可以实现对物理实体的实时监控、科学预测、提高生产率、降低成本，还可以实现对物理实体的远程控制和维护，提高其安全性和可靠性。

（2）物联网的数据采集及案例 物联网的数据采集是实现数字孪生系统的基础，是通过传感器等终端设备对客观世界物理实体的各类信息进行实时感知、获取和传输。物联网的数据采集过程如下。

1）传感器的安装与部署。传感器是监测需感知的信息，并能将监测到的信息按一定方法转换成为电信号或其他所需形式进行输出的检测装置，是物联网系统的数据来源。根据应用场景和实际需求选择合适的传感器并在需要监测的对象或环境中确定合适的位置安装传感器，如温度传感器、湿度传感器、光照传感器等以获取相关数据。

2）数据采集与预处理。传感器成功安装后，物联网中的数据采集器便开始收集传感器和设备生成的数据，同时对采集到的数据进行一些预处理，包括数据清洗、格式化、去噪、压缩、加密等，以提高数据的质量并确保数据安全性。

3）数据传输与存储。经过预处理后的数据通过有线或无线网络，如蓝牙、Wi-Fi、蜂窝网等传输到数据中心或云端进行存储和管理。在传输过程中，为保证数据传输的安全和可靠，需要选择合适的通信协议和传输方式。

为确保数据的准确性和可靠性，在数据采集过程中，需要对传感器进行维护和定期校准。同时，数据采集系统也会监测传感器的工作状态，以保证数据的质量和完整性。图2-2所示为物联网的数据采集过程。

图 2-2　物联网的数据采集过程

基于物联网的水质自动监测的数据采集过程如下：

首先选择合适的水质检测传感器，根据需求在需要监测的水体或水处理设施中选择安装传感器的位置。

当传感器与水体接触时，便开始感知相关的水质参数，如酸碱度、电导率等。传感器内部敏感元件会根据检测到的物理或化学变化产生并输出相应的电信号或其他形式的信号。

这些信号会被传输到与之相连的数据采集器，数据采集器对采集到的信号进行处理并将其转化为数字数据。借助无线或有线网络将这些数据传输并存储到数据库中或者云服务器上，以便后续分析使用。

物联网的数据采集是实现数字孪生系统的关键步骤之一。通过合理配置和部署传感器和相关设备、优化数据采集与处理算法、完善数据传输与存储机制可以使得数字孪生体反映物理实体的真实状态，以便做出更准确的预测和更科学的决策。

2.1.2　物联网在数字孪生系统中的作用

物联网为创建数字孪生系统提供底层的数据保障，同时作为数字模型和物理实体之间交互的桥梁，在数字孪生系统中发挥着至关重要的作用，如图 2-3 所示。

图 2-3　物联网在数字孪生系统中的作用

（1）数据采集　分布在物理世界中的物联网设备如传感器、执行器，可以采集、传输关于物理实体状态、环境条件和用户行为等数据，是创建数字孪生的基础。同时，物联网设备提供的实时数据流使得数字模型随着物理实体的变化而动态调整，持续更新，确保数字模型能够准确反映当前的真实状态，这种同步确保了数字孪生的准确性和可靠性，为准确分析、预测、决策提供坚实的数据基础。

1）物流配送：利用 RFID、条码、无线传感器等技术，采集物流配送过程的状态信息，提高仓储效率，优化配送路线。

2）智能交通：通过部署在城市道路上的传感设备，采集监测车流量、道路环境状态等，为出行者优化路线。

3）生态环保：利用无线传感器长期、连续采集大气、地表水、噪声等相关环境指标数据，为生态保护决策提供数据支撑。

（2）实时监测　实时监测是指数字孪生系统对物理实体的数据进行分析和处理后，借助物联网将指令和决策反馈到物理世界中，完成物理实体与数字模型的交互，从而实现对物理实体的监测和精准控制。

1）工业领域：可以实时监测生产设备的运行状态、生产线的生产进度以及产品质量等信息，从而及时发现并解决潜在问题，提高生产率和产品质量。

2）智能家居：可以实时监测家庭环境参数，如温度、湿度、光照等，以及家电设备的状态和使用情况，从而实现智能控制和节能。

3）城市管理：可以实时监测城市基础设施的运行状态，如交通流量等，为城市规划和应急响应提供数据支持。

（3）远程操作　远程操作是指通过物联网技术实现对物理实体的远程控制和管理。

1）工业领域：工程师可以通过远程操作对生产设备进行调试、维护和升级等操作，远程访问设备数据，诊断问题，快速定位故障原因，提高工作效率并节省成本。

2）智慧农业：农民可以通过手机或计算机远程监控农田的灌溉、施肥等作业过程，实现精准农业管理。

3）智能家居：用户可以通过手机或语音助手远程进行家电设备的开关、模式设置等操作，提高家居的便捷性和舒适性。

（4）维护优化　可以通过物联网监测设备的健康状况和性能指标，如温度、振动、压力等，实现预测性维护和故障预防，以便提前安排维修计划，避免意外停机，同时可以延长设备的使用寿命，从而提高企业的长期投资回报。

物联网是数字孪生系统的基石，提供了实时数据和连接物理世界与数字世界的桥梁，使得数字孪生能够实现其在监控、预测、优化和决策支持等方面的巨大潜力。

2.1.3　物联网与数字孪生的互助协同

数字孪生系统是物理实体的数字模型，是物理实体的镜像呈现。物联网与数字孪生的互助协同主要体现在数据反馈与更新、预测与决策支持、故障诊断与维护、定制与创新等方面。

（1）数据反馈与更新　在物联网与数字孪生的互助协同中，数据反馈与更新是至关重要的环节。物联网设备通过各种传感器实时采集物理世界的数据，如温度、湿度、压力、位置等。这些数据被传输到数字孪生系统中，用于构建和更新虚拟模型。数字孪生系统根据这些数据模拟物理实体的状态和行为，从而实现对现实世界的数字映射。

当物理实体的状态发生变化时，这些变化也会通过物联网设备实时反馈到数字孪生系统中。数字孪生系统会根据新的数据进行模型的更新和优化,以保持与物理实体同步。这种实时数据反馈和更新机制使得数字孪生系统能够准确地反映物理实体的当前状态,为预测和决策提供可靠的数据支持。此外,数据反馈与更新还支持数字孪生系统的预测功能。通过对历史数据的分析和学习,数字孪生系统可以预测物理实体的未来状态和行为趋势。这种预测能力可以帮助企业提前发现潜在问题,优化生产流程,降低运营成本。

总之,数据反馈与更新是物联网与数字孪生互助协同中的关键环节。通过实时数据采集、传输和处理,数字孪生系统能够准确地模拟物理实体的行为和状态,为企业决策提供有力的数据支持。

(2)预测与决策支持　通过物联网实时数据的收集、分析和数字孪生系统的模拟仿真,可以实现对物理实体的实时监控和预测,有助于及时发现潜在问题并做出科学决策,从而提高实体的安全性、可靠性和效率。

1)预测。预测是指基于历史数据和当前趋势,利用统计模型、机器学习算法或其他分析技术来估计未来事件或情况发生的可能性。在物联网和数字孪生的背景下,预测可能涉及市场需求、设备故障、能源消耗等多个方面。例如:在智能制造领域中,通过分析生产线上的实时数据,结合机器学习算法,可以预测设备的维护需求,从而提前安排维修计划,减少意外停机时间;在供应链管理中,物联网技术可以帮助企业实时跟踪货物的位置和状态,从而准确预测交货时间,优化库存水平。

2)决策支持。决策支持是指利用数据和分析结果来辅助决策者做出科学的选择。结合物联网和数字孪生技术,通过提供实时、准确的数据和模拟仿真结果,使决策者能够在复杂的环境中快速做出反应。例如:在智慧城市建设中,物联网技术可以实时监测交通流量、空气质量等指标,结合数字孪生模型的仿真结果,决策者可以优化交通规划,改善城市居民的出行体验;在农业领域中,物联网传感器可以收集土壤湿度、温度、光照等数据,帮助农民做出科学的种植决策,提高农作物产量和质量。

(3)故障诊断与维护　在工业物联网等相关应用中,物联网设备和系统通常部署在关键任务环境中,任何故障都有可能会导致生产中断甚至重大损失。利用物联网技术采集的数据,结合数字孪生模型,可以实现对设备和系统的故障预测和维护管理。通过对设备运行数据的分析,可以提前发现潜在故障,减少停机时间,提升设备可靠性和维护效率。

1)故障诊断。

① 数据收集与分析。物联网设备通常配备各种传感器,用于收集有关其状态和操作的各种数据。这些数据可以通过网络传输到中央服务器或云平台进行分析。通过实时监控和分析这些数据,可以检测到异常模式或行为,从而指示潜在故障。

② 远程诊断。利用物联网连接,技术人员可以远程访问设备数据,进行故障诊断。能极大地减少现场访问次数,从而节约时间并降低成本。

③ 预测性维护。通过收集和分析历史数据,机器学习算法可以预测设备何时可能出现故障。这使得维护团队能够在故障发生前采取行动,从而避免损失。

2)维护。

① 自动化维护。物联网设备可以配置为在检测到某些预定义条件时自动执行维护任务,如重启、校准或更换部件。

② 优化维护计划。基于预测性维护,可以优化维护计划以减少不必要的干预,同时确保设备在需要时得到适当的服务。

③ 提高维护效率。通过物联网技术,可以更有效地分配维护资源。例如,技术人员可以根据需要从中央位置调度到特定地点,而不是按照固定的时间表进行巡视。

(4)定制与创新

1)定制个性化服务。通过收集和分析用户数据,企业可以了解用户的独特需求,定制个性化的产品和服务,有助于满足用户的个性化需求。

2)推动企业创新。企业通过实时数据的收集和分析,可以发现运营中的瓶颈和问题,利用物联网和数字孪生技术对其进行优化,助力提高企业生产率、降低成本并增强市场竞争力,还为企业提供了探索新技术和应用的动力,从而推动行业变革。

物联网在数字孪生中扮演着至关重要的角色,为数字孪生提供了数据源。它们的互助协同实现了对物理实体的监控、优化、预测等功能,两者的协同关系如图2-4所示。

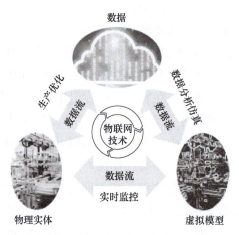

图 2-4 物联网与数字孪生技术的协同关系

2.1.4 物联网在数字孪生系统中的应用

物联网与数字孪生技术的结合已经有了很广泛的应用,也为各个领域带来了实质性的价值和效益。

1)智慧园区。通过物联网技术,园区整合各种数据资源,包括环境参数、设备状态、能耗数据等。基于这些数据,构建园区的数字孪生模型,实现园区的智能化管理。管理人员通过数字孪生平台实时监测园区的运行状态,及时发现并解决潜在问题,提高园区的安全性和运营效率。

2)智慧医疗。在医疗领域,物联网技术用于构建患者的数字孪生模型。通过收集患者的生理数据、医疗记录等信息，可以模拟患者的健康状况，为医生提供更准确的诊断和治疗建议。同时，数字孪生模型还可以用于预测患者疾病的发展趋势，帮助医生制定更有效的治疗方案。

3）工业制造。在工业制造领域，物联网技术可以实现生产设备的互联互通。通过收集设备的运行数据、工艺参数等信息，可以构建生产线的数字孪生模型，进而实时监测生产线的运行状态，预测设备的维护需求，优化生产流程，提高生产率和产品质量。

4）智慧城市。物联网技术在智慧城市建设中发挥着重要作用。通过在城市中部署各种传感器和设备，可以实时收集城市运行的各种数据，如交通流量、空气质量、公共安全等。基于这些数据，可以构建城市的数字孪生模型，实现城市的智能化管理。

5）自动驾驶汽车开发。物联网技术为自动驾驶汽车的开发提供了有力支持。通过收集车辆的行驶数据、道路信息、车载传感器数据等，可以构建车辆的数字孪生模型模拟车辆的行驶过程，测试自动驾驶算法的性能和安全性，加速自动驾驶汽车的开发进程。

西安塔力科技有限公司自主研发的 PrimateIOTS/数字孪生物联网平台融合了 5G、工业互联网、大数据、人工智能、区块链等新一代技术，提供智慧城市（社区、楼宇、基础设施、园区等）、智能制造、智慧能源以及其他智慧产业的数字孪生智能化解决方案，其基本架构如图 2-5 所示。

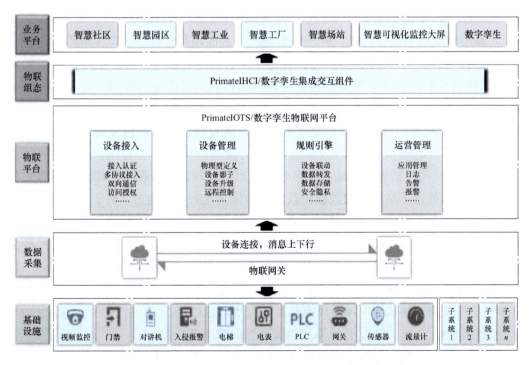

图 2-5　PrimateIOTS/数字孪生物联网平台的基本架构

随着研究的持续深入和技术的不断发展、进步，物联网与数字孪生的结合必将为更多的领域带来创新和变革。

2.1.5 物联网与数字孪生融合面临的挑战与发展趋势

（1）物联网与数字孪生融合面临的挑战　数字孪生与物联网技术正在被广泛应用于智能制造、智慧农业、智慧医疗、教育、物流、城市管理等各行各业，将为社会发展带来巨大的红利。但在实际应用过程中，在数据安全与隐私保护、标准化与互操作性、多传感器的集成与融合、基础设施的可扩展性等方面还存在一些亟待解决的问题。

1）数据安全与隐私保护。数字孪生依赖于大量的实时和敏感数据。数据不仅是企业资产，也会涉及个人隐私，解决数据安全问题并确保物联网产品和服务的安全性与隐私保护是其面临的首要任务。数据的安全性主要涉及三个层面：第一，数据泄露和隐私侵犯问题，必须采用适当的数据加密、访问控制、隐私保护等技术来保护敏感信息以维护数据安全。第二，数据传输的安全，通过安全传输协议、数据加密等技术防止数据传输过程中的丢失和被篡改。第三，数据存储的安全，采用安全存储技术，如加密存储、数据隔离、数据备份等措施确保数据存储安全。

2）标准化与互操作性。数据集成和模型互操作都是数字孪生的核心技术。不同参数传感器提供的数据可能有不同的数据格式、协议和标准。要实现复杂装备多源异构数据转换与集成，构建"动态协同的物理实体"必须建立统一的信息交互接口，制定通用标准、规范及相关协议等，以解决不同设备和系统的数据一致性和互操作问题，实现异构设备和系统的互联互通，让物理世界和承载数字孪生的虚拟空间无缝衔接。

3）多传感器的集成与融合。单一传感器缺乏全面性和鲁棒性，微小故障就可能会导致系统失效，需利用多传感器集成与融合技术层叠式部署多个不同类型传感器对对象进行感知、数据采集，并需要对多维数据进行特征提取、分类处理等操作，最终利用融合算法将该目标的各传感器数据进行合成，才能得到该目标的一致性解释与描述。由于设备兼容性、连接问题、成本及维护要求等因素，部署和管理物联网设备的网络可能会很复杂。

4）基础设施的可扩展性。随着数字孪生数据生成速度和数据量的增加，增强基础设施的可扩展性以处理不断增长的数据负载，并确保其实时处理能力，对于保持数字孪生的效率和有效性至关重要，具有一定的挑战。

（2）物联网与数字孪生融合的发展趋势　物联网与数字孪生技术的集成是推动多个行业创新和增效的强大力量，也为跨行业的创新和转型带来了巨大的潜力。随着新一代信息技术与实体经济的加速融合，产业数字化、网络化、智能化演进也随之加速，物联网与数字孪生的深度融合将成为下一步研究热点，发展前景广阔。

1）数字孪生与AI、5G、云计算和边缘计算的深度融合。

① 与AI的深度融合。数字孪生将越来越多地利用人工智能、机器学习和高级大数据分析等技术助力其构建效率和可用性，以实现更准确的预测和更有效的决策。它们的融合将加速物联网的应用和普及，推动"万物互联"的传统物联网向"万物智联"的新型物联网演进。

② 与5G的深度融合。数字孪生是5G赋能产业链上的重要一环，作为5G衍生应用，可以加速物联网成形和物联网设备数字化，与万物互联需求强耦合。同时，高速、低延时、大容量的通信技术将为数字孪生提供更快、更可靠的网络支持。

③ 与云计算的深度融合。云计算采用分布式计算等技术，集成强大的软件、硬件、网络等资源为数字孪生提供重要的计算基础设施。通过云计算与边缘计算的协同，满足系统对时效、容量和算力的需求。

④ 与边缘计算的深度融合。将数据处理和存储下沉到网络边缘，不仅有利于实时数据处理和决策，降低服务时延，使系统能够更迅速地响应物理实体的变化，而且能降低数据传输中的安全风险。此外，边缘计算允许数字孪生系统中的边缘设备相互协同工作，共同处理数据并提供更全面的数字表示，有助于实现更复杂的实时仿真和决策支持，提高数字孪生系统的可靠性和稳定性。

2）虚拟世界与物理世界更加无缝融合。物联网与数字孪生的融合将模糊客观与主观、自然与人造之间的界限，利用增强现实（AR）和虚拟现实（VR）等技术为用户提供身临其境的体验，使虚拟世界以沉浸式方式与客观的物理世界共存，两者将更加无缝融合。

3）数字孪生市场的出现。随着数字孪生技术的发展及其价值和优势的突显，更多的行业未来将采用数字孪生作为优化运营、改进决策和增强用户体验的战略工具，数字孪生将成为业务流程中不可或缺的一部分，为数字孪生模型的共享、协作和优化创造新的商业机会。同时，不同领域的数字孪生系统集成也将为创新和价值创造带来新的机遇。

物联网与数字孪生技术的融合是推动科技创新和促进产业转型升级的强大力量，将为社会经济注入新的活力，同时也将为人们带来更加智能化、便捷化的生活方式。尽管存在挑战，但发展潜力巨大。它们的融合和发展将开创数字化转型和创新的新时代，必将对工业、农业等多个领域产生深远的影响。

2.2 数字孪生与人工智能

人工智能是工业4.0的重要组成部分，更是数字孪生体实现认知、诊断、预测、决策等各项功能的主要技术支撑。

2.2.1 人工智能概述

人工智能是研究、开发用于模拟、延伸和扩展人的智能的理论、方法、技术及应用系统的一门新兴技术科学。研究领域主要包括机器人、语音识别、图像识别、自然语言处理和专家系统等。随着芯片计算能力的增强以及先进算法的提出，人工智能正在得到快速的发展和应用。

（1）人工智能的诞生　1956年，达特茅斯会议上正式提出了"人工智能"这个名词，标志着人工智能的诞生，随后人工智能逐步形成了一个新兴的研究领域。

（2）人工智能的发展　人工智能的发展大致可以分为孕育期、形成期和发展期。

1）孕育期。人工智能的孕育期大致可以认为在1956年以前，数理逻辑、自动机、控制论、电子计算机等学科的发展为人工智能的诞生奠定了理论和技术基础。

2）形成期。自达特茅斯会议之后的十多年间（1956—1969年），关于人工智能的研究组织和实验室相继出现，人工智能的研究取得了引人瞩目的成就，尤其是在定理证明、问题求解、博弈和自然语言处理方面取得了重大突破。1969年，国际人工智能联合会议（International Joint Conference on Artificial Intelligence，IJCAI）成功举行，成为人工智能发展史上的一个重要里程碑，标志着人工智能学科得到全世界的公认和肯定。

3）发展期。1970年之后被认为是人工智能的发展期。20世纪70年代前后，在大量成果不断涌现的同时，越来越多的困难和挫折也相继出现，过高的期盼和预言的失败使人工智能的发展曾一度陷入困境，经费被削减，一些研究组织也被撤销，经历了一段时间的萧条，直到一系列带来巨大经济和社会效益的专家系统的出现，人工智能才从困境中再度崛起。20世纪90年代以来，随着计算机网络、通信技术的发展，关于人工智能的研究逐步呈较稳健的增长态势。现阶段，随着大数据、云计算、深度学习等技术的兴起，人工智能再次迎来了新的发展热潮。

（3）人工智能的研究和应用领域

1）专家系统。专家系统（Expert System）是一种在相关领域中具有专家水平解题能力的智能程序系统。它能运用领域专家多年积累的经验和专门知识，模拟人类专家思维过程，求解需要专家才能解决的困难问题。

2）自然语言处理。自然语言处理（Nature Language Processing，NLP）主要研究如何使得计算机能够理解和生成自然语言，即采用人工智能的理论和技术将设定的自然语言机理用计算机程序表达出来，构造能够理解自然语言的系统。

3）机器学习。机器学习（Machine Learning）是机器具有智能的重要标志，同时也是获取知识的根本途径。它主要研究如何使得计算机能够模拟或实现人类的学习功能，包括人类学习的机理、人脑思维的过程、机器学习的方法及如何建立针对具体任务的学习系统。

4）分布式人工智能。分布式人工智能（Distributed Artificial Intelligence，DAI）是人工智能和分布式计算相结合的产物。它主要研究在逻辑或物理上实现分散的智能群体的行为与方法，研究协调、操作它们的知识、技能和规划，用以完成多任务系统和求解各种具有明确目标的问题。

5）人工神经网络。人工神经网络（Artificial Neural Network，ANN）是一种由大量的人工神经元连接而成，用来模仿大脑结构和功能的数学模型或计算模型。

6）自动定理证明。自动定理证明（Automatic Theorem Proving，ATP）就是让计算机模拟人类证明定理的方法，自动实现像人类证明定理那样的非数值符号演算过程。

7)博弈。如打牌、下棋等竞争性的智能活动称为博弈（Game Playing）。博弈是人类社会和自然界中普遍存在的一种现象，博弈的双方可以是个人或群体，也可以是生物群或智能机器，各方都力图使用自己的智力击败对方。

8)机器人学。机器人是一种可编程的多功能操作装置，能模拟人类的某些智能行为。机器人学（Robotics）是在电子学、人工智能、控制论、系统工程、信息传感、仿生学及心理学等多种学科或技术的基础上形成的一种综合性技术学科。人工智能的所有技术几乎都可在该领域得到应用，因此它可以被当作人工智能理论、方法、技术的试验场地。

9)模式识别。模式识别（Pattern Recognition）是使计算机能够对给定的事物进行鉴别，并把它归于与其相同或相似的模式中。作为人工智能的一个重要研究领域，模式识别的目标在于实现人类识别能力在计算机上的模拟，使计算机具有视、听、触等感知外部世界的能力。

10)智能控制。智能控制（Intelligent Control）是指无需或少需人的干预，就能独立的驱动智能机器实现其目标的自动控制，是一种把人工智能技术与经典控制理论及现代控制理论相结合，研制智能控制系统的方法和技术。它主要应用在机器人系统、计算机集成制造系统、复杂的工业过程控制系统、航空航天控制系统、交通运输系统等。

11)机器视觉。机器视觉（Machine Vision，MV）是一门用计算机模拟或实现人类视觉功能的新兴学科，目标是使计算机具有通过二维图像认知三维环境信息的能力，其已经在人类社会的许多领域中得到了成功应用，如指纹识别、字符识别、飞行器跟踪、目标检测、医学图像分析等，工业领域的各种监测系统和生产过程的监控系统。

12)智能决策支持系统。智能决策支持系统（Intelligent Decisions Support System，IDSS）是指综合运用决策支持系统在定量模型求解与分析方面的优势和人工智能在定性分析和不确定推理方面的优势，在传统决策支持系统中增加智能部件的决策支持系统，以扩大决策支持系统的应用范围，提高系统解决问题的能力。

13)人工心理、人工情感和人工生命。

① 人工心理（Artificial Psychology，AP）是利用信息科学的手段对人的心理活动更全面地进行机器模拟，其目的是从心理学广义层次上研究情感、情绪与认知、动机与情绪的人工机器实现问题。

② 人工情感（Artificial Emotion，AE）是利用信息科学的手段对人类情感过程进行模拟、识别和理解，使机器能够产生类人情感并与人类自然和谐地进行人机交互的研究领域。

③ 人工生命（Artificial Life，AL）的概念是由美国圣达菲研究所非线性研究组的Langton于1987年提出的，旨在用计算机和精密机械等人工媒介生成或构造出能够表现自然生命系统行为特征的仿真系统或模型系统。

在数字孪生系统中，数字孪生体能接收大量来自物理实体的实时数据，借助高性能的人工智能算法，可以模拟出面向不同需求场景的模型，进而根据这些模型完成后续的诊断、预测及决策任务，甚至在物理机制不明确、输入数据不完善的情况下也能够实现对未来状态的预测，使得数字孪生体具备"先知先觉"的能力。

2.2.2 人工智能建模的过程及案例

人工智能建模是指利用数据和算法来构建模型，模拟人类智能的思维和决策过程。人工智能建模是一个系统化的过程，通常按照如图 2-6 所示的过程完成建模。

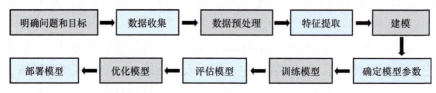

图 2-6 人工智能建模的过程

（1）人工智能建模的过程

1）明确问题和目标。明确要解决的具体问题以及期望达到的目标是首先要考虑的问题，如是语音识别还是图像分类。

2）数据收集。需要收集与问题密切相关的大量数据，如语音、图像、文本等，包括训练数据、测试数据和验证数据等。

3）数据预处理。数据预处理主要是指对数据进行清洗、划分、归一化、转换等操作，使其适合模型的训练。数据清洗是指剔除重复数据、修复异常数据以确保数据质量。数据划分是指将数据集划分为训练集和测试集，分别用于模型训练和模型评估。数据归一化主要是为了避免不同量纲的影响而对数据做的统一标准化处理。数据转换是将数据转换为需要的格式。

4）特征提取。将原始数据变换为适合运用机器学习算法的特征的过程，需要根据数据的类型和应用场景选取合适的特征提取方法。

5）建模。根据问题的性质选择合适的模型。常用的模型有线性回归模型、SVM 模型、随机森林模型、神经网络模型等。

6）确定模型参数。根据问题需求确定所选择模型的基本架构。例如，选择神经网络模型，则需要确定网络的层数和每层的神经元数量，并设计模型的输入层、隐藏层和输出层。

7）训练模型。用预处理好的训练数据作为输入，对模型进行训练，并调整模型参数等，以期取得更优的效果，是一个迭代优化模型的过程。

8）评估模型。使用测试数据集来评估模型的性能。常用的性能指标有准确率、召回率、F1 值等。

9）优化模型。根据评估结果对模型进行调整，包括参数调优、结构调整等，使得模型的输出结果更优。

10）部署模型。将训练好的模型使用 API 的方式或封装成应用程序的形式部署到应用场景中，以供实际使用。

（2）人工智能建模案例

案例1：图像分类

明确问题和目标：建立模型进行图像的分类，判定输入的图像是人物、水果还是动物。

数据收集：收集大量关于人物、水果、动物的图像。

数据预处理：对收集的图像进行清洗、归一化等操作，使其具有统一的格式和尺寸，以便完成模型的输入，同时将处理后的图像按一定的比例分成两部分，一部分作为训练集，另一部分作为测试集。

特征提取：选择合适的算法提取图像的特征，如颜色、形状、纹理等。

建模：选择一种用于图像识别的模型，如卷积神经网络（CNN）等适合图像识别的模型结构。

确定模型参数：确定用于识别图像的卷积神经网络的输入层、卷积层、池化层、激活函数层和全连接层及相关参数。

训练模型：将训练集的图像特征输入到模型中，通过反向传播算法不断调整模型参数，以优化模型的性能表现。

评估模型：使用测试集数据来验证模型的性能，评估模型的准确率和召回率等。

优化模型：根据评估结果对模型进行调整和优化，如改变网络结构、调整神经元个数和滑动步长等。

部署模型：将训练好的模型部署到实际应用场景中，实现对新图像的识别分类。

案例2：预测某地区未来一个月的空气质量指数

明确问题和目标：根据某地区过去一段时间的空气质量相关数据，建立模型预测未来一个月的空气质量指数。

数据收集：收集该地区过去连续多年的空气质量相关数据（一般情况下，时间跨度越大，数据量就越大，训练后的预测模型精度越高），如过去每月空气质量指数均值、多种大气污染物的月排放浓度均值等。

数据预处理：对收集到的数据进行清洗和归一化处理，以确保数据的质量和可用性，并将处理后的数据按一定的比例分成两部分，一部分作为训练集，另一部分作为测试集。

特征提取：选择合适的算法从数据中提取有意义的特征，如过去每年同时期各种大气污染物的浓度均值等。

建模：根据问题特点，选择基于时间序列预测的 ARIMA 模型。

训练模型：使用预处理后的训练集数据对模型进行训练，调整参数以减小预测结果和真实值的误差，使得模型预测精度逐步向好。

评估模型：使用测试集数据进行测试，通过指标定量评估模型的预测性能，如准确率、F1值等。

优化模型：如果模型的预测误差较大，需要对模型参数进行优化调整，并重新训练、评估，反复调整、优化，使其具有更好的预测精度。

部署模型：使用训练好的模型对该地区未来一个月的空气质量指数进行预测。

人工智能的建模过程需要不断的试验和改进。随着自动化机器学习和深度学习的进一步发展，必将加速模型训练和优化的过程，并为各种应用场景带来更加强大和智能的解决方案。

2.2.3 人工智能在数字孪生系统中的角色和功能

数字孪生系统依赖于实时数据的反馈和模拟能力，而人工智能的算法和学习能力则可以进一步增强这些能力。机器学习和深度学习算法让数字孪生模型具备自主学习和适应变化的能力，使其能够更加精准地模拟和反映物理实体的动态变化，从而更好地预测物理实体未来的状态以便优化物理实体的行为，使得物理实体和数字孪生体之间形成良性互动，如图 2-7 所示。

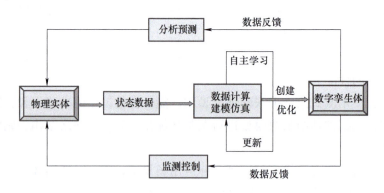

图 2-7 物理实体和数字孪生体之间的互动机制

人工智能在数字孪生系统中的功能主要体现在以下几个方面。

数据分析与预测：利用人工智能算法对数字孪生系统中的大量数据进行分析，挖掘数据的模式和关系，从而实现对系统状态的预测和预警。

模拟与优化：通过人工智能技术，可以对数字孪生模型进行模拟和优化，以找到最佳的操作策略和决策方案。

自主决策：在一些情况下，数字孪生中的人工智能可以通过训练模型，实现自主决策，根据实时数据和预设的目标，自动调整系统的运行参数。

异常检测与故障诊断：借助人工智能的机器学习能力，数字孪生可以实时检测系统中的异常情况，提前发现潜在故障并采取避免措施。

智能交互：人工智能可以为数字孪生提供更加智能的交互方式，如自然语言处理技术使得用户可以通过简单的语言指令与数字孪生体进行交互。

总的来说，人工智能可以有效提升模型的智能化水平，使数字孪生模型不是一个静态的虚拟模型，而是可以根据不同的数据和场景做出智能决策和预测的"智能伙伴"，为决策者提供更有价值的信息，做出更加准确的判断。

2.2.4 人工智能与数字孪生深度融合面临的挑战与发展趋势

人工智能在数字孪生应用中具有巨大的潜力，但人工智能与数字孪生融合的研究与应用仍处于初级阶段，在数据可靠性、隐私保护、模型解释、投资成本、模型互操作以及专业人才等方面还面临着诸多挑战。

1）数据质量和可靠性。数字孪生应用的人工智能方法需要大量的数据来建立和训练模型，数据的质量和可靠性是一个关键问题。数据质量、一致性和实时性可能受到噪声、误差的影响，这会对数字孪生模型的准确性和可靠性产生影响。为此，在数字孪生的应用中，需要采用高质量、实时和一致的数据源，这可能需要在数据收集、传输和存储方面实施更严格的质量控制。

2）数据隐私和安全。数字孪生应用涉及大量的敏感数据，包括设备状态、操作记录等。确保这些数据在传输、存储和处理过程中的安全性是一个挑战。在系统的建设和运维过程中，需要重视数据加密、安全传输协议、权限控制和遵守隐私法规等，以确保数据的隐私和安全性。

3）模型复杂性和可解释性。数字孪生模型通常涉及多个学科和领域的知识，需要整合大量的数据，而这些数据可能有多个来源，具有不同的格式和精度，这些数据的处理和分析具有复杂性。此外，系统中的各种组件及其之间的相互关系也会较为复杂。由于模型的复杂性，其内部的工作机制和决策过程可能难以直观地呈现，降低了模型的可解释性。特别是当使用一些机器学习和人工智能方法时，如"黑盒算法"，可能难以明确输入数据与输出结果之间的内在逻辑关系。

这就需要不断探索新的方法来提高系统的可靠性及模型的可解释性，以更好地发挥其作用。在数据采集和处理阶段，为确保数据的准确性和可靠性，需进行有效的数据清洗和预处理；在建模过程中，选择合适的建模方法，简化模型结构的同时尽量保持其准确性；在可视化和交互方面，通过直观的界面展示模型的运行状态和结果，帮助用户更好地理解模型。

4）投资与计算成本。部署和维护数字孪生系统不仅需要大量的投资，包括硬件、软件、培训和维护费用，而且在数字孪生应用中更需要大量的计算资源来进行模拟和预测，如在实时应用中。须提供足够的计算资源，并保证模型的实时性需较高的投资成本。

5）互操作标准和规范。数字孪生应用领域缺乏统一的标准和规范，不同制造设备和系统之间的互操作性和可扩展性问题可能阻碍数字孪生的实施，制定、遵守标准和规范是一个挑战，需要各方的共同努力。整个行业领域需要推动行业标准的发展，采用通用的通信协议和开放式标准，以确保数字孪生系统可以与各种设备和系统进行集成。

6）人才短缺。数字孪生建模、人工智能、数据科学等领域的专业技能人才相对匮乏，需要加强相关领域的教育和培训，鼓励跨学科团队协作，以培养具备多方面技能的专业人才。

纵然数字孪生和人工智能的深度融合应用还面临诸多挑战，但是随着研究和应用的不断深入，其技术框架、标准体系将不断完善，这些挑战将有望被逐步克服。当前，数字孪生的应用正处在以虚仿实、以虚映实阶段，且逐步开始重视以虚预实、以虚控实的研究实践,并向细分单元纵深发展。它们的进一步融合会呈现"广覆盖、深应用、大作用、高价值"的新形态。

(1) 更智能的数字孪生模型　随着人工智能中深度学习、强化学习、神经网络等技术的发展,数字孪生模型将能够更好地模拟实体系统的动态变化,更具智能化以及更高的适应性和预测精度。

(2) 多模态数据融合　数字孪生的应用通常涉及多种类型的数据,包括传感器数据、图像数据、文本数据等。未来需借助人工智能技术将不同类型的数据进行深度融合,以提供更全面和准确的数字孪生模型。

(3) 联邦学习和协作式数字孪生　联邦学习和协作式数字孪生能使不同环境中的数字孪生模型共同学习、优化和协作,有助于跨企业、跨行业的知识共享和协同创新。

(4) 可解释性和透明性　由于数字孪生在实际生产中发挥着关键作用,对于模型决策的可解释性和透明性将变得尤为重要。未来将致力于提高模型解释性的算法和方法,以便用户更好地理解模型的决策。

(5) 自主决策与自动化运维　数字孪生系统可以通过学习和模拟现实世界的行为来做出自主决策,并根据环境的变化进行自适应调整。结合机器学习和自动化技术,数字孪生模型将实现更加自动化的运维,比如自适应完成预测性维护、故障检测等工作。

未来人工智能在数字孪生应用中将致力于提高其智能性、实时性、协同性和可解释性,它们的深度融合将会带来多方面的积极影响,具有广阔的应用前景。

2.3　物联网、人工智能与数字孪生的融合应用案例

数字孪生是物理实体的虚拟复制,融合了物联网和人工智能。通过仿真和模拟对物理实体进行未来状态的预测和风险评估,从而实现对物理世界更加准确的理解和科学管控。数字孪生既依赖于采集和反馈物理实体数据的物联网,也离不开提供强大数据处理和分析能力的人工智能,三者的有机融合在工业、农业、医疗、教育等诸多领域都有着出色的表现。图2-8所示为物联网、人工智能与数字孪生的融合生态系统。

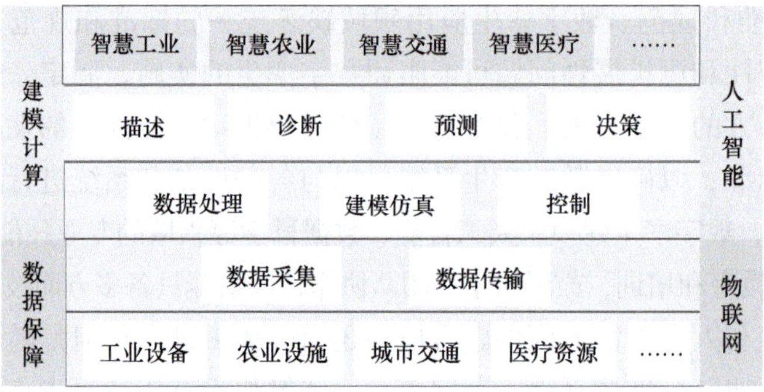

图2-8　物联网、人工智能与数字孪生的融合生态系统

(1) 工业领域　在工业数字化大背景下，数字孪生可以模拟整个生产线的运行，借助人工智能算法可以优化生产线，优化资源配置，实现设备自动监控及故障预测，实现生产过程的智能化和全自动化，提高生产率、降低成本，三者在工业生产中的融合应用模式如图 2-9 所示。

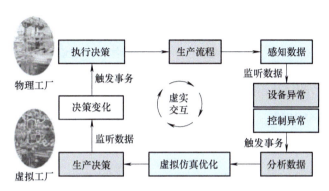

图 2-9　物联网、人工智能与数字孪生在工业生产中的融合应用

宝武钢铁集团的生产流程优化：宝武钢铁集团利用数字孪生技术和人工智能优化钢铁生产流程，通过建立虚拟工厂模型，实时监测生产设备运行状态和工艺参数，借助人工智能分析数据并提供优化建议，从而提高生产率、降低能耗和减少设备故障。

(2) 农业领域　通过传感器、卫星图像等技术采集农业实时数据，运用数字孪生技术创建农业场景虚拟模型，利用人工智能算法分析土壤、温度、湿度、光照等监测数据可以预测农作物生长情况和气象灾害，及时发现病虫害，提高农产品的产量和质量。同时，数字孪生和人工智能还可以用于农业设备的智能控制，如自动灌溉、智能施肥等，提高农业生产率，推动农业生产的智能化和数字化转型。

易知微基于 EasyV 数字孪生可视化平台，以 EasyTwin 数字孪生融合渲染引擎为核心，通过接入高清视频监控系统、精准农业传感网络系统、无线网络传输系统，实现数字监控全方位覆盖推出的数字孪生智慧农业解决方案如图 2-10 所示。依托数字孪生建模与场景渲染能力，以更直观、更透明的展示方式打造 B/S 与 C/S 双模式驱动的数字孪生智慧农业应用，提高农作物生产质量和管理规范，实现农业数据可视、可查、可管。

(3) 教育领域　数字孪生和人工智能的结合将颠覆传统的教育教学方式，提高教学质量的同时降低教育成本。数字孪生可以通过创建虚拟实验室和场景使学生体验"身临其境"，人工智能则可以根据学生的学习状态数据制定个性化教育方案，真正实现因材施教，提高学习效果，从而更好地理解知识和掌握技能，将传统的"灌输式"的被动学习转变为"探究式"的主动学习。

(4) 医疗保健领域　数字孪生可以创建患者的人体数字化模型，包括生理特征和疾病模拟，以便医生能够更好地了解患者的身体状况。人工智能可以利用这些模型并结合医疗数据的分析、预测，为患者提供个性化的医疗建议和治疗方案，提高诊断准确率和治疗效果。另外，借助数字孪生和人工智能技术还可以辅助远程医疗和智能诊断。例如，数字孪生技术可以创建人体的数字化副本，医生可以在数字模型中进行手术模拟，从而提高手术的准确性和安全性。

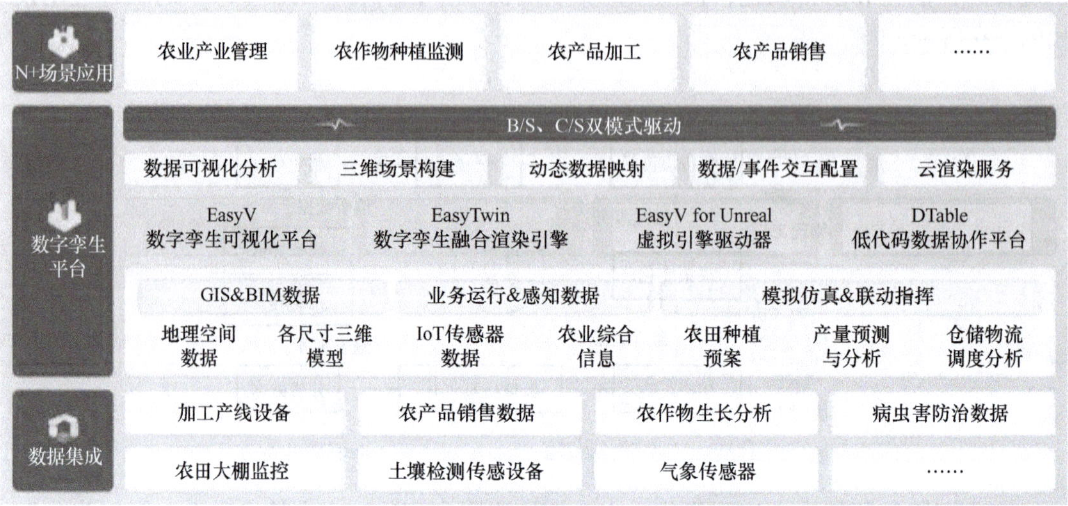

N+场景应用	农业产业管理	农作物种植监测	农产品加工	农产品销售	……
数字孪生平台	B/S、C/S双模式驱动					
	数据可视化分析	三维场景构建	动态数据映射	数据/事件交互配置	云渲染服务
	EasyV 数字孪生可视化平台	EasyTwin 数字孪生融合渲染引擎	EasyV for Unreal 虚拟引擎驱动器	DTable 低代码数据协作平台	
	GIS&BIM数据	业务运行&感知数据		模拟仿真&联动指挥	
	地理空间数据 / 各尺寸三维模型	IoT传感器数据	农业综合信息	农田种植预案	产量预测与分析 / 仓储物流调度分析
数据集成	加工产线设备	农产品销售数据	农作物生长分析	病虫害防治数据	
	农田大棚监控	土壤检测传感设备	气象传感器	……	

图 2-10　易知微推出的数字孪生智慧农业解决方案

达索公司尝试将数字孪生与医疗服务相结合，实现人体运行机理和医疗设备的动态监测、模拟和仿真，从数据层、模型层、应用层的维度打造基于数字孪生的个性化医疗解决方案，如图 2-11 所示提高医疗诊断效率，优化医疗设备质控管理。

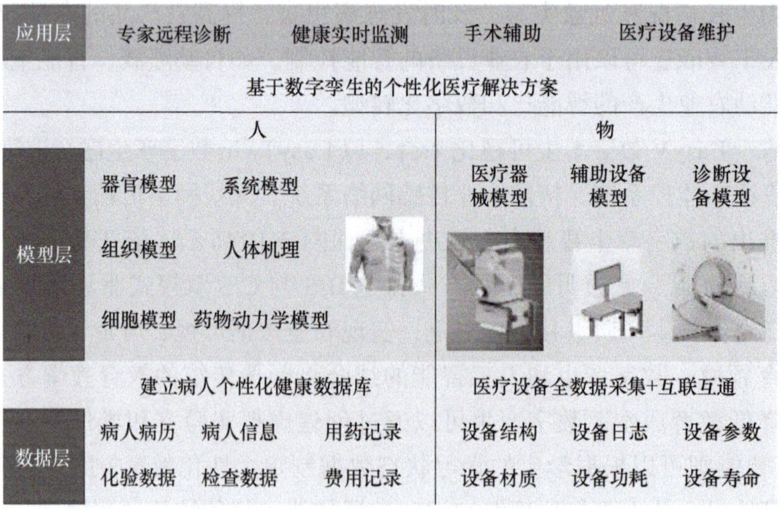

应用层	专家远程诊断	健康实时监测	手术辅助	医疗设备维护		
	基于数字孪生的个性化医疗解决方案					
	人			物		
模型层	器官模型	系统模型		医疗器械模型	辅助设备模型	诊断设备模型
	组织模型	人体机理				
	细胞模型	药物动力学模型				
	建立病人个性化健康数据库			医疗设备全数据采集+互联互通		
数据层	病人病历	病人信息	用药记录	设备结构	设备日志	设备参数
	化验数据	检查数据	费用记录	设备材质	设备功耗	设备寿命

图 2-11　达索公司推出的基于数字孪生的个性化医疗解决方案

（5）城市规划领域　借助数字孪生技术可以模拟和优化城市交通、智慧园区、智慧社区、给排水系统，打造智慧城市的数字孪生平台，创建城市的数字化副本，便于进行城市规划和设计，如图 2-12 所示。利用人工智能可以分析大量数据并预测未来趋势，辅助城市规划者制定科学决策，二者有效结合能助力新型智慧城市的发展和升级。

图 2-12　智慧城市的数字孪生平台

雄安新区是大规模采用数字孪生技术的智慧城市。通过构建城市的数字孪生模型，结合物联网和人工智能技术进行交通管理、环境监测和基础设施维护，实时监控城市运行状态，优化交通流量和能源使用，提升城市管理效率。

（6）建筑设计　在当前数字化变革的大趋势下，作为数字孪生技术与建筑产业有效融合的"数字孪生建筑"已成为建筑产业转型升级的核心引擎，同样也是"数字孪生城市"建设的必要基础。数字孪生建筑是集成了人员、流程、数据、技术、业务系统和应用场景，管理建筑物从规划、设计到施工、运维的全生命周期，包括全过程、全要素、全参与方的以人为本的人居环境开发和美好生活体验的智慧化应用，如图 2-13 所示的基于数字孪生技术的建筑平台。通过创建建筑物的数字化副本，使建筑师能够根据不同需求更高效、更精准的完成建筑设计。

物联网、人工智能与数字孪生的相互融合正在深刻变革着我们的生产和生活方式，也将为我们带来更精准的数字化和智能化体验。

物联网通过采集和传输大量的实时数据为数字孪生的构建提供了现实世界的数字化映射基础。人工智能则可以对物联网收集的数据进行分析和处理，挖掘出有价值的信息和模式，为数字孪生体提供更智能的反馈和控制能力，使其能够实现更真实的模拟、更科学的预测和优化。它们的融合正在被应用于工业、农业、医疗、城市管理等各个行业，虽然目前还处于起步阶段，仍然面临着诸多问题和挑战，但随着研究和应用的不断深入以及技术的进步，它们的发展将迈上新台阶，相互协作、相互促进，共同推动新兴技术的革命和创新。

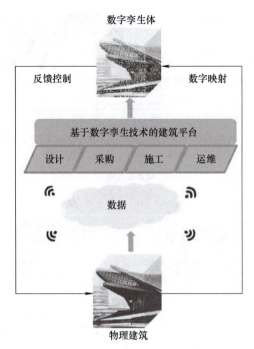

图 2-13　基于数字孪生技术的建筑平台

课后思考题

1. 物联网对于创建和维护数字孪生系统有何意义？

2. 试阐述利用物联网采集某城区某一段道路噪声数据的过程。

3. 如果需要一个智能模型来预测你所在城市未来一周的气温，请尝试选择一种合适的模型，并给出依据，阐述你的建模过程。

4. 试举出你身边数字孪生系统的应用案例，并分析物联网和人工智能技术在其中承担的具体任务。

5. 你如何看待未来数字孪生系统的发展和应用？

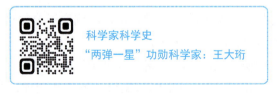

科学家科学史
"两弹一星"功勋科学家：王大珩

第 3 章

PPT 课件

课程视频

数字孪生技术在无人机系统中的应用

3.1 无人机系统与模拟飞行

3.1.1 无人机系统概述

1. 无人机的定义

无人机是利用无线电遥控设备和自备的程序控制装置操纵的不载人飞机。机上无驾驶员,但安装有自动驾驶仪、程序控制装置等设备。地面、舰艇上或母机遥控站人员通过雷达等设备,对其进行跟踪、定位、遥控、遥测和数字传输,如图 3-1 所示。

图 3-1 大疆"悟 2"无人机

2. 无人机的分类

无人机可按平台构型、用途、尺寸、活动半径、任务高度等分类。

(1) 按照平台构型分类 无人机可分为固定翼无人机、旋翼无人机、无人飞艇、伞翼无人机、扑翼无人机等。

(2) 按用途分类 无人机可分为军用无人和民用无人机。

1) 军用无人机包括侦察无人机、诱饵无人机、电子对抗无人机、通信中继无人机、无人战斗机以及靶机等。

2）民用无人机包括巡查或监视无人机、农业植保无人机、气象无人机、勘探无人机以及测绘无人机等。

（3）按尺寸分类　无人机可分为微、轻、小、大型无人机。

1）微型无人机，空机质量≤7kg。

2）轻型无人机，7kg<空机质量≤116kg。

3）小型无人机，空机质量≤5700kg。

4）大型无人机，空机质量>5700kg。

（4）按活动半径分类　无人机可分为超近程无人机、近程无人机、短程无人机、中程无人机和远程无人机。

1）超近程无人机：活动半径为0～15km。

2）近程无人机：活动半径为15～50km。

3）短程无人机：活动半径50～200km。

4）中程无人机：活动半径200～800km。

5）远程无人机：活动半径大于800km。

（5）按任务高度分类　无人机可分为超低空、低空、中空、高空、超高空无人机。

1）超低空无人机：任务飞行高度为0～100m。

2）低空无人机：任务飞行高度为100～1000m。

3）中空无人机：任务飞行高度为1000～7000m。

4）高空无人机：任务飞行高度为7000～18000m。

5）超高空无人机：任务飞行高度大于18000m。

3. 无人机的性能指标

（1）航程　航程是衡量无人机性能的重要指标。航程与无人机的翼型、结构、动力装置等有关。

（2）续航时间　续航时间是衡量无人机任务持续性的重要指标。不同类型的无人机系统，对续航时间要求相近。无人机耗尽其可用燃料所能持续飞行的时间称为最大续航时间。

（3）升限　无人机能维持平飞的最大飞行高度称为升限，分为理论升限和实用升限。飞行高度对于军用航空器来说，是保证作战任务完成的重要指标。

（4）飞行速度　飞行速度是衡量无人机飞行能力，甚至是突防、攻击性能的重要数据，包括巡航速度和最大速度。巡航速度是指飞机在巡航状态下的平飞速度，一般是最大速度的70%～80%。

（5）爬升率　在一定飞行重量和发动机工作状态下，无人机在单位时间内上升的高度；也可用爬升到某高度所用的时间来表示。

4. 无人机的用途

近年来无人机在科技、娱乐、工业、军事等领域都取得了广泛的应用。由于其灵活、便捷的特性，无人机已经渗透到了生活的各个方面。

（1）娱乐和摄影　在娱乐和摄影领域，无人机已成为一种重要的工具。通过无人机搭载的高清摄像头，可以从空中捕捉到极致的视角，为电影制作、广告拍摄、纪录片制作等提供了前所未有的可能性。同时，也使得航拍成为一种时尚的娱乐方式，如图 3-2 所示。

（2）环境监测和农业　在环境监测和农业领域，无人机也发挥了巨大的作用。通过无人机搭载的传感器，可以对环境进行实时监测，如查看建筑物或桥梁的损坏情况、监视野火或跟踪野生动物等。在农业领域，无人机可以用于监测作物生长情况、喷洒农药等，大大提高了农业生产率和精准度，如图 3-3 所示。

图 3-2　大疆 Mavic 3 Pro 无人机　　　　图 3-3　大疆 T50 农业无人机

（3）物流和配送　随着电商的迅猛发展，物流和配送成为人们日常生活中不可或缺的一部分。无人机在物流和配送领域的应用也日益广泛。例如，无人机可以将包裹直接送到消费者手中，特别是在城市中的"最后一公里"配送中发挥了重要作用，如图 3-4 所示。

（4）交通和运输　在交通和运输领域，无人机也有着广泛的应用前景。例如，无人机可以用于交通监控和管理，通过实时监测道路交通情况为交警提供决策支持，如图 3-5 所示。此外，无人机还可以用于短途货物运输，如将药品、救生设备等紧急物资运送到偏远地区。

图 3-4　物流无人机　　　　图 3-5　交通无人机

（5）安全和救援　在安全和救援领域，无人机也展现出了强大的潜力。例如，无人机可以用于监视犯罪活动或寻找失踪人员。在灾难发生后，无人机可以搜索救援人员难以到达的地区，或者寻找幸存者，如图3-6所示。此外，无人机还可以用于消防灭火等救援任务，提高了救援效率和安全性。

（6）军事用途　在军事领域，无人机的应用更是广泛。例如，侦察机可以实时传输战场情报，为指挥官提供决策支持。此外，无人机还可以用于对敌方目标进行打击或摧毁敌方设施等任务，如图3-7所示。

图3-6　救援无人机

图3-7　捕食者无人机

3.1.2　模拟飞行概述

现代飞机是一种结构非常复杂的飞行机器。驾驶飞机则是一项十分复杂的技术。当飞机在空中做各种飞行动作时，如平飞、上升、下滑、转弯和特技时，飞机上的仪表、电气、无线电等设备会显示出相应的各种信号，飞行员通过眼、耳等感觉器官及身体感受到运动信号，从而判断飞机的运动情况，并正确地操纵飞机飞行，如图3-8所示。

由于安全和经济等方面的原因，自飞机问世不久，人们就开始研制和使用在地面练习飞行的飞行模拟器材。飞行模拟器是一种自动化程度很高的模

图3-8　飞机驾驶舱

拟设备。当飞行员在飞行模拟器的座舱中进行操纵时，其感觉与在真实飞机的座舱中相似。随着科学技术的飞速发展，特别是计算机技术的发展和应用，飞行模拟器也越来越先进，模拟的功能也越来越多，模拟的逼真度也不断提高，其作用也越来越被人们所认识，不少国家（包括我国在内）已将模拟飞行训练列入飞行员的训练大纲。可以预料，飞行模拟器在今后的飞行训练中将会起到更加重要的作用。

飞行模拟器的种类很多，根据不同的分类方法，可以分成不同的模拟器。

（1）按复杂程度分类

1）全任务飞行模拟器是一种结构复杂、功能齐全的大型模拟装置。它由模拟座舱、视景系统、运动系统等组成，可覆盖包括起飞、着陆在内的90%以上飞行训练的课目，是目前最为先进、完整的地面训练设备。

2）飞行训练器是一种结构比较简单、功能较少的小型飞行模拟装置，有时也将其称为飞行模拟器，如图3-9所示。可用来进行某些系统的专门训练和一般的飞行训练。从广义上来说，飞行训练器通常没有运动系统和视景系统。较低级的飞行训练器只模拟了飞机上的部分系统，高级的飞行训练器则几乎对飞机的所有系统都进行了模拟。

图 3-9　飞行训练器

3）以计算机为基础的训练设备是一种利用个人计算机来进行飞行理论学习的设备。实质上是一种具有图形图像、文本显示和语音的多媒体计算机教学系统。用来进行飞行理论的教学，既方便，又形象。在 CBT 出现的初期，其图像是静止的。随着多媒体技术的发展，其图像已经变成动态的，可以显示某些过程的动态画面。

（2）按照用途分类

1）专用飞行模拟器。专用飞行模拟器是用来专门训练飞行员某一方面的技术的。例如：仪表飞行模拟器用来训练飞行员的仪表飞行驾驶技术；射击模拟器用来训练飞行员的空中射击技术；轰炸模拟器训练飞行员轰炸地面目标的能力；双机空战模拟器用来训练飞行员空中格斗技术，以提高其战术、技术水平。在这些模拟器中，只着重模拟有关的系统，而对其他关系不大的系统，通常都加以简化。

2）综合飞行模拟器用来训练飞行员或空勤组掌握整个飞行过程，甚至包括战斗课目。例如，它既可以练习仪表飞行，又可以练习起飞着陆，还可以练习特技飞行、空中格斗、对地面目标进行射击等。这种模拟器往往十分复杂。当然，这种模拟器有的也并不具有飞行员训练所需的全部功能，而只是兼有其中的某几种功能。

随着训练用飞行模拟器的功能越来越多，已成为飞行训练中必不可少的一种装备。

3）试验用飞行模拟器。主要是用于新型飞机的研制与旧有飞机的改型。它又可以分为地面工程飞行模拟器和空中飞行模拟器。这两种模拟器的共同特点是其模拟系统不是固定不变的，而是可以重新布局，可以改变参数。例如，空中飞行模拟器可以变稳定性、变操纵性、变升阻比、变负载等，如图3-10所示。地面工程飞行模拟器可变能力则更强。它们主要用于以下方面的研究。

① 评定飞机的操纵、稳定特性和飞行质量，研制

图 3-10　新舟 60 飞行模拟器

基本的操纵系统和自动飞行控制系统,设计座舱布局和仪表显示。

② 研究系统和分系统的故障。

③ 评定飞行员的工作载荷。

④ 帮助制定试飞计划,使试飞员熟悉新飞机的座舱环境,了解飞行试验资料之间的相互关系以及研究疑难问题和反常现象。

⑤ 分析事故原因。

目前,这类模拟器已成为不少国家研制新型飞机的重要工具。据统计,在其能代替的飞行试验领域内,可获得 100∶1 的经济效益。

3.1.3 无人机系统发展趋势

1. 无人机系统的发展历史

(1) 世界无人机发展历史　从 1903 年莱特兄弟驾驶世界上第一架飞机试飞到提出无人驾驶飞行器这个概念仅相距十几年。此后一百多年间,无人机在飞行平台、控制技术、数据传输、导航通信、载荷设备等各技术领域都取得了显著的进步。随着科学技术的进步,无人机在军事战场上体现了十足的重要性。从军事到民用的转变,使得无人机大放光彩。无人机在民用领域应用广泛,也带动了一大批产业迅速发展。无人机的发展大致可以分为三个阶段:萌芽起步期、探索发展期和成熟稳定期。

1) 萌芽起步期。最开始,无人机的出现主要是用于军事领域。1917 年,美国人斯佩里发明了世界上第一台自动陀螺仪。美国海军采用了此款陀螺仪,并将"柯蒂斯"N-9 式教练机改装成世界首架由无线电操控的"空中鱼雷"式无人机,如图 3-11 所示,并于 1918 年顺利试飞,但从未参加过战争。

随着三维立体作战模式逐渐形成以及防空需求的增加,20 世纪 20 年代后,为了满足防空训练的需要,远程控制无人靶机开始出现。1935 年,英国的"蜂王"无人机问世,实现了无人机发射后能飞回至起飞点。"蜂王"无人机如图 3-12 所示,其最高飞行高度为 17000ft(1ft=0.3048m),最高飞行速度为 100mph(1mph=1.609km/h),但由于当时的技术相对落后,逐渐被英国皇家空军弃用。

图 3-11　"空中鱼雷"式无人机

图 3-12　"蜂王"无人机

在这一阶段的无人机研发过程中，无人机基本没有携带任何的任务载荷，仅作为靶机使用。地面上的操纵人员利用无线电遥控设备操纵搭载低精度机械陀螺仪的无人机进行飞行。伴随着有人机的快速发展，这一阶段的无人机也突破了原有飞行速度和飞行高度的限制，从不可回收到可回收重复使用，从平稳飞行到大机动动作飞行，发展意义重大，影响深远，大大提高了无人机在战场上的表现。

2）探索发展期。20世纪60年代起，无人机逐渐应用在战场中。美国在越南战场上使用"火蜂"号无人机进行空中侦察，获取地面情报。以色列使用"侦察兵""猛犬"等多型号无人机在战场中执行火力侦察、伪装诱饵、电子欺骗等任务。

1994年，美国制造了"捕食者"无人机，其升级版将侦察用途的飞机改造成可携带武器并能攻击目标的无人机，开创"察打一体"的先河。1999年，"捕食者""先锋""猎人"等多款无人机在科索沃战争中执行空中侦察、战场监控、电子对抗等任务。

进入21世纪以后，各国无人机发展极其迅速，全球50多个国家和地区共研发出近千种无人机。2004年，美国制造出RQ-7B"幻影"无人机，是当时无人机家族中最小的一款。2007年，美国"捕食者B""死神"无人机正式服役。2009年，由臭鼬工厂（Skunk Works）设计生产的RQ-170"哨兵"无人机在美国空军服役，飞行高度可达50000ft（1ft=0.3048m）。2010年，美国研制的高空高速长航时无人侦察机RQ-4A"全球鹰"部署在美国空军基地。

至20世纪末，无人机上的导航定位系统升级为卫星定位与惯性导航组合的系统方式，任务载荷也实现了从最基本的载荷到加装光电吊舱的转变，控制方式也慢慢转变至程序控制与指令控制。至21世纪初，无人机发展已基本成熟，不少无人机至今仍在服役。无人机的作战模式已从近程操作转变为高空长航时飞行；除了传统的光电吊舱外，还额外装备了雷达等先进设备。功能角色也从单一的侦察和干扰任务，扩展到了具有大规模攻击能力的无人机平台。在导航系统方面，主要采用的是差分定位技术结合微型惯性导航系统，以提高定位精度。控制方式上，无人机结合了程序控制和交互控制，使其能够实现自主控制的同时，还能进行实时的人机交互。

3）成熟稳定期。从2011年至今是无人机发展的成熟稳定期。2012年12月，欧洲"神经元"隐身无人机（图3-13）在法国伊斯特利斯飞行试验中心首飞成功。2013年8月，英国"雷神"隐身无人机（图3-14）在澳大利亚武麦拉试验场完成首飞。2019年8月，俄罗斯"猎人B"隐身无人机（图3-15）秘密试飞。这一阶段，无人机发展趋于稳定。在军事上，无人机逐渐向隐身化发展，通过改变结构布局以及使用隐身材料实现飞行平台隐身，避免雷达侦察。无人机也从单一作战逐渐向集群化、智能化战斗发展。任务载荷由侦察监视设备与精确制导武器等组成。随着人工智能技术的快速发展，无人机系统越来越智能、自主，性能也随着材料等技术的发展逐渐提高，战斗技术更加多样。

（2）我国军用无人机发展历史　我国自20世纪50年代开始使用无人机，直至1966年12月，我国第一架无人机"长空一号"首飞成功，这也代表着我国的无人机进入自主研发生产阶段。"长空一号"无人机定义为靶机。1978年5月，北京航空学院研制的"长虹一号"无人机试飞成功,成为我国首架高空无人侦察机,又名"无侦-5",如图3-16所示。1994年12月,由西北工业大学西安爱生技术集团研制完成ASN-206多用途无人机,可以实时进行视频传输,为我军前线侦察提供了强有力的支持。

图3-13 欧洲"神经元"隐身无人机

图3-14 英国"雷神"隐身无人机

图3-15 俄罗斯"猎人B"隐身无人机

图3-16 "长虹一号"多用途无人机

自1999年开始,中国航天科技集团有限公司开始研制无人机。2004年,自主研制出具备自主飞行能力的"彩虹-1"无人机。2007年,"彩虹-3"无人机首飞成功,在国内率先实现了"察打一体化"的无人机系统,如图3-17所示。

2011年,"翔龙"无人机面世。它是由中国航空工业成都飞机工业集团有限公司自主研发设计的一款大型高速高空长航时无人侦察机。"翔龙"无人机如图3-18所示,机翼采用比较新颖的菱形联翼结构,在稳定性方面表现良好,升阻比比较高。

图3-17 "彩虹-3"无人机

图3-18 "翔龙"无人机

2012年11月,"翼龙"系列无人机亮相珠海航展。它是由中国航空工业集团成都飞机设计研究所研制的一种中低空、军民两用、长航时多用途无人机。2021年7月下旬,河南省大范围突发极端强降雨,导致部分地域引发了洪涝灾害,巩义市米河镇多个村庄通信中断。7月21日,经研究,相关部门紧急调派"翼龙2H"无人机(图3-19)在空中充当应急通信平台,在跨区域长途飞行4.5h后抵达巩义市,7月21日18时21分进入米河镇通信中断区域,利用其上搭载的移动公网基站,实现了大约50km²范围的长时稳定的连续移动信号覆盖。截至晚20时,空中移动基站共计连接用户2572个,产生流量1089.89MB,单次最大接入用户648个,为广大灾区居民及时恢复了移动公网信号,打通了保障生命的应急通信线。

2021年珠海航展上,"攻击-11"无人机、"彩虹-4"无人机、"彩虹-6"无人机、"无侦-7"无人机、"无侦-8"无人机、WJ-700"猎鹰"无人机、"飞鸿-97"无人机、"彩虹-10"无人机纷纷亮相,也宣告我国逐渐走向自主生产研发无人机的大国时代。

(3)民用无人机发展历史　民用无人机相较于军用无人机起步较晚。20世纪80年代,日本雅马哈公司率先开发了一款用于农业飞防的无人直升机,并在1989年首次试飞成功。21世纪初,随着电子技术的快速发展,民用无人机迎来各国关注。2006年,汪滔等人创立深圳市大疆创新科技有限公司。该公司先后推出了"精灵"(Phantom)系列、"悟"(Inspire)系列、"御"(Mavic)系列等消费级无人机,在民用无人机中影响巨大。2015年,无人机行业爆发,各无人机厂家飞速发展,为民用无人机行业的发展创造了非常有利的条件。目前,大疆公司的无人机在市场上依然有较高的占有率,在全球民用无人机领域也有不可撼动的地位。大疆 Avata 2 无人机如图3-20所示。

图3-19　"翼龙2H"无人机

图3-20　大疆 Avata 2 无人机

2. 无人机系统面临的挑战

(1)无人机的自主控制　无人机的自主控制主要体现在无人机能够自主完成飞行任务,包括起飞、巡航、降落等全过程。这需要无人机具备感知和决策能力,以应对各种突发情况。目前,无人机的自主控制能力主要依赖于先进的传感器、控制器和算法。

然而,实现无人机的完全自主控制仍面临诸多挑战。例如,无人机需要具备高精度定位和导航能力,以便在复杂环境中稳定飞行。此外,无人机还需要具备强大的决策和规划能力,以应对各种突发情况。如何提高无人机的自主控制能力,是当前研究的重点和难点。

(2)无人机的智能控制　无人机的智能控制主要体现在无人机能够通过机器学习和人工智能技术进行自我学习和改进。通过大量的训练数据,无人机可以不断优化自身的控制策略，提高飞行性能和任务完成能力。

目前，无人机智能控制的应用主要体现在目标跟踪、图像识别等领域。例如，无人机可以通过图像识别技术识别出目标物体，并对其进行跟踪和监控。未来，随着机器学习和人工智能技术的不断发展，无人机智能控制的应用场景将更加广泛。

3.2 无人机系统模拟飞行流程

3.2.1 总体方案设计

在无人机系统的应用中，数字孪生技术展现出了强大的整合与协同能力。在遥感数据方面，数字孪生技术通过无人机搭载的传感器实时收集多维度的空间数据，构建出精确的数据底板，为环境监测、资源管理等领域提供有力支持。在通信网络方面，该技术确保无人机与其他系统组件之间的实时数据同步，提高了系统的响应速度和决策效率。在低空航路方面，数字孪生技术通过模拟飞行器的运行状态，优化飞行路线和计划，提升低空经济的安全性和效率。在运行管理方面，数字孪生技术实时监测无人机系统的运行状态，为交通管理、环境监控等提供决策支持，推动了无人机系统在城市运行中的智能化和精细化管理。无人机系统框架，如图3-21所示。

图 3-21 无人机系统框架

（1）基于传感器的飞机外部数据采集　无人机技术以其高效、灵活的特点，成为了地面信息实时监测的重要工具。通过对地面信息的实时监测，无人机能够动态构建所检测地区的地图,提供精确、详尽的数据。这一技术的核心在于无人机上配备的高精度传感器,其相当于无人机的"眼睛",为地面信息的采集和处理提供了强有力的支持。高精度传感器能够捕捉到地面环境中的微小变化,提供包括地形、植被、水体和建筑物在内的各种详细数据。这些传感器不仅具备高灵敏度,还能够在各种气象条件下稳定工作,确保数据的准确性和可靠性。先进的摄像头则能够拍摄高分辨率的图像和视频,实时传回清晰的地面影像。这些设备的协同工作,使得无人机可以在短时间内覆盖广阔区域,快速生成高清晰度的地面地图。

高精度传感器技术是一种能够精确地测量和记录特定物理量的技术。这些传感器具有高度的灵敏度、稳定性和精度,能够在不同环境条件下实现精确的数据采集和监测。如图 3-22 所示,高精度传感器大致分为四类,分别是惯性传感器、光学传感器、气象传感器和 GPS/导航系统。

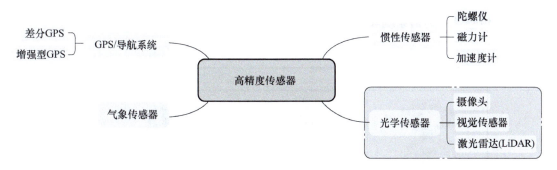

图 3-22 高精度传感器的分类图

惯性传感器包括加速度计、陀螺仪等,用于测量无人机的姿态、加速度等动态参数。加速度计用于测量无人机在三个轴上的加速度,从而确定飞行状态和姿态。陀螺仪用于测量无人机的角速度,帮助实现精确的姿态控制。IMU 惯性传感器如图 3-23 所示。

光学传感器如摄像头、激光雷达(图 3-24)等,用于进行无人机的视觉感知、距离测量等。摄像头可以用于拍摄环境中的图像和视频,实现无人机的视觉导航和障碍物识别。激光雷达则可以测量无人机与障碍物之间的距离和高度信息。激光雷达(LiDAR)系统通过旋转或扫描方式,使激光束扫描整个区域,实现对目标物体的全方位测量。激光束照射到不同距离的目标物体上,反射回激光雷达系统的激光束会有不同的反射时间和强度。激光雷达系统根据接收到的激光束信息,生成目标物体的三维坐标数据,构建目标物体的三维模型和地图。

图 3-23 惯性传感器

气象传感器如气压计、温度计等,用于感知环境中的气象条件,如气压、温度、湿度等。这些信息对于无人机的飞行性能和气象适应性至关重要,可以帮助无人机实时调整飞行姿态和路径。图 3-25 所示为气象探测无人机。

图 3-24　激光雷达

图 3-25　气象探测无人机

GPS/导航系统用于测量无人机的位置、速度等，提供导航和定位服务。GPS系统通过卫星定位技术可以实现对无人机位置的精确定位，为其提供准确的导航指引。

高精度传感器技术在无人机系统数字孪生中扮演着至关重要的角色。它为数字孪生模型的建立和优化提供了准确的数据，有助于实现对无人机系统的精准仿真和模拟。常见的摄像头、传感器、通信系统和GPS/GNSS，见表3-1。

表 3-1　常见的摄像头、传感器、通信系统和 GPS/GNSS

类别	具体设备			
摄像头	8K 视频分辨率	热 Cam 模块 aid-mc8	10 倍变焦摄像头	ixm-120mp 摄像头和高分辨率航空成像框架
传感器	磁力计是3轴设备，用于确定沿每个轴的磁场	超声波传感器的工作电压为5V，最大感知范围为4500cm，频率为40kHz，用于无人机避障	六轴陀螺仪有6个内置振动传感器，用于平衡横摇、俯仰和偏航	轻量级光学传感器具备短激光雷达和CAN通信协议
通信系统	TS5828L Mini 48CH 600MW 遥测系统；渠道：48CH；频率：5.6～5.9GHz；范围：1～1.5km	基于 APM ArduPilot 的无线遥测433MHz工具包；频率：5.8GHz；范围：开阔区 5km	RFD 868 是一种强大的远程遥测系统；频率：868～869MHz；范围：开阔区域 10～12km	HereLink 高清数字遥测系统，带有 mavlink 输入，用于双向通信；带宽：20MHz/10MHz；范围：12～16km

（续）

类别	具体设备			
GPS/GNSS	兼容 Arduino 的 NEO-6M GPSis；内置天线和电池，用于快速信号采集；工作温度范围：-40～85℃	NEO-7MGPS 兼容 Ardupilot 2.6-2.8；内置天线；跟踪灵敏度：161dbm；捕获灵敏度：148dbm	Here2 GNSS 兼容 pixhawk 黑色或橙色立方体；支持所有卫星增强系统	Here3GNSS 兼容 pixhawk 黑色或橙色立方体；RTK 支持的 GNSS 芯片

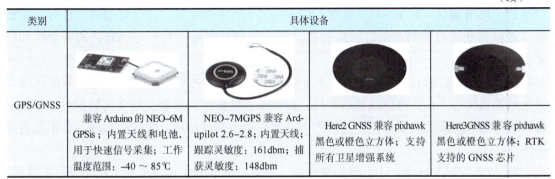

（2）基于通信协议的无人机系统内部数据读取　在基于通信协议的无人机系统中，内部数据的读取通常涉及与飞行控制系统或地面站之间的通信。无人机系统内部的数据可能包括飞行状态、传感器读数、航线信息等。

1）选择通信协议。在选择通信协议时，需要考虑系统的需求和兼容性。例如：图 3-26 所示的 MAVLink 是一种轻量级的通信协议，广泛用于飞行控制系统之间的通信；DDS（Data Distribution Service）和 ROS（Robot Operating System）则更多用于机器人系统的数据分发和通信，DDS 通信原理如图 3-27 所示。选择协议时需要考虑到通信效率、数据传输速率、协议的可扩展性等因素。

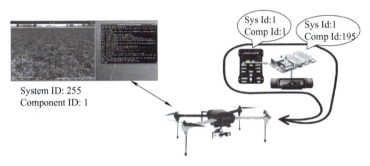

图 3-26　MAVLink 启用部件

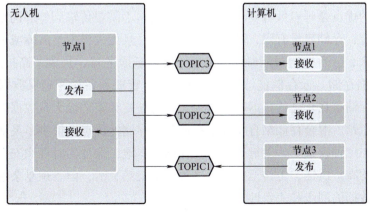

图 3-27　DDS 通信原理

2）建立通信连接。通信连接的建立取决于所选的通信协议和硬件架构，可能涉及串口通信、网络通信（如 Wi-Fi、蓝牙、LTE 等）、CAN 总线等。在建立通信连接时，需要确保地面站和飞行控制系统之间能够稳定地进行数据交换，并考虑到通信的安全性和稳定性。

3）数据协议解析。接收到的数据通常以协议的格式进行编码，如二进制数据包或者特定的消息格式。在数据协议解析阶段，需要编写解析器来解析接收到的数据包，并根据协议规范提取所需的内部数据。这可能涉及数据包头部的解析、字段的提取、数据校验等操作。

4）数据读取与处理。一旦数据被解析，就可以读取其中包含的无人机系统内部数据。这些数据可能包括飞行状态（如位置、姿态、速度等）、传感器数据（如 GPS、IMU、摄像头等）、航线信息（如航点、航线规划等）等。数据读取与处理阶段可能还涉及数据的单位转换、坐标系转换、数据滤波等操作，以确保数据的准确性和可用性。

5）数据展示与分析。读取到的内部数据可以被用于显示在地面站上，以便用户监视无人机的状态和行为。这可能涉及设计用户界面（UI）、实现数据可视化、显示实时数据图表等。此外，这些数据也可以被用于进一步的分析和处理，如实时路径规划、避障算法等。

6）错误处理与容错机制。在实现数据读取的过程中，需要考虑到通信错误、数据丢失等异常情况，并设计相应的错误处理与容错机制。例如，可以使用超时机制来处理通信超时错误，使用数据校验来检测数据传输过程中的错误，以确保系统的稳定性和可靠性。

基于通信协议的无人机系统内部数据读取涉及选择通信协议、建立通信连接、数据协议解析、数据读取与处理、数据展示与分析以及错误处理与容错机制。通过这些步骤，可以实现对无人机系统内部数据的有效获取和利用。

3.2.2 无人机系统数据存储与传输

（1）无人机系统数据存储　如图 3-28 所示，在无人机系统数据存储中，可以采用多种策略来满足不同的需求。首先，本地存储是指将数据直接存储在无人机上的存储设备中。这种方法的优点是延迟低和安全性高，因为数据不需要传输到外部网络。然而，本地存储的扩展性差，存储容量有限，且容灾能力差，一旦无人机发生故障或损毁，数据可能无法恢复。其次，云存储通过互联网将数据上传到云服务器，提供了高扩展性和便捷性，适合大规模数据存储。云存储能够实现数据的集中管理和备份，确保数据的安全和可用性。但是，云存储存在较高的延迟和成本，尤其是需要频繁传输大量数据时，网络带宽和费用可能成为瓶颈。混合存储结合了本地存储和云存储的优点，提供了灵活性和成本优化的解决方案。在这种模式下，关键数据可以存储在本地，保证实时性和安全性；非关键数据利用云存储的高扩展性，上传至云端。这种策略虽然灵活，但管理复杂性较高，需要协调本地和云端数据的同步和一致性。

第 3 章 数字孪生技术在无人机系统中的应用

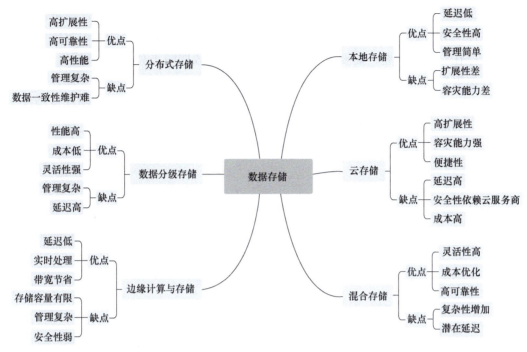

图 3-28 数据存储的结构图

如图 3-29 所示,边缘计算与存储是另一种有效策略。它通过在靠近数据源的边缘节点处理和存储数据,减少了传输延迟,适合实时处理需求。边缘存储能够在本地处理大量数据,减少中心服务器的负载。然而,边缘存储的存储容量有限,且需要在多个边缘节点之间协调数据。

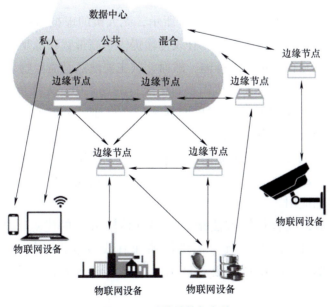

图 3-29 边缘计算与存储

如图 3-30 所示，分布式存储将数据分布在多个物理或虚拟节点上，具备高扩展性和高可靠性。分布式存储能够通过冗余和复制机制提高数据的可用性和容灾能力，但管理复杂，存在一致性问题，需要解决不同节点之间的数据同步和一致性维护。最后，数据分级存储根据数据的重要性和访问频率，将数据分为不同级别，分别存储在性能和成本最优的存储介质上。这种方法能够优化存储资源的利用，提升整体存储系统的性能和成本效益。然而，数据分级存储需要对数据进行准确的分级和迁移管理，增加了系统的复杂性。

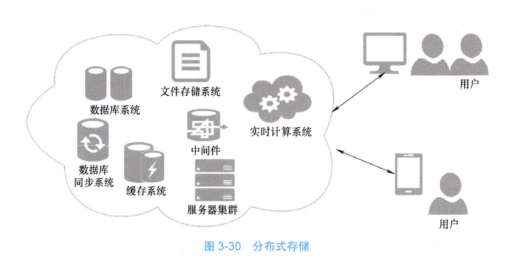

图 3-30　分布式存储

综合应用这些策略，可以实现无人机数据的高效、可靠、安全存储，满足不同应用场景的需求。选择适当的存储策略需要综合考虑数据的实时性、安全性、扩展性和成本，结合具体的应用场景和需求，制定最优的存储方案。

（2）无人机系统数据传输　如图 3-31 所示，无人机的虚拟监控系统与数据库之间的数据传输方法多种多样，各有优缺点。有线传输提供了高带宽和低延迟，是一种非常可靠的方式，适合大数据量在短距离内传输。然而，其主要缺点是需要物理连接，这在实际应用中可能不太灵活，尤其是在无人机需要自由飞行的场景中。无线传输（如 WiFi、蓝牙、LTE、5G）因其灵活性高和适用范围广而受到广泛欢迎。WiFi 和蓝牙适合短距离传输，而 LTE 和 5G 则适合长距离高速传输。无线传输的主要缺点是易受环境干扰，信号稳定性在复杂环境下可能受到影响。卫星通信覆盖全球，特别适用于远程操作和难以覆盖的偏远地区。尽管其具有广泛的覆盖范围和可靠性，但卫星通信成本高且延迟高，不适合需要低延迟的实时数据传输应用。

如图 3-32 所示，混合传输方法结合了多种传输方法的优点，提升了数据传输的可靠性和灵活性。例如，可以结合无线传输和有线传输，或结合卫星通信与 LTE。虽然混合传输方法的管理和协调相对复杂，但它能够在多种环境中提供稳定的数据传输。

第 3 章 数字孪生技术在无人机系统中的应用

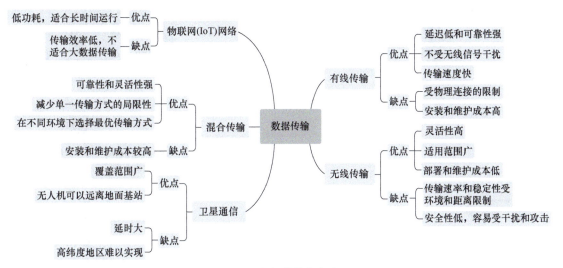

图 3-31 数据传输的方法图

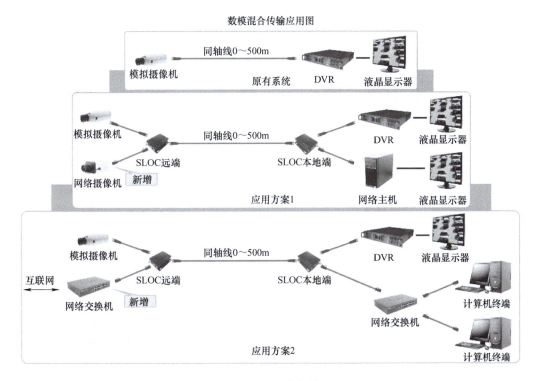

图 3-32 混合传输

如图 3-33 所示，物联网网络（如 LoRaWAN、NB-IoT）具有低功耗和广域覆盖的特点，适合小数据量传输和广泛的传感器网络应用。它的主要缺点是传输速率低，无法满足高带宽和高实时性需求。

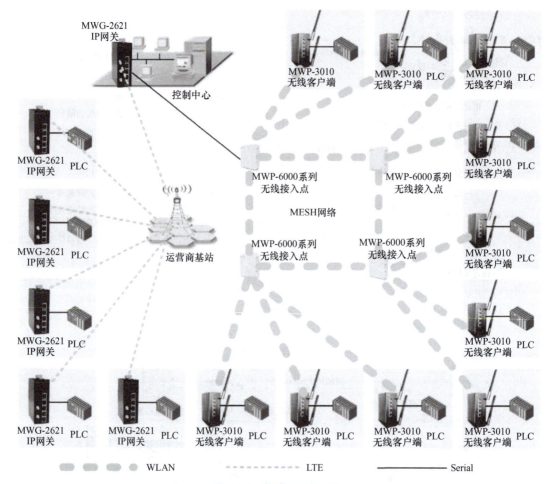

图 3-33　物联网网络通信

目前，LTE 和 5G 无线传输因其高传输速率、低延迟和高灵活性在无人机系统数据传输中应用最为广泛。随着技术的进步，混合传输和边缘计算也逐渐受到重视，特别是在需要高可靠性和实时处理的复杂应用场景中。例如，边缘计算可用于实时分析无人机飞行中的数据，而混合传输则确保在多种环境中保持稳定的连接。这些技术的结合使得无人机系统能够更加高效和智能地进行数据采集、传输和处理。

（3）无人机系统 Unity 虚拟模型搭建

1）跨平台开发。Unity 引擎支持多种平台，包括 Windows、iOS、Linux 等。这意味着开发者可以使用同一套代码轻松地部署到不同的平台上，提高了开发效率和多平台兼容性。

2）高效开发环境。Unity 引擎提供了可视化的编程界面，开发者可以通过拖拽和放置对象的方式来创建虚拟场景和编辑交互逻辑。此外，Unity 还提供了高效的脚本编辑器，支持 C# 和 JavaScript 等多种编程语言，使得开发者能够快速实现相应功能。

3）简单易学。Unity 引擎的学习门槛相对较低，入门简单。由于其可视化的编程界面和丰富的教程资源，即使是初学者也可以快速掌握 Unity 的基本操作和开发技巧。同时，Unity 社区活跃，开发者可以方便地获取帮助和交流经验。

4）强大的物理引擎。Unity 引擎内置了功能强大的物理引擎，支持刚体、关节、碰撞器等多种物理效果，可以模拟真实世界的物理行为，为数字孪生提供更加逼真的体验。

5）支持多种插件扩展。Unity 引擎支持多种插件扩展，开发者可以通过安装插件来扩展引擎的功能，实现更加丰富的数字孪生效果。例如，开发者可以使用 Unity 的 ARVR 插件来实现虚拟现实和增强现实的功能。

6）高度可定制的 UI 系统。Unity 引擎的 UI 系统高度可定制，开发者可以根据项目需求自定义 UI 样式和交互方式。这使得开发者能够轻松地创建出与项目风格相匹配的用户界面，提升数字孪生的整体体验。

7）支持多人协作开发。Unity 引擎支持多人协作开发，团队成员可以共同编辑项目，实时同步代码和资源。这有助于提高开发效率和团队协作能力，加速项目的开发进度。

8）广泛的第三方资源支持。Unity 引擎拥有庞大的第三方资源生态系统，包括各种插件、素材、工具等。这些资源可以帮助开发者快速实现项目功能，减少重复造轮子的工作量。

9）实时全局光照渲染。Unity 引擎支持实时全局光照渲染技术，可以实现逼真的光照效果，提升项目的视觉体验。同时，Unity 还支持多种渲染技术，如实时阴影、透明度渲染等，为项目提供了更加丰富的视觉效果。

10）强大的性能优化。Unity 引擎在性能优化方面表现出色，可以在不同的平台上提供流畅的模拟体验。图 3-34 所示为利用 Unity 构建的无人机飞行环境。

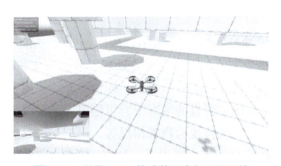

图 3-34 利用 Unity 构建的无人机飞行环境

3.2.3 无人机系统数据处理

（1）数据处理方式　无人机通过传感器获取气象数据、自身姿态信息数据、地面遥感信息数据以及自身位置 GPS 数据，地面基站收到后，可以采用不同的处理方式进行处理。其中，集中式处理是将所有数据发送到一个中心地点进行处理和存储，这种方式简化了管理和维护，但存在单点故障的风险，一旦中心节点发生故障，整个系统的稳定性将受到影响。分布式处理是将数据分发到多个处理节点进行处理，提高了数据处理效率和容错能力，但需要考虑网络带宽和稳定性等因素，如图 3-35 所示。

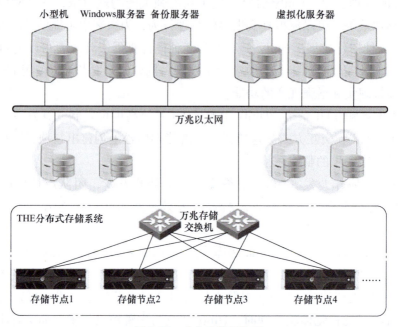

图 3-35　分布式数据处理

如图 3-36 所示，混合处理方法则结合了集中式和分布式处理的优点。在实际应用中，根据需求灵活选择处理方式，以最大限度地满足数据处理的要求。目前，随着无人机技术的发展和应用场景的不断扩展，混合处理方法在无人机数据处理中被广泛应用，并逐渐成为主流趋势。

（2）数据预处理和清洗　如图 3-37 所示，数据预处理和清洗是数据分析中至关重要的步骤，常见的方法包括缺失值处理、异常值处理、数据转化和标准化、去除重复数据、数据格式统一化。缺失值处理包括删除缺失值、插值填充、使用默认值等。优点是简单快捷，缺点是在数据量较少或缺失严重的情况下，可能引入偏差或失真。异常值处理包括删除异常值、修正异常值、将异常值视为特殊情况等。优点是可以提高模型的稳健性和准确性，缺点是可能导致数据信息的丢失或失真。数据转化和标准化包括对数据进行归一化、标准化、对数转换、分箱等。优点是可以提高模型的性能和收敛速度，缺点是可能丢失数据的原始含义或增加计算复杂度。去除重复数据是通过识别以删除重复的观测值或样本。优点是可以简化数据集并减少噪声，缺点是可能删除重要信息。数据格式统一化是将不同格式的数据转换为统一的格式，如日期格式、单位转换等。优点是提高数据的一致性和可比性，缺点是可能需要额外的转换工作和处理成本。目前，针对不同的数据特点和分析目的，以上各种方法都被广泛应用。

如图 3-38 所示，选择合适的数据预处理和清洗方法时需要根据具体情况进行综合考虑，以确保数据质量和分析结果的准确性。

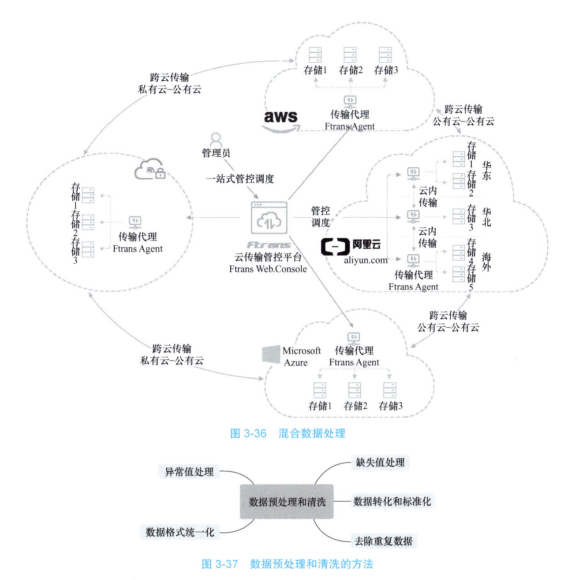

图 3-36 混合数据处理

图 3-37 数据预处理和清洗的方法

（3）大数据分析方法　大数据分析方法包括统计分析与数据挖掘、机器学习与深度学习等。统计分析与数据挖掘具有丰富的理论基础，适用于各种数据类型和问题领域，能够揭示数据之间的关系、规律和趋势，易于理解和解释，但是需要对数据做出一些假设，对数据质量要求较高，处理大规模数据时效率低下。机器学习与深度学习能够处理复杂的非线性关系和大规模数据，具有较高的预测准确性和泛化能力，能够自主学习，减少了人工需求，但是需要大量的标注数据进行训练，对计算资源和算法调参要求较高，黑盒模型难以解释和理解，对数据质量和特征选择敏感。目前，随着数据规模的不断增大和计算能力的提升，机器学习与深度学习方法在大数据分析中得到了广泛应用。但在实际应用中，统计分析与数据挖掘方法仍然具有重要地位，特别是在需要理解数据背后的机理和规律时。综合考虑问题的复杂性、数据的特点以及分析的目的，选择合适的方法进行大数据分析是至关重要的。

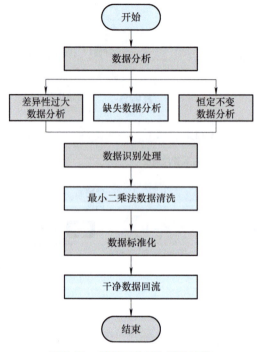

图 3-38　数据预处理和清洗流程

3.3　数字孪生系统搭建

3.3.1　数字孪生系统模型建立

（1）无人机外部硬件单元模型建立　如图 3-39 所示，建立无人机外部硬件单元模型涉及对无人机外部装备和传感器等硬件单元进行建模和描述。

图 3-39　无人机外部硬件单元模型建立

确定外部硬件单元需要确定要建模的外部硬件单元，包括各种传感器（如 GPS、IMU、摄像头、LiDAR 等）、通信设备、载荷释放系统等。获取硬件参数需要收集和整理每个硬件单元的技术规格和参数，包括尺寸、重量、功耗、工作频率、精度等。这些参数将用于建立模型和仿真。建立模型需要根据硬件参数和工作原理，选择合适的建模方法和工具，建立每个硬件单元的数学模型。对于传感器，可能需要考虑其感知范围、灵敏度、误差特性等；对于通信设备，可能需要考虑其传输速率、信噪比、覆盖范围等。集成到整体系统模型中是将建立的外部硬件单元模型集成到整个无人机系统模型中。这可能涉及与飞行控制系统、导航系统、任务规划系统等其他子系统的集成。验证和调整是对建立的模型进行验证和调整,确保其与实际硬件单元的行为相匹配。这可能需要进行实地测试和仿真验证。更新和维护是技术和硬件的更新,需要及时更新和维护模型,以保持其准确性和适用性。

通过以上步骤,可以建立出准确描述无人机外部硬件单元的模型,为无人机系统的仿真和设计提供重要支持,如图3-40所示。

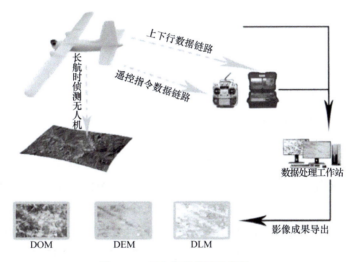

图3-40 无人机外部硬件单元

(2)无人机内部硬件单元模型建立 数字孪生无人机飞控系统的硬件设计是确保系统整体性能和可靠性的关键环节。该设计涉及多个方面,每一方面都必须经过精心设计和严格实施,以满足无人机飞控系统对于准确度、稳定性和实时反应速度的高要求。

1)传感器设计。必须根据飞控系统的特定需求,选择和配置一系列高性能传感器。惯性测量单元(IMU)是核心传感器之一,其主要负责提供关于无人机姿态和加速度的数据,如图3-41所示。全球定位系统(GPS)则用于确定无人机的精确地理位置。此外,为了增强环境感知能力,可能会集成光学相机、红外相机和激光雷达(LiDAR)等传感器,分别用于获取视觉信息、热成像数据和三维空间数据。所有这些传感器必须达到高精度、高稳定性和高实时性的标准,确保数据采集的质量和可靠性。常见的无人机传感器,如图3-42所示。

2)控制器设计。控制器设计则要求选用具备强大处理能力的微处理器或微控制器,需要有足够的计算性能来执行复杂的飞行控制算法。控制器的存储容量也必须足够大,以便存储飞行数据、控制程序和固件更新。同时,控制器应配备多样化的接口资源,如串行通信端口、USB接口、以太网端口等,以实现与其他硬件、组件和地面控制站的无缝连接。实时操作系统和嵌入式软件是控制器设计中不可或缺的部分,确保了飞控系统能够及时响应各种飞行情况,并执行必要的控制命令。

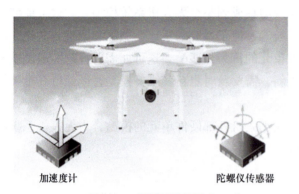

图 3-41　惯性测量单元（IMU）　　　　　　　图 3-42　常见的无人机传感器

3）通信系统设计。通信系统设计是确保无人机与地面控制站之间能够进行高效数据交换的关键。该系统通常采用无线电频率（RF）通信，包括但不限于扩频通信、跳频通信和正交频分复用（OFDM）技术。通信系统必须能够提供高速、稳定且安全的数据传输通道，同时具备良好的抗干扰能力和自适应能力，以适应复杂多变的电磁环境。此外，加密和认证机制也是通信系统设计中的重要组成部分，以防止数据被未授权访问或篡改。数据分发服务（Data Distribution Service，DDS）作为网络数据通信的核心技术，能可靠实时地交换分配群体数据，其传输能力比通常的战术数据链高几个数量级。通过 DDS 的信息传递，仿真引擎之间可以实时获取不同模型的时间信息、控制信息和数据信息等内容。基于 DDS 的分布式仿真架构图如图 3-43 所示。

4）电源系统设计。电源系统设计对于无人机的持久飞行能力至关重要。电源系统必须能够提供稳定和高效的电能供应，以保证飞控系统及其他电子设备的连续运行。锂离子电池是目前最常用的无人机电源，因其能量密度高、重量轻和充放电循环次数多而受到青睐。电源系统设计还需考虑到能量管理策略，如最大功率点追踪（MPPT）和能量监控，以优化能量消耗并延长飞行时间。

数字孪生无人机飞控系统的硬件设计是一个复杂且多学科交叉的工程挑战。这要求在传感器选择、控制器设计、通信系统构建和电源管理等领域具备深厚的专业知识和实践经验。只有这样，才能确保飞控系统能够在各种飞行环境下稳定、可靠地工作，为无人机的智能化和自动化铺平道路。

（3）无人机结构模型的建立　如图 3-44 所示，基于数字孪生的无人机结构模型的建立涉及将实际无人机的结构参数、材料属性和运行环境等信息转化为数字化的虚拟模型，以实现对无人机结构行为的精确模拟和预测。

1）收集实际数据。首先，需要收集实际无人机的结构参数、材料属性、载荷情况等数据。这些数据可以通过实地测试、文献调研或制造商提供的技术资料获得。

2）建立几何模型。利用计算机辅助设计（CAD）软件，根据实际无人机的外形和尺寸建立几何模型，确保几何模型精确反映无人机的结构特征和形态。

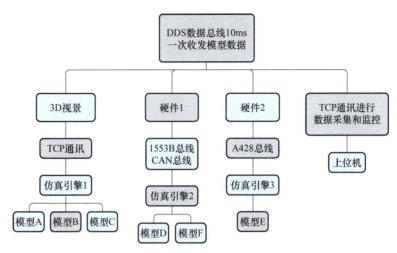

图 3-43　基于 DDS 的分布式仿真架构图

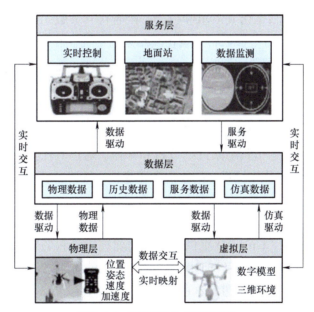

图 3-44　无人机结构模型的建立

3）定义材料属性。为无人机结构模型中的每个部件选择合适的材料，并确定其材料属性，如弹性模量、密度、屈服强度等。这些属性对于准确模拟结构行为至关重要。

4）建立有限元模型。利用有限元分析（FEA）软件，将几何模型转换为有限元模型。在模型中划分网格并定义节点和单元，以便进行力学分析。

5）施加边界条件。在有限元模型中设置适当的边界条件，包括加载条件、约束条件和支承条件。这些条件模拟了实际工作环境中的受力情况。

6）进行仿真分析。利用有限元分析软件对无人机结构模型进行静态分析、动态分析或疲劳分析，评估其性能和稳定性。根据分析结果进行结构优化。

7）验证模型。通过与实际无人机的性能数据进行比较，验证数字孪生模型的准确性和可靠性。对模型进行验证可以通过实验测试、现场观察或与实际运行数据进行比对来实现。

通过建立基于数字孪生的无人机结构模型，可以更好地理解无人机的结构行为、预测其性能，并优化设计方案，从而提高无人机的飞行安全性和效率。

3.3.2 数字孪生仿真引擎实现框架

数字孪生无人机飞控系统的仿真是基于数字孪生技术的一种验证和评估手段。通过建立无人机的虚拟副本，并在仿真环境中模拟实际飞行过程和行为，可以对飞控系统的性能和可靠性进行全面的验证和评估。仿真过程主要包括以下几个步骤。

1) 建立仿真模型。根据实际无人机的结构和性能参数，建立无人机的虚拟副本模型。模型应包括动力学模型、控制模型等，以便进行实时模拟和预测。同时，还需要建立仿真环境模型，包括天气条件、地形地貌等因素，以模拟实际飞行过程中的各种情况。

2) 配置仿真参数。根据仿真需求和目标，配置仿真参数。参数包括初始状态、控制算法参数、环境参数等，这些参数将影响仿真结果的准确性和可靠性。因此，需要根据实际情况和需求进行合理的配置和调整。

3) 运行仿真程序。启动仿真程序，并进行仿真运行。在仿真过程中，虚拟副本将实时模拟实际无人机的飞行过程和行为，并根据实时数据同步调整自身状态。同时，仿真程序还将记录仿真过程中的各种数据和结果，以便进行后续的分析和评估。

4) 分析和评估。根据仿真结果进行分析和评估。通过对比实际飞行数据和仿真数据的差异和相似度，可以评估飞控系统的性能和可靠性。同时，还可以根据仿真结果对飞控系统进行优化和改进，以提高飞控系统的性能和稳定性。

Unity3D 数字孪生流程：

1) 建模与场景设计。Unity3D 提供了强大的建模工具和场景编辑器，可以用于创建数字孪生模型和环境。开发者可以使用 Unity3D 的建模功能来创建真实世界物体的精确模型，并在场景中布置、配置和组织这些模型。

2) 物理仿真。Unity3D 内置了基于物理的仿真引擎，可以模拟物体的物理行为，如碰撞、重力、运动等。这使得开发者能够在数字孪生中准确地模拟和预测真实世界中的物理效应，从而进行虚拟测试和优化。

3) 传感器模拟。Unity3D 中的脚本编程和插件支持三维模型模拟各种传感器的行为，如相机、激光雷达、超声波传感器等。开发者可以编写脚本来模拟传感器的采集过程，并将模拟数据应用于数字孪生环境中，以便测试和评估系统的感知和决策能力。

4) 数据集集成。Unity3D 具备对各种数据集的集成能力。开发者可以将现实世界的数据集（如图像、点云、传感器数据等）导入到 Unity3D 中，并与数字孪生模型和环境进行融合。这样可以实现从实际数据到数字孪生的转换，并进行验证、训练和测试。

5) 可视化与交互。Unity3D 的渲染引擎和图形功能可用于实时可视化数字孪生结果。

通过 Unity3D，开发者可以创建交互式用户界面（UI），允许用户与数字孪生环境进行交互并观察仿真结果。这提供了一种直观、沉浸式的方式来探索和分析数字孪生。

总之，Unity3D 在数字孪生方面的作用包括建模与场景设计、物理仿真、传感器模拟、数据集集成以及可视化与交互。它提供了一个全面的平台和工具，使开发者能够构建逼真的数字孪生环境，并进行模拟、测试和分析，以推动数字孪生技术的应用和发展。

3.3.3 数字孪生系统的建立

（1）地形实时更新模块　通过数据融合和三维重建技术，地面基站能够将无人机采集的多源数据处理成高精度的三维地形模型。数据融合通过传感器校准、时间同步、数据预处理、数据对齐、数据融合算法和结果优化等步骤，实现不同传感器数据的一体化表示。三维重建通过图像采集、特征提取、特征匹配、相机姿态估计、三维点云生成、点云融合、网格重建、纹理映射和后处理等步骤，生成详细的三维地形模型，如图 3-45 所示。这些技术的结合，不仅提高了地图的精度和完整性，也为无人机的实时监控和环境感知提供了强有力的技术支持。

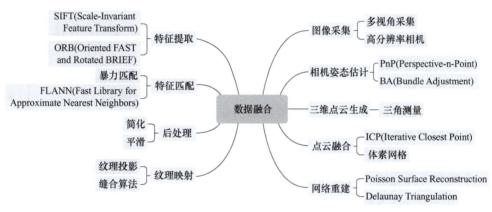

图 3-45　数据融合方法图

数据融合是将来自不同传感器的数据合并为一个统一的表示，以提高数据的准确性和完整性。首先，需要对所有传感器进行校准，确保数据在同一参考框架下，包括内参校准和外参校准。接着，必须确保来自不同传感器的数据在时间上是同步的，可以通过硬件同步（如同步信号线或 GPS 时间戳）或软件同步（如插值或外推）实现。然后，对各传感器的数据进行预处理，去除噪声和异常值，常用的方法有均值滤波、卡尔曼滤波等滤波器和平滑技术。接下来，将不同传感器的数据对齐到同一坐标系中，应用旋转矩阵和平移向量进行坐标变换，或者使用 ICP（Iterative Closest Point）算法对点云数据进行配准。完成数据对齐后，进行数据融合，常用的算法有卡尔曼滤波、粒子滤波和贝叶斯网络等。卡尔曼滤波计算高效，适合实时应用，但对系统模型的准确性要求高；粒子滤波适应性强，适合复杂环境，但计算复杂度高；贝叶斯网络能处理不确定性和多源信息，但计算复杂度较高。最后，通过优化算法进一步提高数据融合结果的精度，可以使用梯度下降最小化误差函数或遗传算法搜索最优解。如图 3-46 所示，数据融合实现了不同传感器数据的一体化表示，为无人机的环境感知提供了强有力的支持。

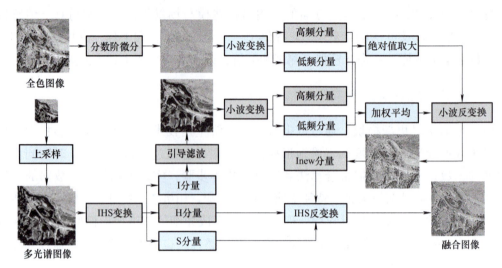

图 3-46　无人机图像的数据融合

（2）结构仿真模块　无人机有限元仿真方法是一种基于数值计算的分析技术，主要用于对无人机复杂结构进行力学分析。有限元方法是一种离散化的数值计算方法，将一个连续的物理问题转化为一个离散化的问题，并通过求解离散问题来得到连续问题的解。在无人机有限元仿真中，物理问题（如无人机的结构强度、变形等）被描述为一个偏微分方程组，然后利用有限元方法将其离散化为一个线性方程组。这个线性方程组可以通过求解矩阵方程来得到物理问题的解。无人机有限元仿真过程主要包含建模、网格划分、加载和约束、求解和分析，如图 3-47 所示。

有限元分析需要根据无人机的实际结构和尺寸，利用三维建模软件（如 SolidWorks）建立无人机的有限元模型。这个模型应该尽可能准确地反映无人机的几何形状、材料属性和连接关系。在建立好有限元模型后，需要对模型进行网格划分。网格划分是将连续的模型离散化为有限个单

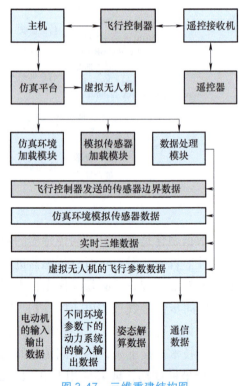

图 3-47　三维重建结构图

元的过程，每个单元都有自己的节点和自由度。网格划分的精度和合理性直接影响到仿真结果的准确性。在网格划分完成后，需要给模型施加载荷和约束。载荷可以是重力、风载、发动机推力等，而约束则可以是固定约束、铰接约束等。这些载荷和约束的施加应该

根据无人机的实际工况来确定。

在加载和约束设置完成后，就可以利用有限元仿真软件（如 ANSYS、ABAQUS 等）对模型进行求解了。求解过程包括线性方程组的建立和求解以及后处理过程（如结果可视化、数据提取等）。需要对仿真结果进行分析。这包括对无人机结构的强度、变形、应力分布等进行评估，并根据评估结果对无人机的设计进行优化和改进。

无人机有限元仿真的优点：能够对复杂的无人机结构进行准确的数值模拟，预测结构的强度和稳定性；能够进行参数优化和设计优化，提高无人机的性能和可靠性；能够节省大量的试验成本和时间，提高产品研发效率。

（3）飞行控制模块　数字孪生无人机飞控系统无疑代表了当代工程设计的最前沿。这一系统巧妙地将数字孪生技术与无人机飞控系统相结合，实现了前所未有的集成应用。数字孪生技术，作为一种革命性的工程方法论，致力于构建物理对象的精确虚拟镜像。通过实时数据流的传输，物理无人机与其数字副本之间实现了动态、无缝的交互。

数字孪生技术的核心在于其强大的数据捕获和同步能力。它能够实时地捕获物理无人机的运行状态数据，如速度、高度、姿态等，并将这些数据精确地同步至其对应的虚拟模型中。通过这种方式，可以在虚拟环境中精确地复现无人机的实际行为和性能，如图 3-48 所示。

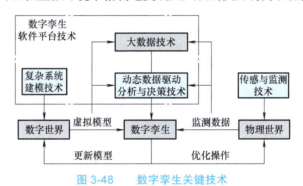

图 3-48　数字孪生关键技术

数字孪生无人机飞控系统的构建与应用，是现代航空工程技术与信息技术深度融合的产物。该系统依托于数字孪生技术的核心理念，通过构建物理无人机与虚拟模型之间的精确对应关系，实现对无人机全生命周期的智能管理与控制。飞行控制模块整体结构如图 3-49 所示。

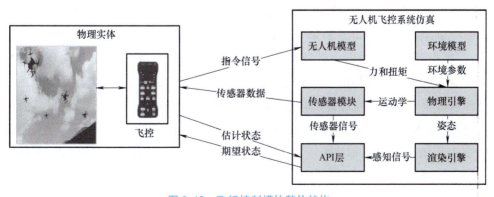

图 3-49　飞行控制模块整体结构

下面是数字孪生无人机飞控系统的构建步骤。

1）数据采集与同步。在数据采集与同步环节，无人机配备了一套高精度的传感器网络，涵盖 GPS 定位系统、惯性测量单元（IMU）、速度计、陀螺仪等，这些传感器实时捕捉无人机的空间位置、速度、姿态、加速度等关键飞行参数。通过先进的无线通信技术，这些数据被迅速传输至地面控制站，并精确同步至无人机的虚拟副本中。数据同步的准确性和实时性对于确保虚拟副本与实际无人机状态的高度一致性至关重要，为后续的分析和决策提供了可靠的基础。

2）虚拟副本建模。在构建虚拟副本的过程中，工程师利用尖端的计算机仿真技术和深厚的航空工程原理知识，依据实际无人机的设计参数、结构特性和性能指标，打造出一个高度逼真的虚拟副本。这个虚拟副本不仅包含了无人机的动力学模型和控制模型，还模拟了外部飞行环境，如空气密度、风速风向等复杂因素，从而在虚拟环境中精确复现无人机的真实飞行行为。

3）实时模拟与预测。实时模拟与预测是数字孪生无人机飞控系统的核心功能。通过虚拟副本，系统能够实时模拟无人机的整个飞行过程，包括起飞、巡航、机动和降落等各个阶段。同时，结合实时数据和虚拟副本的状态信息，系统运用先进的算法对无人机的未来状态和行为趋势进行精确预测。这些预测结果为飞控系统的决策和控制提供了强有力的支持，有助于提前识别潜在风险并采取相应的预防措施。

4）优化与控制。在优化与控制方面，数字孪生无人机飞控系统展现了其卓越的能力。基于实时模拟与预测结果，系统能够持续对飞控系统进行优化和调整。工程师可以根据实际飞行情况和预测结果，对控制算法、参数设置等进行精细调整，从而进一步提升飞控系统的性能和稳定性。此外，系统还能够根据实时数据对无人机进行实时控制和调整，确保飞行任务的顺利完成，同时最大化飞行效率和安全性。

（4）故障诊断模块　无人机系统故障诊断技术主要依赖于传感器、数据处理算法和通信技术。这些技术共同作用，以确保无人机在执行任务过程中的稳定性和安全性。

1）传感器技术。无人机上的各种传感器是故障诊断的基础。这些传感器包括角速度传感器、温度传感器、振动传感器、压力传感器等，能够实时监测无人机的关键参数，为故障诊断提供原始数据，如图 3-50 所示。

2）数据处理算法。随着大数据和人工智能技术的发展，数据处理算法在无人机故障诊断中扮演着越来越重要的角色。通过机器学习与深度学习算法，可以对无人机的运行数据进行深入分析，从而实现故障的快速识别和预测，如图 3-51 所示。

3）通信技术。无人机与地面控制站之间的通信技术对于故障诊断同样至关重要。通过实时数据传输，地面控制站可以及时接收到无人机的状态信息，并进行远程诊断和干预，如图 3-52 所示。

第 3 章 数字孪生技术在无人机系统中的应用

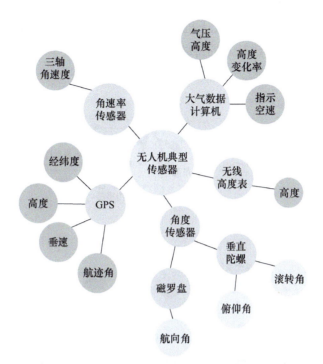

图 3-50　无人机典型传感器及测量数据

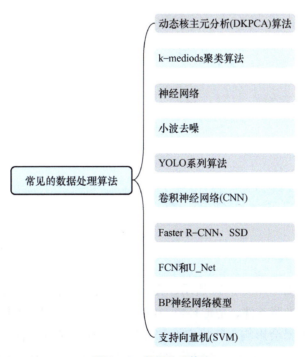

图 3-51　数据处理算法

无人机系统的故障诊断技术发展对于确保无人机高效、安全运行具有举足轻重的意义。随着前沿技术的持续涌现和深入应用，未来的无人机系统将向更高的智能化、自主化、可靠性目标迈进。这不仅将为无人机在军事、商业、科研等多个领域的应用创造更为广阔的空间,更将推动无人机技术的持续革新与发展。如图 3-53 所示,无人机飞控系统状态监测与故障诊断系统正是这一技术发展的重要支撑和体现。

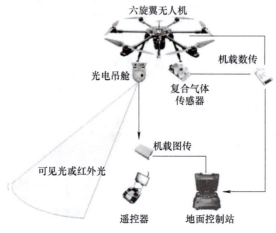

图 3-52　通信技术

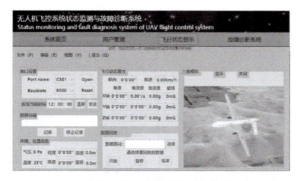

图 3-53　无人机飞控系统状态监测与故障诊断系统

3.4　数字孪生技术在模拟飞行中的应用

3.4.1　基于数字孪生的监控

(1) 飞行环境预测　如图 3-54 所示,无人机对地面数据采集受多种环境因素的影响,主要包括天气条件、光照条件、地形环境、电磁干扰、空气质量和动植物干扰。恶劣的天气如强风、降雨、雷暴会影响飞行稳定性和能见度,光照条件不佳会导致成像质量下降,复杂地形可能导致信号遮挡和 GPS 定位失准,电磁干扰影响通信和导航系统,而空气污染或雾霾则影响传感器性能,动植物的干扰也可能造成飞行路径异常。因此,无人机在进行数据采集时,需要充分考虑并应对这些环境因素,以保证飞行任务的顺利执行和数据采集的有效性。

数字孪生技术通过建立与实际无人机相对应的虚拟模型，并结合实时获取的环境信息进行仿真模拟，来评估无人机在各种环境因素下的飞行状况。如图 3-55 所示，数字孪生技术可以用于飞行路径规划模拟、飞行稳定性评估、数据采集效果预测和飞行安全性分析。

图 3-54　无人机的外部飞行环境影响因素　　　　图 3-55　无人机飞行预测

1）飞行路径规划模拟。通过数字孪生技术，可以建立与实际无人机相对应的虚拟模型，并结合实时获取的地形数据和环境信息进行仿真模拟，包括对地形、障碍物、风速和其他环境因素的建模。基于这些模拟，可以进行飞行路径规划的仿真，预测无人机在不同环境条件下可能采取的飞行轨迹和路径选择。

2）飞行稳定性评估。数字孪生技术可以模拟无人机在各种天气条件和环境下的飞行状态，包括强风、降雨、大雾等。通过与实际飞行控制系统的集成，可以评估无人机的飞行稳定性和飞行控制系统的性能。这种评估可以更好地了解无人机在不同环境条件下的飞行特性，并采取相应的飞行控制策略。

3）数据采集效果预测。在数字孪生模型中，可以模拟无人机在不同光照条件、空气质量下的传感器数据采集效果。通过模拟无人机传感器的工作原理和性能特性，结合环境因素的影响，可以预测无人机在实际环境中采集数据的质量、清晰度和准确性。这有助于优化数据采集任务的规划和执行，并提前预判可能遇到的问题。

4）飞行安全性分析。数字孪生技术可以模拟无人机在不同环境条件下的飞行安全性，包括与障碍物的碰撞风险、电磁干扰的影响等。通过模拟无人机的飞行路径和环境因素的影响，可以评估飞行任务的安全性和可行性，并制定相应的飞行策略和应对措施。这有助于减少飞行事故的发生，并提高飞行任务的安全性和成功率。

如图 3-56 所示，通过数字孪生技术进行飞行仿真可以帮助无人机操作者更好地了解和预测无人机在复杂环境下的行为和性能，优化飞行计划，并制定相应的飞行策略和应对措施，以确保飞行任务的顺利完成和飞行安全。

（2）飞行质量预测　如图 3-57 所示，无人机的飞行效率和续航时间受到多种环境因

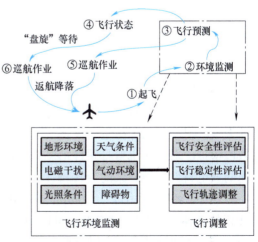

图 3-56　飞行路径规划

素的显著影响。首先，天气环境是一个关键因素。晴朗的天气和清晰的视野使得无人机能够更高效地获取信息并做出调整，从而维持稳定飞行。恶劣的天气如雨天、大风和雷暴等则会给无人机的飞行带来诸多挑战。雨天可能导致无人机表面潮湿，影响其稳定性；大风需要无人机消耗更多能量来维持飞行姿态，缩短续航时间；而雷暴更是直接威胁到无人机的安全。除了天气，温度也是一个不可忽视的因素。在低温环境下，电池内部的电解液可能会冻结，导致导电能力下降，电池容量减少，从而缩短续航时间。相反，高温环境则会加速电池内部材料的老化，增大电阻，降低放电效率，同样影响无人机的飞行效率。湿度也是影响无人机飞行的一个重要因素。特别是在大雾天气下，无人机表面容易变得潮湿，视线受阻，可能需要消耗更多的能量来维持飞行姿态。此外，风速也是一个关键因素。在风力较大的环境下，无人机需要更多的动力来保持稳定飞行，这无疑会加快电池的消耗速度，缩短续航时间。除了外部环境因素，无人机自身的硬件状态也会对其飞行效率产生影响。电池的状态、螺旋桨的损坏程度以及机身的完好性等因素都可能影响无人机的飞行效率。例如，老化的电池可能无法提供足够的能量支持长时间飞行，而损坏的螺旋桨或机身则会增加飞行阻力，降低飞行效率。

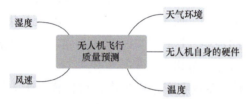

图 3-57　无人机飞行质量的影响因素

图 3-58 所示为无人机预测技术，其可对天气信息、温度信息、湿度信息、风速信息和无人机自身硬件信息进行仿真模拟，如图 3-59 所示。

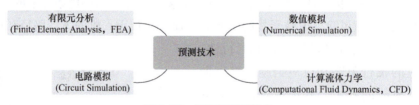

图 3-58　无人机预测技术

1）数值模拟（Numerical Simulation）。数值模拟是一种基于物理方程和计算方法进行模拟的技术。针对天气信息，可以使用气象学模型进行数值模拟，预测未来一段时间内的天气状况，包括降雨量、风速、气压等。对温度、湿度信息也可以使用气象学模型进行数值模拟。对无人机自身硬件信息，可以使用物理模型和电路模型进行数值模拟，模拟电池的放电特性、螺旋桨的旋转特性等。

2）计算流体力学（Computational Fluid Dynamics，CFD）。CFD 是一种基于数值计算的流体动力学模拟技术，可以模拟流体流动的物理过程。针对风速信息，可以使用CFD 技术模拟风场的流动情况，预测不同高度和地点的风速分布。这有助于了解无人机在不同风速条件下的飞行稳定性和耗能情况。

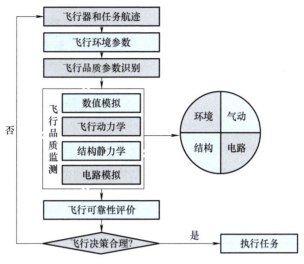

图 3-59 无人机飞行品质预测

3）有限元分析（Finite Element Analysis，FEA）。FEA 是一种工程数值分析方法，用于模拟结构力学和热力学问题。对于温度信息，可以使用有限元分析模拟无人机在不同温度条件下的热传导和热膨胀情况以及材料的热应力情况。对湿度信息，也可以使用有限元分析模拟无人机结构在潮湿环境下的受潮和腐蚀情况。

4）电路模拟（Circuit Simulation）。针对无人机自身的电子硬件信息，可以使用电路模拟软件对电路进行仿真分析，包括模拟电池的放电特性、电动机的工作特性以及传感器的响应特性等。通过电路模拟，可以预测不同工作条件下的电路性能和能量消耗情况。

综合利用以上技术，可以对天气信息、温度信息、湿度信息、风速信息和无人机自身硬件信息进行综合模拟，评估无人机在不同环境条件下的飞行效率和性能表现。

3.4.2 无人机的飞行效率优化案例

无人机在农业遥感、物流运输和环境监测等领域的应用正逐渐普及，对其性能提出了更高的要求。在飞行性能优化中，升阻比的提升和机翼结构变形的控制是两个关键且相互制约的目标。升阻比的提高能够显著增强无人机的飞行效率，但过度优化可能导致机翼变形增大，影响结构强度和飞行稳定性。本文针对这一问题，构建了基于升阻比和机翼变形量的结构参数响应面模型，并采用多目标遗传算法进行了优化分析。通过揭示关键参数对升阻比与机翼变形量的影响规律，优化结果成功实现了性能与可靠性的协调提升，为无人机结构设计提供了重要的理论依据和工程指导。

（1）无人机结构参数范围 尾座式无人机采用双动力前拉式布局，其气动特性主要由机翼和小翼的外形尺寸决定，其中机翼的外形尺寸主要有翼展长 b、翼根弦长 c_r、翼梢弦长 c_t、机翼后掠角 $\varLambda_w$，小翼的外形尺寸主要有小翼翼梢长 l_{ys}、小翼高度 l_v、小翼后掠角 $\varLambda_v$、小翼厚度 h 和小翼脚长 l_{jc}（小翼两个支撑脚的距离）。尾座式无人机的结构参数如图 3-60 所示。尾座式无人机的三维模型如图 3-61 所示。

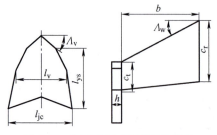

图 3-60 尾座式无人机的结构参数

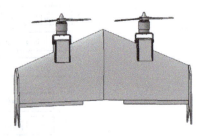

图 3-61 尾座式无人机的三维模型

查阅相关的文献和资源确定尾座式无人机结构参数的范围,见表 3-2。

表 3-2 尾座式无人机结构参数的范围

名称	参数下限	参数上限
翼展长 b/mm	900	1200
机翼后掠角 $\varLambda_w$/(°)	0	60
翼根弦长 c_r/mm	300	500
翼梢弦长 c_t/mm	150	300
小翼翼梢长 l_{ys}/mm	280	310
小翼高度 l_v/mm	30	60
小翼后掠角 $\varLambda_v$/(°)	25	60
小翼厚度 h/mm	5	25
小翼脚长 l_{jc}/mm	70	150

(2)无人机结构参数优化指标 无人机的结构优化是多种设计指标进行综合评估的过程,但各指标之间往往存在冲突,以升阻比和机翼刚度为例,随着翼展长的增加,无人机的气动系数增大,但机翼刚度降低,因此无人机的结构优化过程是在各指标之间寻优的过程。

1)气动特性方面。尾座式无人机以固定翼模式进行水平飞行,在现有的无人机设计过程中较大的升阻比 K 能获得更高的气动效率,增加续航时间。

2)结构特性方面。无人机采用 EPP 材料,机翼的变形量 Δd 应越小越好,因为较大的机翼变形量将增加翼梢抖动,影响飞行稳定性。

3)总体参数。无人机的起飞重量为 3kg,其中机身重量为 0.9kg,无人机的最小机翼面积为 0.5m²。

综合考虑无人机的气动特性和结构特性,则无人机设计过程中需要同时满足升阻比 K 最大,机翼变形量 Δd 最小,机身重量 G 不大于 1kg,机翼面积 S 不小于 0.5m²。

(3)流固耦合数值模拟方法 无人机的结构参数是气动特性和结构特性的主要影响因素,采用单向流固耦合的方法进行相关特征参数的求解。单向流固耦合分析流程如图 3-62 所示。

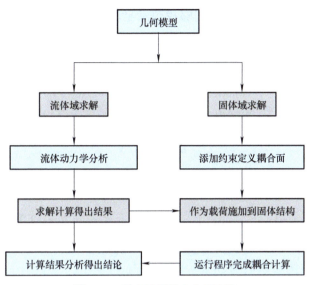

图 3-62　单向流固耦合分析流程

在几何模型中分别构建无人机及其外流场的三维实体模型，并设置对应的流固耦合面，在流体域中进行外流场的网格划分、湍流模型选择、边界条件设置、流固耦合面设置和离散方程求解。将流体域的求解结果作为载荷加载到固体域的耦合面上，并添加约束条件进行固体域属性的求解。

（4）组合样本点设计及响应面模型构建方法　D 最优混合设计是一种响应面试验设计方法，根据回归方程的系数设置试验处理，适用于二次响应面模型的构建。利用 Design-Expert 软件对无人机的翼根弦长、翼梢弦长、翼展长、机翼后掠角、小翼翼梢长、小翼高度、小翼后掠角、小翼厚度和小翼脚长 9 个结构参数进行 D 最优混合二次试验设计，得到 55 个系数点、5 个校验点和 5 个中心点，总计 65 个组合样本点。

利用 ANSYS 进行 65 个组合样本点的升阻比 K 和变形量 Δd 的数值模拟计算，并采用遗传聚类算法分别建立升阻比和变形量与 9 个结构参数的响应面模型，遗传聚类响应面是不同回归模型的加权平均值的集合，可以表示为

$$\hat{y}_{\mathrm{ens}}(x)=\sum_{i=1}^{N_{\mathrm{M}}}w_i\cdot\hat{y}_i(x) \tag{3-1}$$

式中，$\hat{y}_{\mathrm{ens}}(x)$ 是响应面模型预测值；N_{M} 是回归模型数量；w_i 是第 i 个回归模型的权重值；$\hat{y}_i(x)$ 是第 i 个回归模型的预测值。

权重系数符合下式，即

$$\sum_{i=1}^{N_{\mathrm{M}}}w_i=1 且 w_i\geqslant 0, 1\leqslant i\leqslant N_{\mathrm{M}} \tag{3-2}$$

（5）多目标遗传算法　多目标遗传算法（MOGA）是基于带精英策略的非支配排序的遗传算法（NSGA-Ⅱ），与单目标优化相比，MOGA 可进行多个相反作用变量的优化。

在一定范围的设计约束下，MOGA 能够找到满足所有限制的最优但不唯一的值。无人机的结构优化是综合多种设计指标进行综合评估的过程，主要从气动特性和结构特性两个方面进行结构参数的优化。无人机的多目标遗传算法公式可以表示为

$$\max K(x) = [K_1(x), K_2(x), \cdots, K_n(x)]$$
$$\min \Delta d(x) = [\Delta d_1(x), \Delta d_2(x), \cdots, \Delta d_n(x)]$$
$$n = 1, 2, \cdots, N$$
（3-3）

约束条件为 $K_i(x) \geq K_0(x) i = 1,2,\cdots,n; d_j(x) \leq d_0(x) j = 1,2,\cdots,n; \text{mass} \leq 1\text{kg}; s \geq 0.5\text{m}^2$;

$$x = [x_1, x_2, \cdots, x_d, \cdots, x_m], x_{d\min} \leq x_d \leq x_{d\max}, d = 1,2,3,4$$

式中，x 是结构参数；mass 是机身重量（kg）；s 是机翼面积（m²）；m，n，i，j，d 是变量的状态数；x_d 是结构参数范围。

MOGA 的求解过程是一个种群构建、个体求解和个体寻优的循环过程，直至达到设定的目标函数。利用响应面模型进行个体求解，并通过约束条件进行个体筛选，重新构建种群，循环迭代直至寻找到气动系数最大且结构系数最小的个体即最优结构参数。

（6）结构参数敏感性分析　为确定设计的关键参数以及它们如何影响升阻比和机翼变形量，以结构参数作为输入变量，升阻比和变形量作为输出变量。当输入变量增加 10% 时，输出变量增加的百分比作为灵敏度值，构建结构参数与升阻比和变形量的敏感性分析图，灵敏度值越高表明输入参数对结果的影响越显著，如图 3-63 所示。

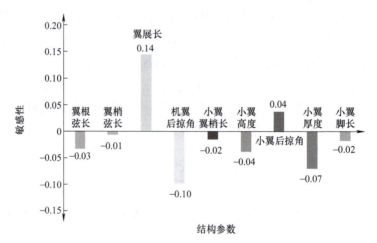

图 3-63　升阻比敏感性分析图

由图 3-63 可知，在 9 个结构参数中翼展长和小翼后掠角为正效应，其余结构参数为负效应。在灵敏度上，翼展长、机翼后掠角、小翼高度、小翼厚度是升阻比的主要影响因素，并且 $b > \varLambda_w > h > l_v$。

由图 3-64 可知，机翼后掠角和翼展长为正效应，翼根弦长和翼梢弦长为负效应。在灵敏度上，翼根弦长、翼梢弦长、翼展长和机翼后掠角是主要影响因素，并且

$Λ_w > c_r > b > c_t$。

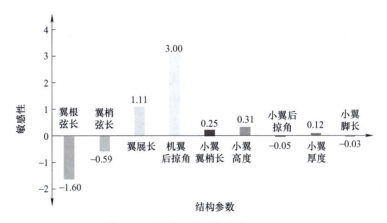

图 3-64　机翼变形量敏感性分析图

（7）结构参数与升阻比的变化关系　无人机的升阻比主要由翼展长、机翼后掠角、小翼高度和小翼厚度 4 个结构参数决定，分别建立各结构参数与升阻比的关系，如图 3-65 所示。

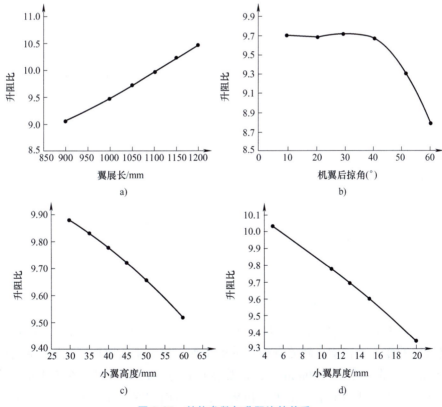

图 3-65　结构参数与升阻比的关系

在翼展长从 900mm 增加到 1200mm 的过程中，无人机的升阻比呈线性增加。因为无人机的升阻比与展弦比有关，展弦比越大，升阻比越大。当其他结构参数确定时，展弦比与翼展长呈线性关系，即翼展长与升阻比线性相关。

在小翼厚度从 5mm 增加到 20mm 的过程中，随着小翼厚度的增加，小翼表面的扰流情况加剧，增加诱导阻力，降低升阻比。在小翼高度从 30mm 增加到 60mm 的过程中，升阻比逐渐减小，因为随着小翼高度的增加，无人机的诱导阻力增加，导致升阻比减小。在机翼后掠角从 10° 增加到 30° 的过程中，随着机翼后掠角的增加，无人机的升阻比先减小后增大；在机翼后掠角从 30° 增加到 60° 的过程中，随着机翼后掠角的增加，无人机的升阻比逐渐减小。

（8）结构参数与机翼变形量的变化关系　机翼变形量主要与翼根弦长、翼梢弦长、翼展长和机翼后掠角有关，分别绘制各结构参数与机翼变形量的变化曲线，如图 3-66 所示。

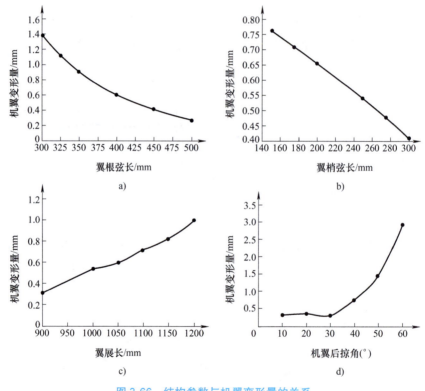

图 3-66　结构参数与机翼变形量的关系

计算结果表明，在翼根弦长从 300mm 逐渐增加到 500mm 时，机翼变形量逐渐减小，因为机翼可以看作是悬臂梁，随着翼根尺寸的增加，机翼刚度增加则变形量减小。在翼梢弦长从 150mm 逐渐增加到 300mm 时，机翼变形量逐渐减小，因为在不考虑机翼自重的情况下，随着翼梢尺寸的增加，机翼面积增大，并且面积增加速率大于机翼压强的增加速率，导致机翼受力减小，则变形量减小。

在翼展长从 900mm 逐渐增加到 1200mm 时，机翼变形量逐渐增大。因为随着翼展长的增加,翼梢的涡流增加,并且翼梢的刚度降低,则机翼变形量增大。在机翼后掠角为 0°~60°时,随着角度的增加,机翼变形量逐渐增大。因为随着机翼后掠角的增加,无人机壁面附近气流提前分离并产生脱落动压,至使翼梢附近扰流加剧,最终导致机翼的变形量变大。

(9)多目标遗传算法结构参数优化结果 以升阻比取得最大值、机翼变形量取得最小值为目标函数,利用 MOGA 在全局范围内寻找最优结构参数。采用筛选法构建初始种群,利用响应面模型进行升阻比和机翼变形量的计算(图 3-67),得到了三组最优的结构参数,见表 3-3。其中最优点 3 的升阻比提高了 10.22%,机翼变形量降低了 26.7%。三个优化模型的升阻比平均提高了 10%,机翼变形量降低了 20%,均优于原始样机。对比三架样机的面积可知,3 号样机机翼面积最小,在姿态转换过程中能减小侧向偏移量,因此选定最优点 3 为最终模型,则尾座式无人机的结构参数为翼根弦长 500mm、翼梢弦长 300mm、翼展长 1200mm、机翼后掠角 27°、小翼翼梢长 283mm、小翼高度 30mm、小翼后掠角 56°、小翼厚度 6mm、小翼脚长 70mm。

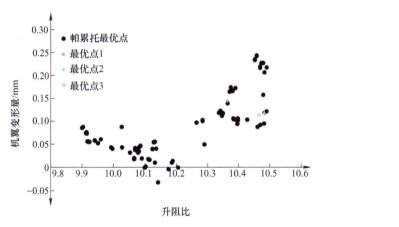

图 3-67 多目标遗传算法寻优

表 3-3 最优结构参数

项目	原始参数	最优点 1	最优点 2	最优点 3
翼根弦长 /mm	500	499.7	497.4	499.2
翼梢弦长 /mm	1500	297.5	298	297.8
翼展长 /mm	1000	1199.2	1199	1198.8
机翼后掠角 (°)	10	32.5	32.9	27.4
小翼翼梢长 /mm	310	301.9	306.3	282.5
小翼高度 /mm	60	33.8	33.8	32.4
小翼后掠角 (°)	60	57.1	56.6	56.5
小翼厚度 /mm	5	15.1	8.7	6.2
小翼脚长 /mm	90	70	70	69

（续）

项目	原始参数	最优点 1	最优点 2	最优点 3
面积 /m²	0.535	0.529	0.527	0.523
升阻比	9.497	10.467	10.468	10.468
优化比率（%）	—	10.2	10.22	10.22
机翼变形量 /mm	0.1807	0.1428	0.1536	0.1324
优化比率（%）	—	-20.97	-14.9	-26.7

3.4.3 基于数字孪生的故障识别优化

随着无人机操作复杂度的提升和运行环境的多样化，故障诊断与维护的重要性日益凸显。在此背景下，无人机故障诊断系统及技术应用显得尤为关键。这些系统及技术不仅能大幅提升无人机的可靠性和安全性，还能确保其在各种复杂环境下稳定运行，进而为用户提供更优质的服务和体验。

1）基于知识的传感器故障诊断。使用专家系统进行故障诊断的方法，其核心在于整合传感器的故障信息与领域专家的知识，如图 3-68 所示。专家系统主要由知识库、规则库和推理机制三大核心组件构成。这些组件协同工作，以分析传感器的工作状态并识别潜在故障。

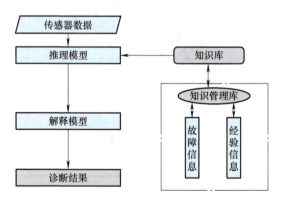

图 3-68 基于知识的传感器故障诊断

在系统运行过程中，用户首先通过人机交互界面输入待诊断传感器的测量值以及已知的故障现象。随后，诊断系统依据预定义的规则库为不确定性的推理选择合适的推理路径。在推理过程中，系统会与用户进行交互，询问是否存在其他潜在的故障表现，以逐步缩小故障范围。最终，系统能够识别出所有可能的故障情况。

基于推理机制的不同，专家系统可细分为两大类型：基于规则的专家系统和基于模糊推理的专家系统。前者主要依赖明确的规则进行推理，而后者则利用模糊逻辑来处理不确定性，使得推理过程更加灵活和适应性强。这两种系统均能有效利用专家的知识和经验，提高故障诊断的准确性和效率。

2）基于模型的传感器故障诊断。在基于模型的方法中，研究者借助动态过程模型对输入和输出信号进行细致分析。如图3-69所示，该方法清晰地展示了传感器故障诊断流程。在此过程中，模型系统产生的信号与实际系统信号之间的差异被定义为"残差"，这一残差中蕴含着丰富的故障信息。通过应用适当的决策函数或规则，可以精确地诊断出存在的故障。

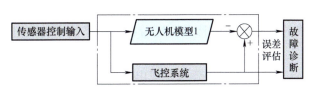

图 3-69　基于模型的传感器故障诊断

这种方法可追溯到故障诊断的初始阶段，其基本原理是对比模型系统中的行为与实际系统中的行为是否一致。为了更准确地诊断故障，基于模型的方法常常与故障估计法相结合，共同构建完整的传感器故障诊断流程。在这一过程中，首先需要建立准确的模型，并选择恰当的决策函数或规则。随后，将残差评估函数与预设的阈值函数进行对比，一旦检测到显著的变化，即可判断传感器系统出现了故障。

3）基于信号处理的传感器故障诊断。基于信号的方法在故障诊断领域展现出了其独特的优势。这种方法主要利用小波变换和信息融合等技术，对可测信号进行深入分析，从而提取并处理测量时程或其频谱中的关键特征，进而实现故障的有效诊断。小波分析作为一种广泛应用于实际生活的技术，已经得到了广泛的验证和认可。众多研究表明，基于小波分析的方法在多个领域的故障诊断中都展现出了显著的效果，这一技术的实用性和有效性得到了充分的体现。

4）基于硬件冗余法的传感器故障诊断。硬件冗余法作为一种故障诊断技术，通过引入三只或以上的同类传感器来共同测量同一系统参数。这种方法基于多数表决原则，即当多数传感器给出相同读数时，认为该读数为准确值，从而识别出潜在的故障传感器。硬件冗余法的划分及其特点，如图3-70所示。

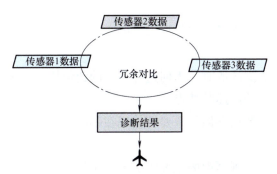

图 3-70　基于硬件冗余法的传感器故障诊断

该方法的显著优点在于其原理直观易懂，无须复杂的数学模型支持，因此在实际应用中具有较强的鲁棒性。同时，由于是直接基于传感器读数进行故障判断，诊断速度相对较快，能够满足实时性要求较高的应用场景。

然而，硬件冗余法也存在一定的局限性。由于需要引入多只传感器，设备复杂性和成本相应增加，这不仅提高了系统的硬件成本，也增加了后期的维护费用。因此，在设计和实施硬件冗余法时，需要综合考虑系统的性能需求、成本预算以及维护能力等因素。

5）基于神经网络的传感器故障诊断。随着神经网络技术的演进，人工神经网络凭借其独特的优势，如强大的自适应能力、泛化能力、非线性映射能力和高效的并行处理能力，已经在无人机传感器的故障诊断领域展现出广泛的应用前景。为了精准地识别和诊断无人机传感器的故障，研究者们巧妙地利用神经网络设计了故障观测器和预测器。这一创新技术为无人机传感器的故障诊断提供了高效且可靠的解决方案，具体检测流程如图3-71所示。这一技术的应用不仅提升了无人机系统的稳定性和安全性，也为未来的智能故障诊断技术开辟了新的道路。

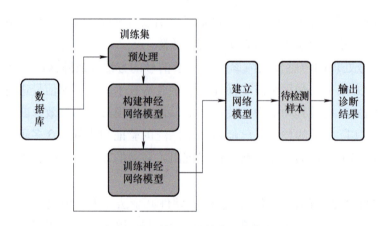

图3-71 基于神经网络的传感器故障诊断

课后思考题

1. 请描述基于传感器的飞机外部数据采集的主要流程，并解释为何这种采集方式对飞行安全至关重要。

2. 无人机系统内部数据读取时，为何选择合适的通信协议至关重要？请列举至少两种常用的无人机通信协议，并简述其特点。

3. 在无人机系统中，数据存储的重要性体现在哪些方面？请描述虚拟监控系统与数据库之间数据传输的基本过程。

4. 数字孪生仿真引擎实现框架的主要组成部分是什么？

5. 数字孪生系统模型建立的基本步骤是什么?
6. 基于数字孪生的监控如何帮助提高无人机的飞行效率?

科学家科学史
"两弹一星"功勋科学家：王希季

第 4 章

数字孪生技术在智能产线中的应用与实践

PPT 课件

在智能制造的时代,数字孪生技术正在成为推动产业变革的重要力量。作为物理实体的虚拟镜像,数字孪生不仅能够实时监控和分析生产线的运行状态,还能通过模拟和预测,为优化生产流程提供科学依据。本章将深入探讨数字孪生技术在智能产线中的应用与实践,从设计、生产到维护的各个环节,全面展示这一技术如何提升生产率、降低成本并推动制造业的智能化转型。

4.1 智能产线数据流程管理

智能产线数据流程管理的核心包括数据采集方案设计、数据存储与实时传输以及数据处理。在数据采集方案设计中,需要考虑如何从各种传感器和设备中收集数据,并确保数据的质量和实时性。在数据存储与实时传输方面,涉及如何有效地存储与实时传输大量数据,以便进行分析和应用。最后,通过实时监控和历史数据的分析与处理,优化生产过程,提高生产率和产品质量。

4.1.1 智能产线数据采集方案设计

智能产线数据采集一般采用"内部数据读取+外部数据采集"的方法。在内部数据读取方面,可通过内部通信协议,将机床、机器人等设备的数据传输至数据采集系统或数据处理设备中,通信协议包括以太网、Modbus、CAN 总线等工业标准。在外部数据采集方面,可通过安装传感器或其他数据采集设备在智能产线上,直接采集生产设备、物料流和环境等关键参数,如生产速度、温度、湿度、压力、物料位置等。结合数据采集软件,通过合理选择和配置传感器设备,建立稳定可靠的通信连接,保障数据传输的实时性和可靠性,为智能产线提供准确的数据支持。

(1) 基于通信协议的机床内部数据读取

1) FANUC 数控系统的内部数据读取。对于装载 FANUC 系统的数控装备,数据采集主要基于 FANUC 系统提供的以太网接口和 FOCAS 函数库,在计算机端实现对数控装备的数据访问和远程控制。FOCAS 函数库提供了丰富的功能,但在实际数据采集过程中,只需要采集必要的机床状态数据和开关信号,如伺服轴位置坐标、主轴转速、卡爪信号、安全门开关信号等。此外,FOCAS 函数库支持使用 C# 编程语言,添加动态链接库和相应的类文件,即可调用相关方法编写数据采集功能。FANUC 系统的数控装备数据采集客户端的运行流程,如图 4-1 所示。

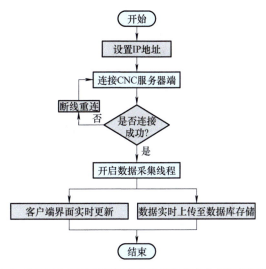

图 4-1　FANUC 系统的数控装备数据采集客户端的运行流程

2) 西门子数控系统的内部数据读取。对于装载西门子数控系统的数控装备,可使用 OPCUA 通信协议进行数据采集。OPCUA 包括服务器端和客户端。服务器端发送加工过程、加工质量和报警信息等数据给一个或多个客户端。客户端通过 OPCUA 设备驱动程序与服务器通信,读取、写入和监控订阅的项目,并进行存储和处理。机床的通信原理,如图 4-2 所示。

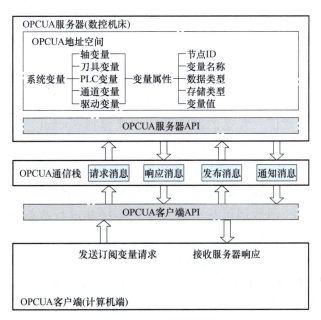

图 4-2　机床的通信原理

在客户端开发过程中,需要确认数控系统端网口 IP 地址与计算机端 IP 地址在同一网段;添加 OPCUA 提供的动态链接库;连接数控系统服务器端,根据每个变量的节点 ID 订阅需要采集的数据;服务器端收到客户端请求后,将订阅数据实时传输至客户端界面并上传至数据库进行存储。

3)科德数控系统的内部数据读取。对于装载科德数控系统的数控装备,可通过 TCP/IP 协议的 Socket 接口与计算机端进行通信。在此过程中,五轴立式加工中心充当服务器端、计算机端充当客户端,具体的通信流程如图 4-3 所示。

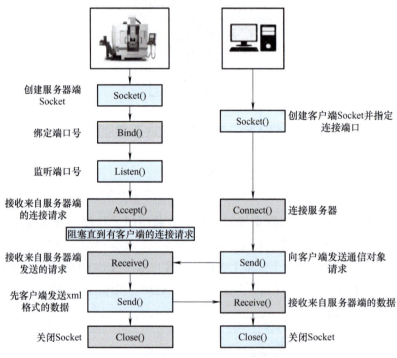

图 4-3　Socket 通信流程

4)基于 PC SDK 通信的机器人内部数据读取。智能产线中的机器人支持标准 I/O 通信、总线通信和网络通信。常见的网络通信方式包括 Socket、PCSDK、RMQ、RWS 等。当机器人配备了 PC Interface 选项时,可以选择 PC SDK 方式与机器人通信。PC SDK 是一个动态链接库,其中包含 ABB.Robotics.Controller、RobotStudio.Services.RobApi.Desktop.dll 和 RobotStudio.Services.RobApi.dll。PC SDK 支持使用 C# 编程语言,调用对应的 API 函数即可与机器人建立连接并进行数据访问,其通信流程如图 4-4 所示。

(2)基于传感器的机床外部数据采集　智能产线加工状态的数据通常是通过传感器来进行采集,常用的传感器包括温度、湿度、压力、位置、光电、振动和气体传感器等,用于监测环境、设备和产品状态,确保生产过程的稳定性、安全性和效率。

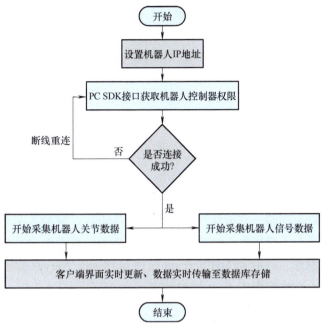

图 4-4 PC SDK 通信流程

1）切削力传感器用于测量加工过程中的切削力。瑞士 Kistler 9171A 型旋转切削力测力仪如图 4-5 所示，由转子、定子、信号调节器、信号采集器和软件五部分组成。

a) 转子和定子　　　　b) 信号调节器　　　　c) 信号采集器

图 4-5　旋转切削力测力仪

2）振动传感器用于测量机床主轴振动。图 4-6 所示为 PCB 公司的 356A15 型三向振动传感器。

3）电流传感器用于监测机床主轴电流的变化，一般为霍尔电流互感器，如图 4-7 所示。

图 4-6　356A15 型三向振动传感器　　　　图 4-7　霍尔电流互感器

4）温度传感器用于监测机床主轴温度的变化，一般为热敏电阻或半导体温度传感器，如图 4-8 所示。

5) 电涡流位移传感器用于测量金属表面上物体的位置、位移或振动，如图 4-9 所示。

图 4-8　温度传感器

图 4-9　电涡流位移传感器

4.1.2　智能产线数据存储与实时传输

（1）智能产线数据存储　完成生产线设备数据采集后，需要将实时动态数据存储与传输，为设备三维模型在虚拟场景下的运动提供数据来源。采用 E-R（Entity-Relationship）模型设计生产线数据库，并利用 NHibernate 插件和 Photon Server 服务器搭建数据传输通道。设计的数字化生产线数据库 E-R 模型如图 4-10 所示。

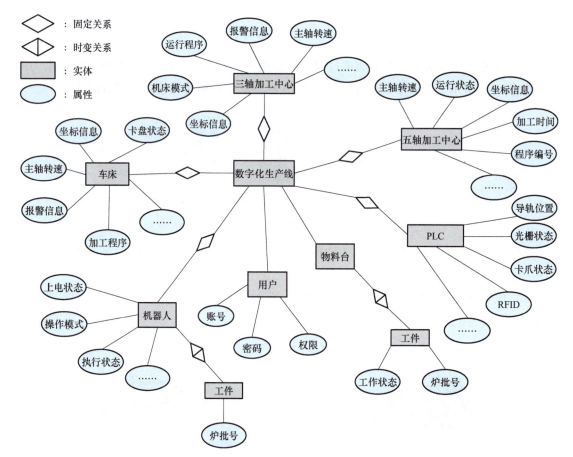

图 4-10　设计的数字化生产线数据库 E-R 模型

在建立生产线数据库 E-R 模型后，设计数据库中的表格以实现对生产线数据的存储和访问，采用面向对象的方式处理数据，并将采集到的实时生产线数据传输至数据库，提高系统运行的实时性和流畅性。表 4-1 列出了总订单的数据库表。

表 4-1　总订单的数据库表

列名	字段描述	数据类型	约束
Id	编号	int	主键
ProductionOrder	订单编号	nvarchar	
OperatorName	操作人员	nvarchar	
PartType	零件类型	nvarchar	
BatchNumber	零件批次号	nvarchar	
PartsNumber	零件数量	int	
DoneParts	零件完成数量	int	
Assignment	工装分配	nvarchar	
ProcessingMethod	加工方式	nvarchar	
ProcessingMachine	加工机床	nvarchar	
ToolNumber	刀具号	nvarchar	
OrderStatus	订单状态	nvarchar	

（2）虚拟监控系统与数据库数据传输　在实现数据的存储后，还需要对数据进行实时传输。考虑到虚拟监控系统运行过程的流畅性和实时性，可采用 NHibernate 插件实现虚拟监控系统与数据库之间的数据传输。NHibernate 是目前应用最广泛的、开源的对象关系映射框架，可以把 .NET 中的类映射至数据库表中，并且提供已经被封装好了的 API 函数实现对数据库的访问操作，省去了人为编写 SQL 语句这一繁琐的步骤，大大缩短了开发时间以及降低了开发难度，使开发者可以用操作对象的思维去操作数据库。NHibernate 与数据库进行数据传输的原理，如图 4-11 所示。

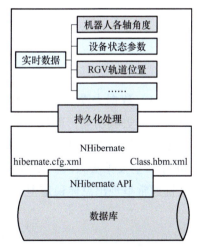

图 4-11　NHibernate 与数据库进行数据传输的原理

在开发环境中通过 NuGet 安装 NHibernate 包及 NHibernate.dll，编写数据类和映射文件，配置数据库链接和版本，利用 NHibernate API 编写增、删、查、改方法，并在服务器端调用以实现数据传输。

（3）虚拟监控系统与 Unity3D 数据传输　基于 PhotonServer 平台，配置服务器端时，需要在项目解决方案中引用 ExitGamesLibs.dll、Photon.SocketServer.dll、PhotonHostRuntimeInterfaces.dll 三个动态链接库，编写服务器端类文件利用 Photon 引擎提供的 API 函数，最终生成程序集以完成服务器端的配置。同时，为了方便调试和错误信息的查看，在项目中还需引用 log4net.dll 和 ExitGames.

Logging.Log4Net.dll 程序集，并完成日志输出功能的配置。这样设置后，服务器端便能够实现与 Unity3D 客户端之间的数据传输。图 4-12 所示为 Photon Server 与 Unity3D 客户端的通信原理。

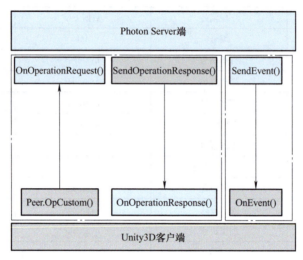

图 4-12　Photon Server 与 Unity3D 客户端的通信原理

4.1.3　智能产线数据处理

数据处理是指从原始数据中获取有效信息的过程，主要包含数据去噪、数据规范化、数据集增强等内容，如图 4-13 所示。

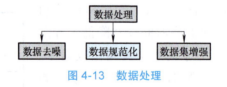

图 4-13　数据处理

（1）数据去噪　数据去噪分为硬去噪和软去噪两部分。硬去噪是指利用数据采集设备自身的去噪功能，而软去噪则是通过统计分析、去噪算法等手段来提高数据的信噪比。常见的去噪方法包括 3σ 标准差去噪法、分箱去噪法、聚类分析法和异常值处理法等。以 3σ 标准差去噪法为例，在数据采集过程中受到设备稳定性和环境因素等影响，所采集的数据通常呈现出总体稳定但局部数据突变的情况，可用式（4-1）对其进行描述，即

$$f_i(E) = \frac{x_{i+1} - x_i}{\Delta t}, E = \{x_1, x_2, \cdots, x_i\} \tag{4-1}$$

式中，x_{i+1}、x_i 分别是采集的数据时序数列中某两个相邻数据；Δt 是两个相邻数据之间的采样时间间隔；$E=\{x_1, x_2, \cdots, x_i\}$ 是长度为 l 的数据时序数列；$f_i(E)$ 是时序数列 E 上数据点 x_i 幅值的一阶变化率。为保证得到的数据具有较高的可信度，根据数理统计原理中的"3σ"原则，设满足式（4-2）~式（4-4）的数据为正常数据，不满足的数据则为异

常数据。

$$u - 3\sigma < f_i(E) < u + 3\sigma \qquad (4-2)$$

$$u = \frac{1}{l}\sum_{i=1}^{l} f_i(E) \qquad (4-3)$$

$$\sigma = \sqrt{\frac{\sum_{i=1}^{l}[f_i(E)-u]^2}{l}} \qquad (4-4)$$

异常值是由环境因素或数据采集设备的偶然性引起，剔除采集数据中的异常值可以实现对数据的有效去噪。中值滤波法处理异常值是基于排序统计理论的一种能够有效地抑制噪声的非线性信号平滑处理技术，其原理是用信号时间序列中异常值附近一段时间内的中值代替该处的异常值，其处理的流程见表 4-2。

表 4-2 异常值处理流程表

1	设有时序数列：$E = \{x_1, x_2, \cdots, x_l\}$
2	For $i = 1$ to l do
3	$f_i(E) = \frac{x_{i+1}-x_i}{\Delta t}$
4	end For
5	$\mu = \frac{1}{l}\sum_{i=1}^{l} f_i(E)$
6	$\sigma = \sqrt{\frac{1}{l}\sum_{i=1}^{l}[f_i(E)-\mu]^2}$
7	For $i = 1$ to l do
8	if $\mu - 3\sigma > f_i(E)$ or $f_i(E) > \mu + 3\sigma$
9	$x_i = \text{median}(E)$
10	end if
11	end For

（2）数据规范化　数据规范化是数据处理的一项重要步骤，旨在将不同特征值的范围调整到相似的尺度或分布，以便更有效地进行数据分析和建模。这里我们使用 Min-Max 规范化：将原始数据线性变换到指定的范围内，通常是 [0, 1] 或者 [-1, 1]。具体转换方式为

$$X_{\text{new}} = \frac{X - X_{\min}}{X_{\max} - X_{\min}} \qquad (4-5)$$

（3）数据集增强　通过数据驱动的方法实现零件加工轮廓精度预测，对数据本身的

质量和数量都有较高的要求。数据集增强就是在原始数据集量较小的情况下,可以通过在原始数据集的基础上创建新的数据并添加到训练集中来实现对样本数据集的扩充。这里采用了一种基于滑动窗口的数据集增强方法,其原理如图 4-14 所示,彩色部分为包含切削力、振动、电流三类多通道的原始数据样本;图中虚线框表示宽度为 w 的数据滑动窗口。样本数据集增强的过程即是数据滑动窗口以步长 m($m<w$)不断向右滑动的过程,具体流程见表 4-3。

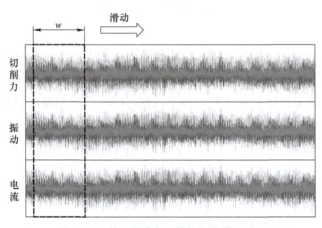

图 4-14 基于滑动窗口的数据集增强原理

表 4-3 数据增强处理流程表

1	设有原始数据样本:$X = (x^1, x^2, x^3), \text{len}(x^1) = \text{len}(x^2) = \text{len}(x^3)$
2	初始化滑动窗口宽度 w,$m(m<w)$
3	计算在当前信号长度 $\text{len}(x^1)$ 下的最大可分割样本数量 $$n = \left\lceil \frac{\text{len}(x^1) - w + m}{m} \right\rceil$$
4	for $i = 1$ to n do
5	$x_i^j = x^j[(i-1)m:(i-1)m+w-1], j \in [1,3]$
6	$X_i = (x_i^1, x_i^2, x_i^3)$
7	end for
8	获得增强数据集:$D = \{X_1, X_2, \cdots, X_i, \cdots, X_n\}, X_i = (x_i^1, x_i^2, x_i^3)$

4.2 数字孪生系统搭建

数字孪生系统的搭建主要分为建模、仿真和控制三个关键阶段。建模阶段是利用高拟实性建模技术构建数字孪生对象的模型。仿真阶段是基于虚拟模型运用高度仿真技术模拟物理对象的状态。控制阶段包括"以虚映实"和"以虚控实"两个方面,前者通过仿真技术对数字孪生车间进行数据采集与再现,实现物理对象状态在信息控件中的实时映射;后者则利用虚拟模型与数字孪生车间数据融合,实现对物理对象状态的优化控制。

4.2.1 数字孪生系统模型建立

生产线生产制造涵盖了产品、过程和资源三个核心部分,每个部分都扮演着至关重要的角色。产品代表了生产的最终目标和实体,是生产活动的核心;过程管理则负责确保生产过程顺畅进行,包括计划、调度、监控和优化;而资源则包括各种设备、人力、原材料等,是支承生产过程的基础。在智能产线数字孪生系统中,模型需要全面涵盖这三个部分,以实现对生产过程的全面仿真和管理。具体而言,模型应包括产品模型,以描述产品的设计特性和生产要求;产线资源模型,用于模拟和优化生产线上的设备、人员和物料等资源的使用情况;生产管理模型,用于监控和管理生产过程中的各项指标,实现生产计划的执行和效率的提升。通过综合考虑智能产线,数字孪生系统能够更全面、准确地反映实际生产现场的情况,为生产决策和优化提供可靠支持。

(1) 生产线硬件单元模型建立　智能产线的模型主要包括了产品模型、产线资源模型和生产管理模型。产品模型和产线资源模型是实现智能产线系统管理的基础,对模型的管理能够保证整个智能产线全生命周期下数据的唯一性,也是保证数字孪生技术应用有效性的关键。

产品模型由产品三维模型、物理属性以及管理属性组成,其中产品三维模型为产品的三维结构模型,物理属性包括产品的材质、尺寸、加工工艺等基本特征的数据,管理属性包括产品的工艺信息和质量管控信息等;产线资源模型描述智能产线各要素组成,包括三维结构、产线布局、逻辑关系三个方面,其中三维结构是指产线组成要素的三维几何模型,产线布局是指产线资源在三维空间上的关系,逻辑关系是指从工艺流程、管理层次等方面形成的各个资源之间的关系,如工序的前后关系、管理层次上的从属关系等。

将 Unity 应用于工业领域,其强大的可视化与交互功能能够满足工业的要求,从而改变传统工业领域的许多局限。利用模型软件建立各个硬件单元的三维模型,导入基于 Unity 开发的数字孪生系统进行实际生产线场景还原,完成的模型如图 4-15 所示,包括三轴立式铣床、五轴磨床、三坐标测量仪、物料仓库和机器人。完成场景的还原后,对产线的生产逻辑进行定义,主要包括各设备的运动逻辑、工艺流程、管理层次等。

(2) 生产线运动逻辑模型建立　数字孪生生产线运动逻辑模型的建立是实现生产线仿真和优化的关键步骤之一,也是建立智能产线生产管理模型的基础。图 4-16 所示为建立数字孪生生产线运动逻辑模型示例,包括生产线分析与数据收集、硬件单元定义运动逻辑、硬件单元运动控制编写、MES 管控系统建立等环节。

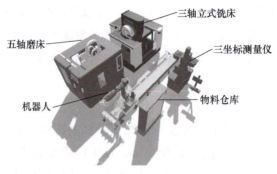

图 4-15 智能制造单元的虚拟模型

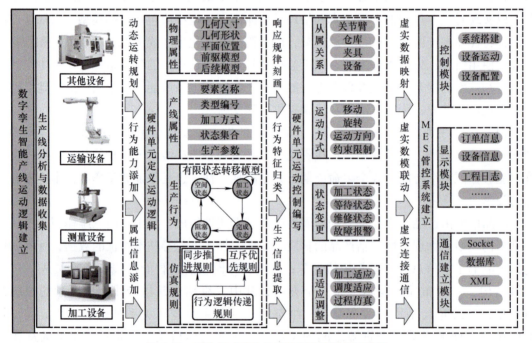

图 4-16 建立数字孪生生产线运动逻辑模型示例

1)生产线分析与数据收集。详细分析生产线的结构、设备布局和运动特性。收集生产线相关数据,包括设备的尺寸、速度、加速度等参数以及生产过程中的约束条件。

2)硬件单元定义运动逻辑。根据生产线的实际情况,定义各个设备的运动逻辑,包括起动、停止、转向以及工序等。考虑设备之间的协调和同步关系,确保生产线运行的顺畅和效率。

3)硬件单元运动控制编写。使用 Unity 中的脚本编程功能(如 C#、Java 等),根据各个硬件单元的实际物理属性编写数据驱动的逻辑和算法,如物料机器人的运动路径、关节臂运动范围、机床加工工艺等。

4)与 MES 管控系统建立联系。使用 Unity 中的脚本编程功能与 MES 管控系统建立有效的通信方式,对智能产线生产进行控制,如 Socket 通信。

4.2.2 数字孪生仿真引擎实现框架

软件架构的布置对于数字孪生仿真引擎的部署尤为重要。软件架构通常包括数据层、模型层和计算交互层等主要组成部分,各部分的整合和协作构成了数字孪生系统的核心功能。根据系统功能模块的总体方案,给出数字孪生仿真引擎的部署方案,如图 4-17 所示。

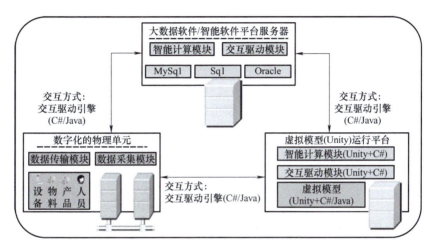

图 4-17 数字孪生仿真引擎的部署方案

数字孪生技术在生产线运动中的应用本质是物理空间与数字空间信息交互,利用物理空间的数据驱动数字空间模型的几何运动是最基本的应用之一,数据收集与传递的中间站通常使用数据库,常用数据库有 MySql、Sql、Oracle 等。

以下是一个简单的示例,以 Unity 作为产线孪生体载体,说明如何建立物理产线与虚拟产线之间的信息交互,并驱动虚拟产线运作。

1)数据采集与传输。在实际车间中安装传感器和数据采集设备,用于采集实时的生产数据,如设备运行状态、生产工艺参数、物料流动情况等。将采集到的实时数据通过 TCP/IP 通信协议传输至 Unity 环境中。

2)数据处理与解析。在 Unity 中编写数据解析模块,用于接收、解析和处理实时数据流,将解析后的数据转换成 Unity 可用的格式,以便后续的场景展示和交互操作。

3)实时数据展示与交互。将解析后的实时数据应用到数字孪生模型中,根据各个硬件单元所定义的运动逻辑,实时更新模型的状态和参数。例如,机床各轴数据、机器人各关节臂数据等。

4.2.3 数字孪生车间数据融合

数字孪生车间数据融合是指将不同来源和不同类型的数据进行整合和统一处理,以创建全面而准确的数字孪生车间模型。这种融合可以包括各种类型的数据,如实时传感器数据、生产计划数据、设备状态数据、工艺参数数据等。来自不同来源的数据可能具有不同的格式、精度和时间分辨率。因此，数据融合的目标是通过合并和转换这些数据，使其能够在数字孪生车间模型中无缝地协同工作，提供更全面、准确和可靠的信息支持。数字孪生车间数据融合通常应用于智能制造产线的加工过程，主要包括了生产线加工自适应调整、生产线布局与节拍优化等。

（1）生产线加工自适应调整　智能产线加工过程孪生的核心在于通过数字化手段对实际产线端的加工过程进行全面模拟，尤其注重对加工质量的精准模拟，其关键在于有效映射虚拟产线端的加工质量，以确保仿真结果准确反映在实际生产中。建立映射算法和反馈机制，提供实时质量控制手段，并为实际产线的优化提供数据支持。

在加工过程中，设备性能和环境变化会导致质量波动，生产线长时间运行加剧了这一问题。通过数字孪生数据融合技术，可模拟设备、工艺和环境，实时预测并优化加工过程，提高产品合格率和稳定性。

基于数字孪生技术与数据融合，智能产线加工质量映射流程方案如图 4-18 所示。

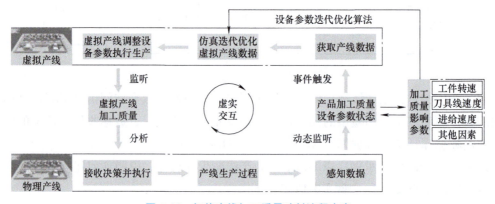

图 4-18　智能产线加工质量映射流程方案

（2）生产线布局与节拍优化　智能制造生产线的生产作业计划中存在着两种类型的次序关系，即每台机器上的工序优先级顺序和每个作业工序的优先级先后约束。图 4-19 所示为产线调度优化逻辑模型，以产线产能最大化、设备利用率最大化等作为优化目标，利用调度算法与优化技术自动调配资源，提高产线效率、灵活性，并通过数字孪生模型搭建环境验证方案效能。

实际生产中自动化产线根据人为的订单排序进行生产，依据各设备的状态信号来判别后续执行的工序，优先级选择以及设备等待时间增加导致生产率降低。对此，将工程问题转换为数学问题，基于数字孪生数据融合技术，利用算法得到最优的订单排程以及工序组合，从而减少优先级选择情况、设备等待时间等，以此提高生产率。图 4-20 所示为智能产线布局仿真与节拍分析技术流程，可大致说明如何建立数字孪生生产线融合大数据实现调度优化。

利用数字孪生系统，在多种情况下模拟产线加工过程并进行布局仿真与节拍分析，指导产线设计。针对产线调度优化，需要开发智能算法和模型，从而满足生产计划的优化要求，指导自动化产线实现调度优化。

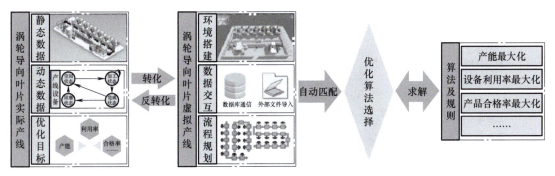

图 4-19　产线调度优化逻辑模型

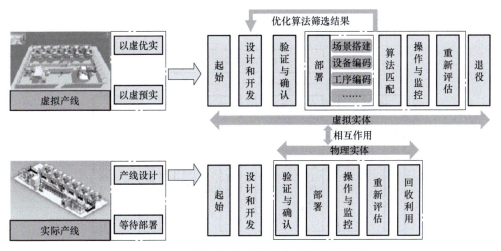

图 4-20　智能产线布局仿真与节拍分析技术流程

4.2.4　数字孪生系统建立

通过对产线分析，完成虚拟模型的建立与各模块的配置，最终实现的智能制造单元数字孪生系统效果，如图 4-21 所示。

数字孪生系统的主要功能可分为实时监控、离线仿真、单元评估服务、VR 功能四个部分，如图 4-22 所示。

（1）实时监控模块　实时监控主要包括设备实时状态和生产信息的监控。设备实时状态通过数字孪生引擎从智能制造单元获取，并在虚拟智能制造单元的环境中进行数字化监控，如图 4-23 所示。

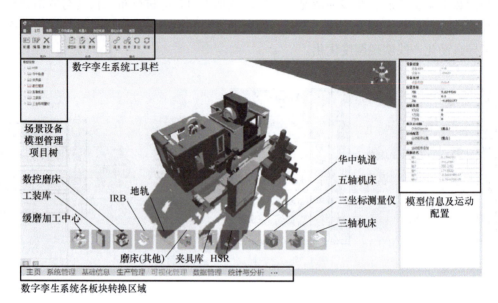

图 4-21　智能制造单元数字孪生系统效果

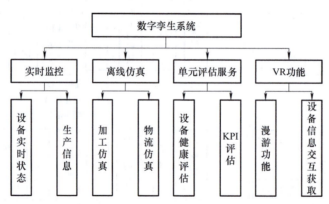

图 4-22　数字孪生系统功能框架图

（2）离线仿真模块　离线仿真包括两种形式：一是基于历史数据的仿真，利用存储于数据库、TXT 文件或 XML 文件中的产线数据，数字孪生系统可动态还原产线的历史运行情况，为优化和故障分析提供支持；二是基于示教操作的仿真，主要用于教学场景，通过示教操作模拟设备的单项任务，例如物料机器人、仓库或车床的操作。图 4-24 所示为物料机器人的示教操作界面，可进行移动路径和机械臂转动等操作的单独编程与仿真。

（3）单元评估服务模块　单元评估服务主要涵盖设备健康评估和 KPI 评估。图 4-25 所示为数字孪生系统 KPI 评估界面。

（4）VR 功能模块　VR 功能是指利用 HTC Vive 实现虚拟制造单元的 VR 技术，提供车间漫游功能和通过手柄交互获取设备信息的功能。如图 4-26 所示，数字孪生系统连接外部 VR 设备，显示第一视角漫游状态。

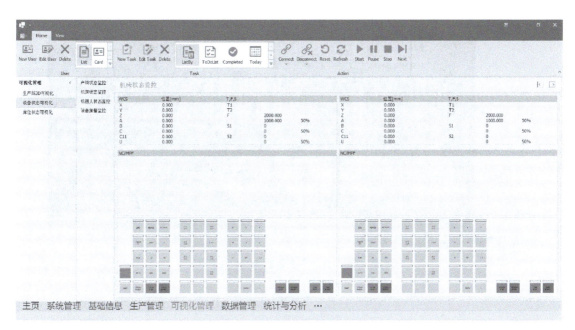

图 4-23 数字孪生系统产线信息（部分）

视频

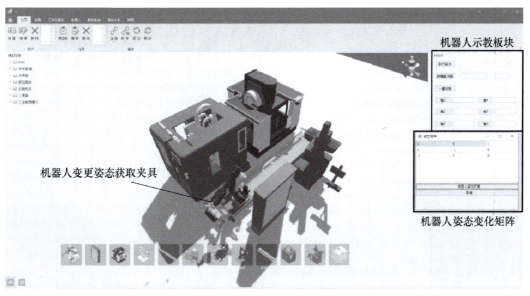

图 4-24 对物料机器人的示教操作界面

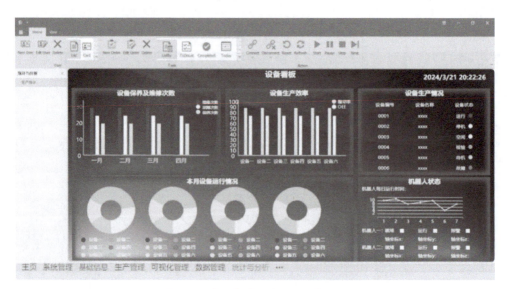

图 4-25　数字孪生系统 KPI 评估界面

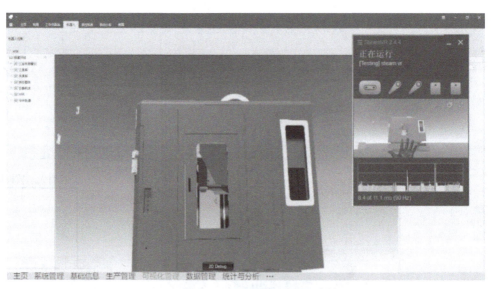

图 4-26　VR 第一视角下的智能产线

4.3　数字孪生技术在智能产线中的应用

4.3.1　基于数字孪生技术的过程监控

数字孪生技术可以实现实际生产系统与数字化虚拟模型的实时互动，能对整个生产过程进行实时监控、状态分析和工艺优化。在过程监控方面，数字孪生技术可以实时采集并监测生产线各个环节的数据,包括机器状态、生产参数、环境条件等,通过建立的模型实时预测加工过程中的各关键物理量状态,及时发现异常情况,预警并采取相应的控制措施。本节以热误差、加工精度监控为例,介绍数字孪生技术在智能产线中的应用。

(1)热误差预测　　现代生产对零件加工质量的要求日益提高,机床热误差已成为限制机床加工精度进一步提升的关键因素。基于数字孪生的热误差预测技术在精密制造领域具有重要意义。通过建立物理设备的数字孪生模型,实时采集设备运行过程中的温度数据和其他相关参数,利用高精度的仿真算法和大数据分析技术,能够准确预测设备在不同工况下的热误差。这一预测不仅可以帮助工程师提前采取补偿措施,减少热误差对加工精度的影响,还能优化生产工艺,提高产品质量和生产率。数字孪生技术的应用,使得热误差从传统的事后分析转变为实时监控与预防,显著提升了制造系统的智能化水平。

国内外对主轴热误差开展了大量研究,建立了各种类型的热误差模型,可大体分为两类:机理驱动模型和数据驱动模型。机理驱动模型需研究主轴运行过程中的摩擦热以及与功能部件、环境的交换热情况,基于传热机理、弹性变形理论等建立主轴热误差模型,其优势在于能够从机理角度解释主轴的热误差形成原因及变化规律,建立的热误差模型也更具通用性。但该方法需要较高的理论基础,且需考虑环境、冷却、材料属性等诸多因素,实施难度相对较大。与之相对的数据驱动模型无须探明主轴变形机理,基于系列热特性实验,直接建立温度与主轴热变形的回归模型。其中,多元线性回归、支持向量机、神经网络等回归算法在数据驱动建模中被广泛使用。利用数字孪生模型,结合热误差建模技术,可实现机床热误差的实时预测。

基于实验数据的热误差建模本质为通过统计方法构建热变形与温度变化的回归模型。热变形是指由于温度变化,被测对象位置相对于理论位置的偏移,即热误差,为模型的输出变量;而温度变化主要是指被测对象关键点的温度随着时间的变化,为模型的输入变量。以直线轴 X 轴作为研究对象,直线轴由丝杠螺母、滑块等结构组成,其发热特点决定其热变形方向主要沿其运动方向。通过驱动 X 轴往复运动模拟实际加工中 X 轴运动升温过程,进行多组实验。在后续的热误差建模和预测中,将实验部分组测量的温度数据和误差数据用于建模,对新工况下的热误差进行预测。直线轴模拟升温实验设置见表 4-4。

表 4-4　直线轴模拟升温实验设置

实验名称	速度设置 /(mm/min)	升温时间 /min	测量次数
实验 1	2000	160	8
实验 2	4000	160	8
实验 3	6000	160	8
实验 4	8000	160	8

直线轴位移测量采用激光干涉仪,温度测量采用 PT100 热电阻温度传感器。测量时,测点位置如图 4-27 及表 4-5 所示,其中,T1 ~ T11 为机床关键点温度,由外置温度传感器与数据采集卡测量得到,T12 为电动机内部温度,可通过数控系统直接读取。

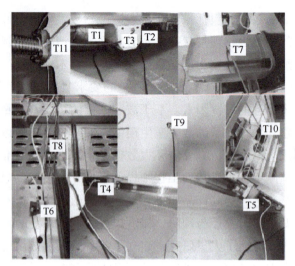

图 4-27　X 轴测量温度测点位置的布局

表 4-5　X 轴测量温度测点的位置说明

测点序号	安装位置	测点序号	安装位置
T1	丝杠套筒（左侧）	T7	电动机上方
T2	丝杠套筒（右侧）	T8	床身内侧
T3	丝杠套筒（前侧）	T9	床身外侧
T4	左侧滑块	T10	车间环境
T5	右侧滑块	T11	螺母
T6	轴承座（近电动机）	T12	X 轴电动机内部

进给轴的热误差可认为是几何误差与热误差的复合误差，同时与温度和运动轴的位置相关。直线轴不同运动位置热误差不同，需要同时建立全行程内多点处热误差与各个温度点的函数关系，汇总得到整个行程内的直线轴热误差模型。为了预测进给轴各个运动位置的热误差，首先需要对温度敏感点进行筛选，结果见表 4-6。

表 4-6　不同位置的温度敏感点筛选结果

位置 /mm	温度敏感点	位置 /mm	温度敏感点
0	{T2, T7, T11}	140	{T1, T6, T12}
20	{T2, T7, T11}	160	{T1, T6, T12}
40	{T1, T7, T11}	180	{T1, T6, T12}
60	{T4, T7, T12}	200	{T1, T7, T11}
80	{T4, T7, T11}	220	{T1, T11, T12}
100	{T1, T11, T12}	240	{T1, T6, T7}
120	{T1, T11, T12}	260	{T1, T11, T12}

以表 4-6 筛选的温度敏感点，基于多元线性回归算法对 X 轴的热误差建模，可获得各

个位置处热误差与温度的表达式。以实验 4 中的温度敏感点温度为模型输入变量,通过回归模型预测实验 4 中的各点的热误差,对比实际测量结果如图 4-28 所示,预测结果指标见表 4-7。

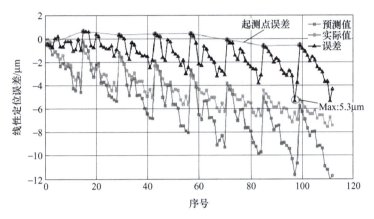

图 4-28　逐点法建模的预测结果

表 4-7　逐点法建模的预测结果指标

目标	RMSE/μm	δ_{max}/μm	MAE/μm
线性定位误差	1.9	5.3	1.5

(2)加工精度预测　加工精度预测是指在加工制造过程中,根据已知的加工参数、材料性质、机器设备情况等信息,利用数学模型、统计学方法或机器学习技术等,对加工零件的最终精度进行估计或预测的过程。在零件加工精度预测中,可以利用数字孪生技术建立更精确的加工精度预测模型,提高预测的准确性和可靠性,制定合适的加工工艺并调整加工参数,以提高产品的加工精度,并且可以避免不必要的加工误差,减少废品率,提高加工效率。

航发叶片铣削加工精度主要包括轮廓精度和表面粗糙度。在机床性能良好和加工状态稳定的条件下,加工轮廓精度主要受机床伺服跟随误差的影响,而表面粗糙度主要受铣削加工的工艺参数影响。由于影响加工精度的因素众多,且各个影响因素之间的关系难以探究明确,采用理论建模只能基于简化条件、选择少量因素进行映射关系的建立,且存在过程十分繁杂、结果不易验证等问题。因此,此处采用数据驱动的方式,利用神经网络和机器学习来实现叶片铣削加工精度的预测,并制作了航发叶片铣削加工精度预测方案,如图 4-29 所示。

为预测叶片铣削加工的轮廓精度,需对叶片加工过程的伺服系统跟随误差进行监测采集。采用搭建的数据采集系统对叶片加工过程的程序坐标、各轴位置跟随误差、各轴速度跟随误差、各轴电流载荷进行采集。

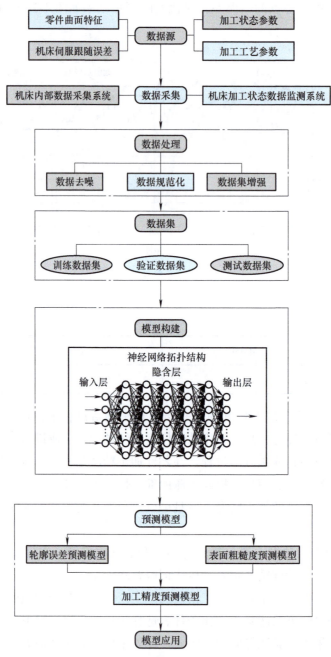

图 4-29 航发叶片铣削加工精度预测方案

将处理好的实验数据集输入加工精度预测模型，分别对 18 组工况的叶片加工轮廓误差进行预测，某一样本不同位置轮廓点的测量轮廓误差值和预测的轮廓误差值对比图如图 4-30 所示，其中黑色部分为叶片铣削加工后测量的轮廓误差值，蓝色部分为轮廓误差预测模型预测的轮廓误差值。

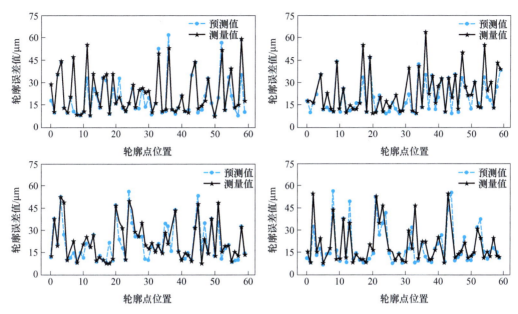

图 4-30　某一样本不同位置轮廓点的测量轮廓误差值和预测的轮廓误差值对比图

表 4-8 列出了模型测试结果，本次模型在测试集上测试的最大估计误差为 56μm，最小估计误差为 0μm，预测误差在 0～10μm 范围内占比为 89.36%，预测误差在 11～20μm 范围内占比 6.29%，预测误差在 21～35μm 范围内，占比为 3.17%，预测误差在 35～56μm 范围内占比为 1.18%。由此表明，该轮廓误差预测模型能够实现对叶片铣削加工的轮廓误差进行预测。

表 4-8　模型测试结果

项目	数值	项目	数值
测试样本个数	260	占比	6.29%
测试的最大估计误差 /μm	56	预测误差 /μm	21～35
测试的最小估计误差 /μm	0	占比	3.17%
预测误差 /μm	0～10	预测误差 /μm	35～56
占比	89.36%	占比	1.18%
预测误差 /μm	11～20		

表面粗糙度是指加工零件表面的不平整程度。它直接影响着产品的外观质量、功能以及与其他零部件的配合性能。通过数字孪生技术，结合实时采集到的主轴振动、切削力大小、负载电流等参数，可以实现对加工零件表面粗糙度的智能预测和控制，帮助调整加工参数以优化产品表面质量。表面粗糙度预测流程，如图 4-31 所示。

首先进行切削加工工艺参数和加工状态参数采集；其次是采集数据集的增强处理；数据处理好后按照随机抽样原则将数据集分为训练数据集、验证数据集和测试数据集；最后搭建机器学习的神经网络模型，通过训练数据集和验证数据集对模型的参数进行估计和优化，最终选择在测试数据集上表现最好的模型作为表面粗糙度预测模型。

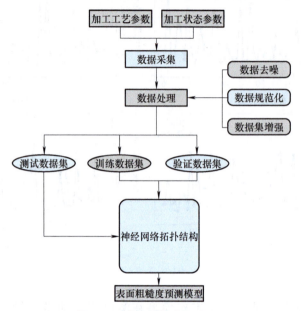

图 4-31　表面粗糙度预测流程

本部分主要是通过表面粗糙度预测模型对 18 组工况下的叶片表面粗糙度进行预测，线性回归模型与神经网络预测模型预测结果如图 4-32 所示，具体数据见表 4-9。从预测结果可知，线性回归模型预测准确率最高为 93.41%，最低为 86.29%，准确率波动范围较大，模型预测稳定性较差；而神经网络预测模型预测准确率在 95%～99% 之间，整体结果较好，由此说明建立的预测模型可以对叶片加工的表面粗糙度进行预测，对指导加工工艺参数调整和提高加工质量具有重要参考价值。

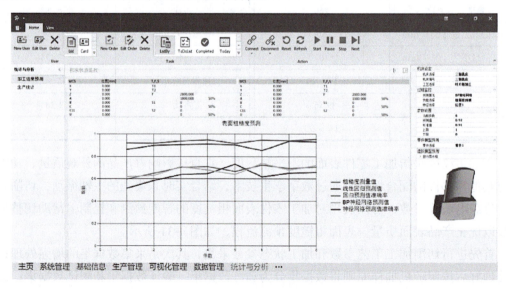

图 4-32　模型预测结果

表 4-9　线性回归模型与神经网络预测模型预测结果

件数	表面粗糙度测量值 /μm	线性回归预测值 /μm	准确率	BP 神经网络预测值 /μm	准确率
01	0.598	0.516	86.29%	0.62	96.32%
02	0.650	0.584	89.85%	0.63	96.92%
03	0.704	0.638	90.63%	0.71	99.15%
04	0.710	0.647	91.13%	0.68	95.77%
05	0.668	0.732	90.42%	0.64	95.81%
⋮	⋮	⋮	⋮	⋮	⋮
15	0.661	0.586	88.65%	0.65	98.34%
16	0.687	0.746	91.41%	0.68	98.98%
17	0.743	0.792	93.41%	0.76	97.71%
18	0.720	0.772	92.78%	0.74	97.22%

4.3.2　基于数字孪生技术的工艺优化

数字孪生技术在工艺优化中扮演着相当重要的角色，特别是在实时监测和调整切削参数方面。通过传感器实时采集切削过程中的各项参数，如切削速度、进给速度、刀具磨损程度等数据，并将其反映在数字孪生模型中，工程师可以获得对加工过程的高度精确的实时反馈，从而能够快速响应变化，及时采取措施以保证加工过程的稳定性和准确性。此外，数字孪生技术还能够提供历史数据的回顾和分析，帮助工程师优化切削参数的设定。通过分析历史数据和实时监测，模型可以预测一系列关键指标，如刀具寿命、切削稳定性、工件表面质量等，这些指标对于加工过程的稳定性和质量至关重要。如果模型检测到潜在问题或异常情况，它可以提前发出警报，使工程师能够及时采取预防性措施。

为验证航发叶片工艺参数调整方法的可行性，构建航发叶片加工与检测系统并将该系统作为叶片铣削验证的平台，用于实时监控加工过程的状态变化与数据传输。同时，以航发叶片为实验对象，设计铣削加工实验并分析实验结果，对航发叶片工艺参数调整方法的准确性进行验证。

参考航发叶片工艺参数调整策略，采用基于材料去除量的工艺参数调整框架，如图 4-33 所示。调整框架由宏观层、数字层和算法层构成。宏观层涉及工件、机床、刀具与测量设备等不变因素。数字层处理静态与动态数据，并依据材料去除量调整工艺参数，确保加工稳定。算法层则建立材料去除量估计模型，提供数据训练、测试和验证。三层相互关联，共同提高铣削加工精度。

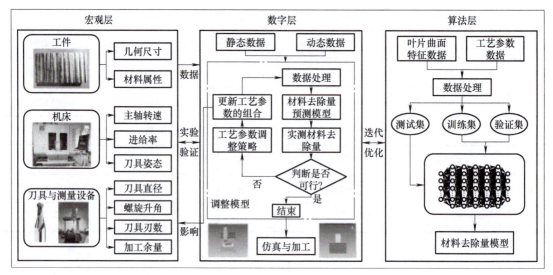

图 4-33 航发叶片铣削工艺的工艺参数调整框架

根据制定的航发叶片工艺参数调整框架数字层中的循环结构，该循环结构的阈值设定和工艺参数如何调整是该调整方法的重要环节。其中阈值作为不同工况铣削结果优良的评判标准，其值的设定应参考铣削前的加工余量，这样才能精准描述不同工况材料去除的稳定性。

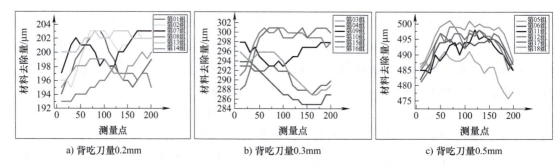

图 4-34 实验一中材料去除量预测值分布图

彩图 4-34

基于得到的材料去除量模型，根据模型对不同工况测量点的精准预测，均匀输出不同工况下局部材料去除量的预测分布情况，各工况工艺参数设置见表 4-10。图 4-34 所示为实验一中材料去除量预测值分布图，图中材料去除量的波动趋势明显。在图 4-34a 所示的各组工况中，背吃刀量都为 0.2mm，随着进给率以及主轴转速的提高，其材料去除量的波动变化逐渐减小。在图 4-34b 所示的各组工况中，背吃刀量都为 0.3mm，在较小进给率以及主轴转速的工况下，材料去除量波动变化大。而在图 4-34c 中，背吃刀量都为 0.5mm，随着主轴转速的提高，该 6 组工况的材料去除量波动依然明显。对比图 4-34 中的预测值，不难发现在较小背吃刀量的工况中，通过提高工艺参数的数值能够明显增加刀具去除材料的平稳性，如图 4-34a 所示的第 13 组工况，其变化在 200μm 上下浮动且十分稳定；但随着背吃刀量的加大，增加了刀具去除材料的阻力，导致刀具去料不稳定，如图 4-34b、c 所示。因此，为提高叶片的加工精度，其精加工前的预留余量应取较小值。

表 4-10 不用工况下的工艺参数

组号	主轴转速/(r/mim)	进给率/(mm/min)	每齿进给量/mm	背吃刀量/mm
01	3000	300	0.05	0.2
02	3000	360	0.06	0.2
03	3000	420	0.07	0.3
04	3000	480	0.08	0.3
05	3000	540	0.09	0.5
06	5000	600	0.10	0.5
07	5000	700	0.07	0.2
08	5000	800	0.08	0.2
09	5000	900	0.09	0.3
10	5000	100	0.10	0.3
11	5000	500	0.05	0.5
12	5000	600	0.06	0.5
13	8000	800	0.05	0.2
14	8000	900	0.06	0.2
15	8000	1120	0.07	0.3
16	8000	1280	0.08	0.3
17	8000	1440	0.09	0.5
18	8000	1600	0.10	0.5

图 4-35 所示为实验二中材料去除量预测值分布图。该实验反映在相同背吃刀量的精加工过程中，不同工况下材料去除量的分布情况。在图 4-35a 中，数据的变化较为显著，尤其是在前 5 组实验中，随着主轴转速和进给率的提高，数据呈现出逐渐趋于平稳的变化趋势。而在图 4-35b 中，数据变化趋势相对较小，随着主轴转速的提高，其变化趋势更加稳定。通过对不同工况的数据分析可以发现，提高主轴转速和进给率能够增加铣削过程中刀具材料去除的稳定性。

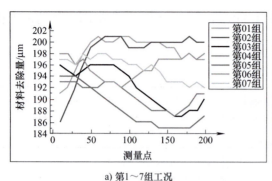 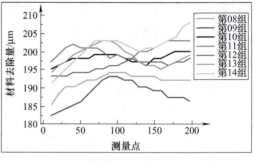

a) 第1~7组工况　　　　　　　b) 第8~14组工况

图 4-35　实验二中材料去除量预测值分布图

在仿真平台中建立五轴机床模型,根据机床各个轴的运动范围进行行程极限设置,如图 4-36 所示。根据实际加工情况设置刀具的直径、刃长、刀柄实际尺寸和刀具与刀柄的夹持长度等。然后参考实际加工中毛坯的尺寸进行毛坯设置,并定义毛坯顶部中心为加工原点。在仿真前设置好碰撞检查,对象为刀柄与工件以及刀具与工作台。最后导入各个工序的 NC 程序进行数控仿真,结果如图 4-37 所示。

彩图 4-35

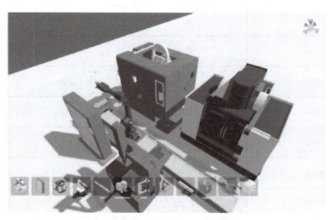

图 4-36　环境搭建及设备单元行程极限设置

图 4-37　仿真加工结果

以构建的加工与检测系统作为实验平台,进行数据传输和加工状态监控。本次实验使用两个实验样件分别进行实验一与实验二的实际铣削验证,其实验参数见表 4-11。

表 4-11 实验参数

实验	工况	刀具规格 /mm	转速 /(r/min)	进给率 /(mm/min)	铣削深度 /mm
实验一	工况 5	球刀 $\phi 6$	3000	540	0.5
实验二	工况 13	球刀 $\phi 6$	8000	800	0.2

按照实验参数,分别进行实验一与实验二仿真加工,在叶片型面上均匀选取 4 个截面进行测量,输出各个截面叶盆、叶背、前缘和后缘实测值与理论模型对比的测量结果,如图 4-38 和图 4-39 所示。

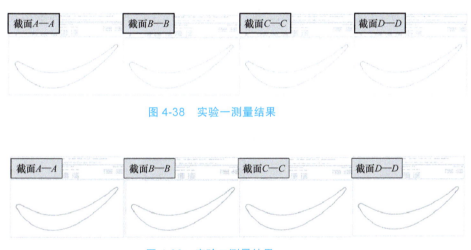

图 4-38 实验一测量结果

图 4-39 实验二测量结果

图 4-38 所示为实验一的 A—A、B—B、C—C 和 D—D 4 个截面的测量结果,该轮廓的显示颜色为红色和绿色,红色部分表明其测量结果的余量分布在 ±0.02mm 以外,绿色部分表明在公差以内,而 4 个截面的测量结果或多或少都有超出公差带的区域。图 4-39 所示为实验二的 A—A、B—B、C—C 和 D—D 4 个截面的测量结果,该轮廓的显示颜色为绿色,表明其测量结果的余量分布在 ±0.02mm 内。

结合两组实验结果,在一定时间内忽略机床与刀具对实验结果的影响,不同工艺参数组合铣削后的叶片型面结果也各不相同。在精加工阶段,采用低转速和低进给率的工艺参数组合进行铣削的结果表现十分不佳,尤其在叶片的叶背、前缘和后缘区域。分析原因是低转速和低进给率导致工作台在这些区域停留时间过长,过多的材料被去除,从而使得截面测量结果为超出公差带的负值。相反地,在精加工阶段采用高转速和高进给率的工艺参数进行铣削时,刀具的材料去除量稳定。由于转速快,刀具在叶片型面上停留时间短,不会造成多余的材料被去除,因此测量结果在叶片的工艺要求范围内。

4.3.3 基于数字孪生的生产调度优化

数字孪生技术将实际生产线的物理过程数字化成虚拟模型,以模拟真实情况并进行实时优化。利用数字孪生技术,通过对生产线有限资源的数字化建模和仿真以及应用不同的决策方案,在满足各种约束条件的前提下可以对不同的调度策略进行仿真和评估,以找到最佳的生产调度方案,从而提高生产线的效率和产能。

以数字孪生技术在压气机再制造叶片缺陷修磨生产线调度问题上的应用为例进行说明。考虑到不同批次叶片的来源、种类和工作环境的差异,将同一批次的 50 个叶片随机分成两组,然后采用数字孪生技术,模拟两种不同的生产方式:正常流水生产和调度优化后的生产。记录每个叶片的有效加工时间和无效时间(等待时间),并对结果进行分析比较,以验证所提出的调度算法的可行性。

图 4-40 所示为生产线调度甘特图,横坐标表示零件生产时间,纵坐标表示零件正在进行的工序步骤,P_{ij} 为叶片 i 在工位 j 的无效时间(等待时间),T_{ij} 为叶片 i 在工位 j 的有效加工时间。

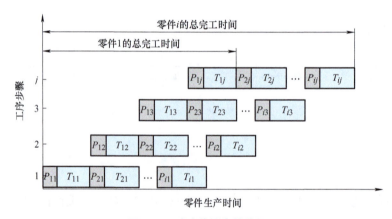

图 4-40 生产线调度甘特图

调度优化前后时间统计对比见表 4-12。可以看出,生产线刚开始运行时,各工位设备处于空闲状态,无效时间明显偏低,当生产线趋于稳定后各叶片无效时间在一定范围内波动。但可以明显看出优化后的调度方案无效时间低于正常流水生产,有效加工时间也有小幅度降低,所以优化后的生产方案在叶片平均生产时间上是明显小于正常生产方案。根据表 4-12 中的实验数据可计算得出每个叶片的平衡率和平衡损失率,如图 4-41 所示。其中平衡率反映了生产过程中设备利用效率,平衡损失率反映了生产中无效时间占总生产时间的比例。

图 4-41 所示为每个叶片平衡率和平衡损失率变化曲线。对比图中正常流水生产的叶片和调度优化后生产的叶片,可以明显看出优化后的叶片生产平衡率高于正常流水生产,平衡损失率低于正常流水生产。

表 4-12 调度优化前后时间统计对比

项目	无效时间 /s		有效加工时间 /s		总生产时间 /s	
零件序号	正常流水生产	优化后的生产	正常流水生产	优化后的生产	正常流水生产	优化后的生产
1	315	178	1537	1448	1852	1626
2	481	299	1426	1366	1907	1665
3	966	411	1511	1378	2477	1789
4	1101	572	1521	1401	2622	1973
5	928	439	1453	1318	2381	1757
6	1209	637	1478	1354	2687	1991
⋮	⋮	⋮	⋮	⋮	⋮	⋮

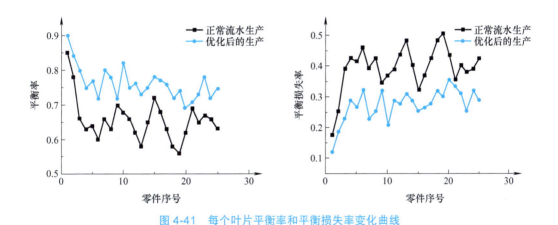

图 4-41 每个叶片平衡率和平衡损失率变化曲线

结合每个叶片的总生产时间以及加工中平衡率和平衡损失率分析，证明了调度优化后生产线的设备利用率显著提高，无效时间显著减少，总生产时间显著减少，所以调度管理系统所给的生产调度方案在提高生产率上是有效的。

课 后 思 考 题

1. 数字孪生在智能制造中的主要应用有哪些？请列举三种应用场景并简要说明。
2. 在数字孪生的实现过程中，数据采集与传输的作用是什么？请结合一个具体的制造场景进行说明。

3.数字孪生技术如何提高产线的运行效率和产品质量?请结合实际案例进行分析。

4.简述数字孪生技术在产线预测性维护中的应用,并说明其优点。

5.简要描述一个智能制造产线中应用数字孪生技术的具体案例,并说明该技术带来的效益。

6.请描述数字孪生技术在产线设计阶段的应用,并说明其相对传统设计方法的优势。

科学家科学史
"两弹一星"功勋科学家:孙家栋

第 5 章

PPT 课件

课程视频

数字孪生技术在工程机械行业中的应用

数字孪生技术在工程机械行业中的应用具有多方面优势。对于制造商而言,能够实时了解市场需求和趋势,优化产品设计和性能,更快推出更具竞争力的产品解决方案,提升竞争力和市场份额;对于运营商来说,能够实现智能化管理,通过实时监测和预测设备工作状态来及时发现问题,制定有效的维护计划,避免生产延误,提高管理效率和降低成本,同时还可以优化设备工作效率和能耗,提高生产效益。数字孪生技术的应用将促进整个工程机械行业的发展和进步,推动智能化管理、高效运营和持续创新的实现。

5.1 数字孪生模型

挖掘机是一种典型的工程机械,通过构建挖掘机的虚拟样机,利用数字孪生技术实时响应液压系统及机械结构的状态变化,能与物理实体进行交互,具有高逼真度、实时性和交互性等优点。

5.1.1 反铲液压挖掘机的三维模型及液压系统模型

挖掘机数字孪生模型的建立是通过将其物理特征和工作过程数字化,再通过数据采集、模型训练、算法优化等步骤进行建模,从而实现对其工作状态、性能、健康状况等方面的实时监测、预测和优化,主要包括以下几个部分(图 5-1)。

(1)数据预处理 对采集到的数据进行清洗、转换、归一等预处理操作,以确保建立模型的准确性和可靠性。

(2)特征提取 从原始数据中提取有效的特征,这些特征可以包括频谱特征、时域特征、统计特征等,以帮助模型更好地理解和预测设备的工作状态。

(3)模型选择 根据实际情况选择合适的建模方法,可以是基于物理模型的传统数学建模方法,也可以是基于机器学习、深度学习的数据驱动建模方法。

(4)模型验证和优化 使用测试数据对建立的模型进行验证和评估,不断调整模型参数和优化算法，以保证模型的准确性和可靠性。

（5）系统整合 将建立的数字孪生模型与实际设备进行整合。

为建立挖掘机的数字孪生模型，首先需要建立机械结构及液压系统模型。机械结构包括挖掘机的行走机构、回转机构和挖掘机构等。液压系统主要由泵、马达、电磁阀、油箱、液压泵和管路等组成。以某反铲液压挖掘机为例，部分结构参数见表5-1～表5-5，所建物理模型数字化主要是通过SolidWorks软件建模完成，如图5-2所示，其中包括零部件的三维实体模型、机械结构及液压系统模型。图5-3所示为反铲液压挖掘机工作装置液压系统。大部分液压挖掘机依赖于柴油引擎作为其动力来源。一方面，它们通过联轴器与可变排量泵连接，将机械能转换为液压能，进而通过液压系统的多路换向阀来驱动执行元件（如液压缸和液压马达），执行所需的动作；另一方面，它们还驱动先导泵，产生先导压力，通过先导控制系统调整多路换向阀的开度和方向，以实现多样化的动作。

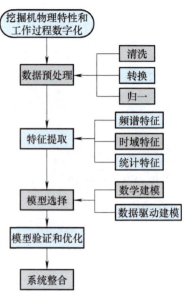

图 5-1 数字孪生模型建立流程图

工作过程数字化主要是通过运动建模和力学建模实现运动参数和性能参数与虚拟样机模型的融合，实现仿真分析，为数字模型实现评估和预测建立基础，仿真软件常用Adams 和 AMEsim。

表 5-1 反铲液压挖掘机主机参数

参数	值	参数	值	参数	值	参数	值
L_{ao}/mm	146	L_z/mm	3650	L_{gOoy}/mm	965	L_{gOox}/mm	−14.45
Y_{go}/mm	758	μ	0.80	G_0/kN	183	H_s/mm	1806

注：L_{ao}为A点与回转轴横向距离；L_z为轮距；L_{gOoy}为主机重心与回转轴的纵向距离；L_{gOox}为主机重心与回转轴的横向距离；Y_{go}为主机重心与A点垂直距离；G_0为主机重力；H_s为A点离地面高度；μ为主机履带轮与地面附着系数。

表 5-2 反铲液压挖掘机动臂参数

参数	值	参数	值	参数	值	参数	值
L_{ab}/mm	5710	L_{ac}/mm	2598	L_{1max}/mm	3185	P_t/MPa	39
L_{ag1}/mm	2662	$\angle BAG_1$	12°	P_o/MPa	34	$\angle BAD$	21°
G_{10}/kN	3.8	动臂液压缸数	2	L_{ad}/mm	3331	G_1/kN	17
杆径 d/mm	85	$\angle BAC$	23°	L_{1min}/mm	1865	缸径 D/mm	120

注：L_{ab}为动臂长度，即铰链点A与点B距离；L_{ac}、L_{ad}为铰链点AC、AD距离；L_{ag1}为A点到重心G_1距离；L_{1min}和L_{1max}分别为动臂液压缸全缩和全伸长度；G_1为动臂所受重力；G_{10}为动臂液压缸所受重力；P_o为液压缸最大工作压力；P_t为液压缸最大闭锁压力；缸径D为液压缸管内径；杆径d为活塞杆外径。

表 5-3　反铲液压挖掘机斗杆参数

参数	值	参数	值	参数	值	参数	值	参数	值	参数	值
L_{bg}/mm	2857	杆径 d/mm	95	L_{2min}/mm	2075	L_{bn}/mm	2559	L_{be}/mm	663	$\angle GBE$	59°
L_{bg2}/mm	911	L_{bh}/mm	846	P_o/MPa	34	L_{2max}/mm	3565	$\angle GBN$	0.6°	G_2/kN	7.9
G_{20}/kN	2.6	$\angle GBG_2$	9.2°	$\angle GBH$	160°	P_t/MPa	39	液压缸数	1	缸径 D/mm	135

注：L_{bg} 为斗杆长度，即铰链点 B 与点 G 距离；L_{bh}、L_{be}、L_{bn} 为铰链点 BH、BE、BN 距离；L_{bg2} 为 B 点到重心 G_2 距离；L_{2min} 和 L_{2max} 分别为斗杆液压缸全缩和全伸长度；G_2 为斗杆所受重力；G_{20} 为斗杆液压缸所受重力。

表 5-4　反铲液压挖掘机铲斗参数

参数	值	参数	值	参数	值	参数	值	参数	值
L_{gj}/mm	1416	L_{gl}/mm	474	$\angle LGJ$	106°	L_{gg3}/mm	718	$\angle JGG_3$	37°
L_{kl}/mm	589	L_{kl1}/mm	588	L_{kk1}/mm	0	L_{k1n}/mm	631	G_3/kN	8.9
G_{30}/kN	1.6	缸径 D/mm	115	杆径 d/mm	80	P_o/MPa	34	P_t/MPa	39
γ/(t/m³)	1.80	L_{3min}/mm	1680	L_{3max}/mm	2800	液压缸数	1		

注：L_{gj} 为铲斗长度，即铰链点 G 与点 J 距离；L_{gl} 为铰链点 GL 距离；L_{gg3} 为点 G 到重心 G_3 距离；L_{kl} 为连杆点 K 到铲斗点 L 的距离；L_{kl1} 为连杆点 K_1 到铲斗点 L 的距离；L_{kk1} 为连杆点 K 到点 K_1 的距离；L_{k1n} 为连杆点 K_1 到点 N 的距离；L_{3min} 和 L_{3max} 分别为铲斗液压缸全缩和全伸长度；G_3 为铲斗所受重力；G_{30} 为铲斗液压缸所受重力；γ 为挖掘土壤容重。

表 5-5　液压系统参数

类型	三泵三回路极限载荷变量控制系统	类型	三泵三回路极限载荷变量控制系统
主油路工作压力 /MPa	32	回转油路流量 /L	1×415
主油路最大流量 /(L/min)	2×415	操纵方式	液压先导控制
回转系统形式	独立开式回转系统	液压油箱容量 /L	780

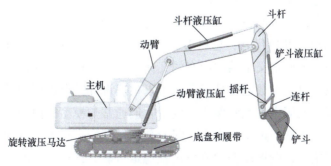

图 5-2　反铲液压挖掘机的虚拟样机模型

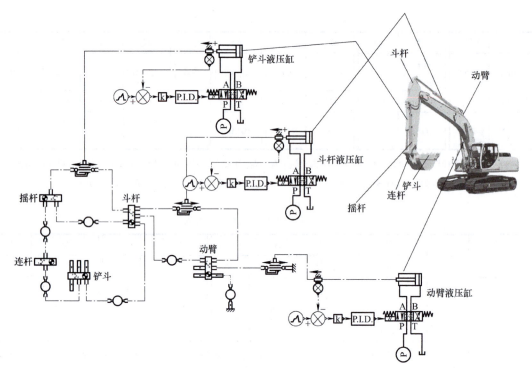

图 5-3 反铲液压挖掘机工作装置液压系统

5.1.2 反铲液压挖掘机的性能分析及优化模型

在反铲液压挖掘机工作装置设计过程中，有限元建模与分析是一项耗时且烦琐的任务。为了简化设计过程，设计人员需要熟悉多种专业软件。此外，频繁地在不同的仿真系统和平台之间传输和交换 CAD/CAE 模型和数据，对重新设计、建模和分析造成了很大的限制。为了解决这些问题，建立一个全参数化模型的工作装置，并开发一个虚拟设计系统，以实现设计过程的自动化和智能化变得尤为必要。

图 5-4 所示为反铲液压挖掘机工作装置参数化模型。该参数化模型在数字孪生中发挥着重要作用。它可以方便地保存和交流复杂的数字孪生模型，提高分析和设计效率。在数字孪生的设计优化过程中，该模型可以反复调用、重建和重新分析。参数化建模是一种高效的设计方法。它允许通过调整模型参数来快速创建和评估不同的设计方案。这种方法涉及的参数不仅包括设计几何尺寸，还可能涵盖材料特性，如密度等。在工程设计实践中，参数化建模特别关注那些定义了结构形态的几何参数。进行参数化建模时，设计者会区分可变和固定的参数。可变参数通常是指那些可以根据设计需求进行调整的尺寸，如机械部件的长度、宽度等；而固定参数则保持不变，它们通常与模型的内部连接和结构完整性有关。在将参数化的三维几何模型转化为有限元分析模型的过程中，设计者需要确保参数的变化不会引发求解错误，确保模型的分析过程稳定可靠。设计变量的选择不仅需要符合实际工程需求，还必须保证在参数调整时，模型的基本结构关系和约束条件得到保持，这些条件是设计意图的关键体现。通过自动化地维护这些关系，参数化建模提高了设计效率并

减少了人为错误。

现采用 ANSYS 软件、APDL 语言建立反铲液压挖掘机工作装置关键部件动臂和斗杆的参数化模型，主要有以下步骤。首先，需对动臂进行一定简化，省略部分对于分析计算不重要的细节特征，包括板材之间焊缝特征、各板上的微小倒角和圆角等细节特征。经处理后，尺寸参数主要包括结构参数和机构参数。结构参数为上顶板、下底板、后顶板、前侧板、后侧板、中侧板、前支撑、后支撑和耳板等板材的长、宽、高；机构参数为铰链点所在位置、铰链点之间距离和角度等。然后，根据各尺寸参数变量确定各关键点，通过将关键点连接成线，继而将线围成面，最后通过若干布尔运算操作，将面拉伸成实体，建立完整动臂和斗杆参数化模型。通过使用 APDL 程序语言完成工作装置的全参数化建模，建立几何参数之间的关联关系，工作装置的几何结构能够用一组独立的几何参数来描述，当这组独立参数发生变化时，数字孪生模型可以根据参数的变化自动调整工作装置的尺寸和形状，便于机构性能和结构性能的同步优化。

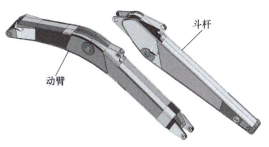

图 5-4 反铲液压挖掘机工作装置参数化模型

对于机构性能的分析及优化而言，有学者开发了专门软件。图 5-5 所示为挖掘性能分析软件的主参数输入界面，图 5-6 所示为挖掘性能优化软件关于限制条件、变量范围及优化目标权重等参数的输入界面。利用以上分析及优化软件，设计人员可以通过调整输入参数，模拟不同参数条件下挖掘机工作装置的性能表现，并进行快速设计迭代和优化。

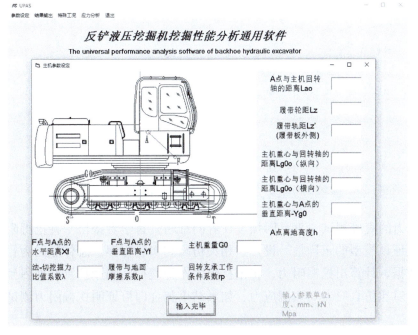

图 5-5 挖掘性能分析软件的主参数输入界面

图 5-6 挖掘性能优化软件

5.1.3 反铲液压挖掘机挖掘阻力测试计算模型的验证

挖掘阻力的直接测试一直是困扰设计者的难题，有学者提出一种挖掘阻力测试计算模型，为验证该模型的正确性，设计了相关仿真和实验方案。总体思路为：通过测试位姿和液压数据，计算出挖掘阻力；将挖掘阻力作为载荷，利用仿真软件得到工作装置的应力分布；对比仿真应力与实测应力，如果结果契合即可证明挖掘阻力测试计算模型的正确性。

测试内容主要包括：动臂相对于机座的转角 θ_1、斗杆相对于动臂的转角 θ_2 和铲斗相

对于斗杆的转角 θ_3；动臂、斗杆和铲斗液压缸有杆腔和无杆腔的压强；动臂、斗杆和铲斗特征点的应变。测试机型为一台 36t 的反铲液压挖掘机，基本参数见表 5-6。测试地点为湖州某实验场，挖掘对象为混有石块的三级土壤，作业现场如图 5-7 所示。测试内容如下。

表 5-6　测试机型基本参数

项目	值	项目	值
整机重量	36500kg	斗杆长度	2.91m
动臂长度	6.47m	铲斗斗容	1.63m³

图 5-7　作业现场

（1）角位移测试　角位移测试的目的在于确定工作装置各构件在挖掘过程中的空间位置和运动速度、加速度。选用 3 个 NS-RB 型角位移传感器（主要性能参数见表 5-7）分别测量动臂相对于机座、斗杆相对于动臂和铲斗相对于斗杆的转角。角位移传感器的旋转轴与工作装置销轴通过联轴器保持同心固连，角位移传感器的外壳与工作装置构件通过安装架固连，角位移传感器的安装如图 5-8 所示。

表 5-7　角位移传感器主要技术参数

项目	值	项目	值
量程范围	0°～300°	起动转矩	<30mN·m
综合精度	0.5%	重复性	0.01°
工作温度	-30～100℃		

图 5-8　角位移传感器的安装

（2）压强测试　压强测试的目的在于确定液压缸所产生的推力。本次试验采用6个NSF型压力传感器分别获取动臂、斗杆、铲斗液压缸有杆腔和无杆腔的压强数据。压力传感器主要技术参数见表5-8，其安装位置为各个驱动液压缸有杆腔和无杆腔的预留压力测试点，具体安装位置如图5-9所示。

表5-8　压力传感器主要技术参数

项目	值	项目	值
量程范围	0～50MPa	工作温度	-30～120℃
综合精度	0.3%		

（3）应力测试　应力测试的目的在于评价工作装置的强度并校核挖掘阻力模型的正确性。挖掘机工作装置受力情况复杂，其构件主应力方向难以预知。因此，采用45°直角型应变片分别测量0°、45°和90°方向上的应变，进而可计算测试点的主应力及当量应力。因此，为了测得挖掘过程中较大的结构应力，测试点的选择应遵循以下原则：测试点尽量靠近所在横截面的角点；测试点布置于静强度分析中应力较大的位置；测试点布置于客户反馈的同款机型曾经发生破坏的位置。

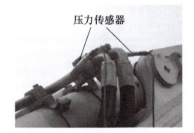

图5-9　压力传感器的安装

（4）应力仿真　将测试数据导入挖掘阻力测试计算模型，计算出实际挖掘阻力以及工作装置各铰点载荷。利用hypermesh及Patran等软件，将铰点载荷导入动应力仿真模型。通过动应力仿真计算，得到各种不同挖掘工况下动臂和斗杆动应力随时间的变化规律。

（5）对比验证　在仿真结果中提取实验测点所在位置的应力谱，然后将其与实测应力进行对比。图5-10所示为某一挖掘工况的仿真与实测应力对比，根据多个测点应力对比结果可以验证挖掘阻力测试计算模型的正确性。验证流程如图5-11所示。

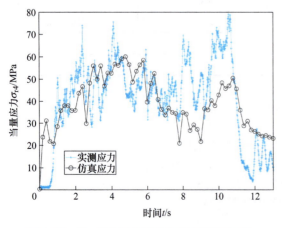

图5-10　某一挖掘工况的仿真与实测结果对比

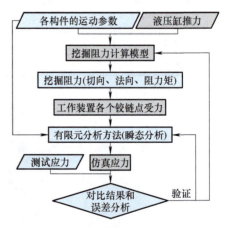

图5-11　挖掘阻力测试计算模型验证流程

5.1.4 反铲液压挖掘机基于数字孪生模型的实时监测和预测

挖掘机是大型工程机械设备,其运行状态对生产率影响重大,因此对其进行实时监测和预测变得越来越重要,利用数字孪生模型是实现挖掘机高效检测和预测的有效手段。

挖掘机的工作过程可分为挖掘、铲装、运输三个阶段。在实际生产过程中,挖掘机运行状态的实时监测和预测需要通过传感器将挖掘机在各个工作阶段的数据采集并传输至中央控制系统中,并通过大数据分析和处理得到挖掘机的运行状态数据,从而实现对挖掘机运行状态的实时监测和预测。图 5-12 所示为挖掘机运维平台总体架构图。运维平台的核心应用为挖掘机的状态监测、故障诊断、健康管理等,数据源为挖掘机的在线工作数据、日常维护数据等,数据由各类传感器采集得到。整个运维平台包括设备层、采集层、传输层、访问层、逻辑层和应用层。

各层的功能如下,共同构成了一个综合的系统,旨在通过智能化手段提升挖掘机的运行效率和可靠性。

(1)设备层 设备层实现数据采集系统与挖掘机设备的连接。

(2)采集层 采集层能够将实时传感器数据进行采集,最高采样速度在 1ms 以内。在采集层进行边缘侧数据存储,将实时采集的传感器全量数据以相应的传输速度通过连接接口(以太网,WiFi)传输。具有计算能力强、配置方便、稳定可靠等优点。

(3)传输层 传输层能够将数据通过传统以太网 TCP/IP 协议或者新一代无线通信技术传输至云服务器上,无明显延时。

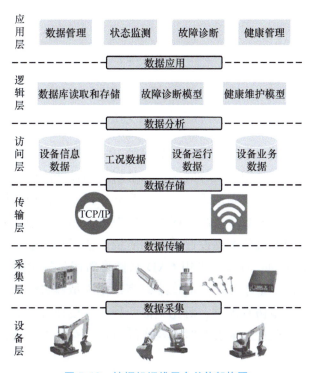

图 5-12 挖掘机运维平台总体架构图

（4）访问层　访问层实现的是数据存储与集成。数据存储主要采用云服务器数据库存储，挖掘机各系统实时产生的数据上传到分布式云存储的大数据库中。数据集成主要是对设备信息数据、工况数据、设备运行数据、设备业务数据等进行集成，要做到数据的及时写入与读取。

（5）逻辑层　逻辑层是根据用户的业务需求，对评估对象采用人工智能算法进行建模分析，包括数据库读取和存储、故障诊断模型、健康维护模型等。从数据驱动的角度出发，保证健康评估、性能衰退趋势预测的准确性和实效性。

（6）应用层　应用层主要包含以下四个关键部分。数据管理：负责收集、存储和处理挖掘机的运行数据，为系统提供准确的信息基础。状态监测：实时跟踪并记录挖掘机的工作状态，确保操作的透明度和可控性。故障诊断：利用数据分析预测潜在的故障，及时提供维护和修理指导。健康管理：评估挖掘机的整体健康状况，优化维护计划，延长设备使用寿命。

液压挖掘机状态监测与预测系统主要由物理模型、数字孪生模型和可视化模块组成。物理模型由传感器采集的数据和生产过程中采集的数据构成，其中传感器主要负责采集物理模型所需数据；数字孪生模型由物理模型的虚拟模型构成，其通过模拟仿真完成对物理模型的实时监测；可视化模块为用户提供直观的可视化操作，便于用户对物理模型进行实时监测和预测。该系统在物理设备的基础上建立了虚拟设备，并且将其作为物理设备的数字孪生体。该数字孪生体在执行任务时，可实时采集现场数据和设备信息，并通过数字孪生体中的虚拟模型实时模拟仿真真实设备运行过程。当虚拟设备发生故障时，能及时发出报警信息。

5.2　数字孪生技术在工程机械设计中的应用

5.2.1　数字孪生技术在挖掘机新产品设计中的应用

液压挖掘机新产品设计中主要面临三个问题：一是现有产品开发过程中存在研发周期长、研发成本高、资源利用率低等问题；二是新产品设计阶段，企业需要同时考虑多个因素，包括材料成本、生产制造成本、售后服务等；三是目前挖掘机行业普遍存在的质量问题，包括挖掘机整机故障率高、服务响应慢等。因此，迫切需要探索一种新的设计模式，以提升液压挖掘机新产品设计效率和质量。依托数字孪生技术进行液压挖掘机新产品设计的总体思路为：首先，采用CAD软件将新产品的主要结构、重要零部件等进行分解和组装；其次，基于新产品的三维模型建立虚拟样机模型；最后，将虚拟样机模型与实物模型进行同步仿真测试，对比验证两种不同设计方案的正确性和可行性。通过虚拟样机仿真测试与验证，能够及时发现产品设计中存在的问题，降低新产品设计风险和成本。

5.2.2 数字孪生技术在采矿挖掘机设计中的应用实例

为降低开发和测试成本,需创建一个能够准确反映实际工作条件的挖掘机数字孪生体,使模拟环境尽可能接近实际作业环境。为达成该目标,应完成以下关键步骤。

1)建立运行设备单元的参数模型,为模拟作业提供必要基础。

2)建立从主驱动装置到操作设备的能量流模型。

3)在挖掘机作业时,模拟作业设备的功率流分布,以了解挖掘过程中功率的使用效率。

4)构建一个可调特性的模型,以便根据具体的工作条件调整模型参数,保障模拟的适应性。

5)建立挖掘过程的运动学模型,模拟挖掘机各部件的运动情况。

6)模拟挖掘过程并详细记录操作设备上的载荷要素以及挖掘机元件上的具体载荷数据。

7)根据获得的时间和运动图,对挖掘机结构进行静态和动态计算,考虑应力应变行为,以预测结构的长期性能。

8)模拟挖掘机在其使用周期内运行模式的变化,以预测不同使用阶段可能出现的性能和产品寿命变化。

挖掘机数字孪生体创建的过程结果应集成到其信息诊断系统中。这样就形成了统计基础,并有可能将产品生命周期控制和设备管理与维护(MRO)优化到满足实际情况和运行方式需要的水平。它将为维修单位提供广泛的可能性来分析产品的当前状态。现代采矿挖掘机都配备了自检测系统,这就要求将数字孪生与自检测系统中的程序和算法相结合,以便在制造商状态监控维修过程中控制设备的生命周期,及时正确地进行维修干预。设备管理与维护系统如图 5-13 所示。

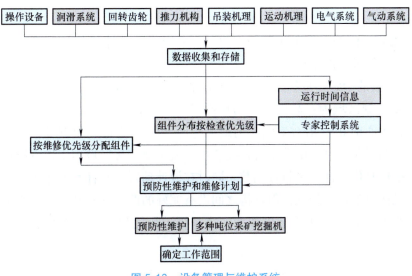

图 5-13 设备管理与维护系统

5.2.3 数字孪生技术在挖掘机性能优化中的应用

反铲液压挖掘机的工作装置是由 11 个运动件和 15 个低副组成的开链连杆机构，其自由度为 3，即通过控制 3 组液压缸相对运动完成作业。图 5-14 所示为反铲液压挖掘机结构图，其空间任一种姿态可由机构之间的相对转角或 3 组液压缸的长度确定。通过建立反铲液压挖掘机运动学模型，明确 θ_2、θ_3、θ_4 和 L_{FC}、L_{DH}、L_{EK} 之间的转换关系，即可得到挖掘机空间中任一挖掘点的姿态，其中 θ_2、θ_3、θ_4 分别表示前一个机构相对后一个机构的转角，L_{FC}、L_{DH}、L_{EK} 分别表示三组液压缸长度。

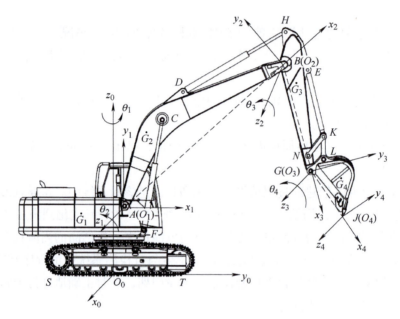

图 5-14 反铲液压挖掘机结构图

（1）优化数学模型 将工作装置作为一个系统进行整体优化，在满足整机作业参数的前提下，以获得最佳的挖掘性能。

1）目标函数的确定。反铲工作装置主要是用于停机面以下的挖掘工作，根据其挖掘特点选取主要挖掘区域为：高度方向为地面以下 $0 \sim D_{1\max}$（$D_{1\max}$ 为最大挖掘深度）；水平方向为回转中心前 $0 \sim R_{1\max}$（$R_{1\max}$ 为最大挖掘半径）。考虑到挖掘过程中，挖掘力不足和稳定性欠缺的问题，目标函数是旨在提高挖掘机主要挖掘区域内工作液压缸复合动作挖掘力和极限挖掘时稳定性的多目标函数。同时在设计动臂、斗杆和铲斗机构的过程中，可能存在各个机构单独达到最优，但机构之间没有完好的匹配导致其发挥不出来，因此，在建立优化模型时，将整个工作装置作为一个系统进行优化，在主要挖掘区域内的目标函数为

$$f(X) = X_1\lambda_1 + X_2\lambda_2 + X_3\lambda_3 + X_4\lambda_4 \tag{5-1}$$

式中，X_1 是主要挖掘区域内，纵向铲斗挖掘时发动机功率充分发挥的比例；X_2 是主要挖掘区域内，纵向铲斗挖掘最大挖掘力与最大设计挖掘力的比值（最大设计挖掘力取机重的 0.6 倍）；X_3 是主要挖掘区域内，纵向斗杆挖掘时发动机功率充分发挥的比例；X_4 是主要挖掘区域内，纵向斗杆挖掘时最大挖掘力与最大设计挖掘力的比值（最大设计挖掘力取机重的 0.6 倍）；λ_1，λ_2，λ_3，λ_4 是各目标的权重系数，设计人员可根据实际情况自行修改（保证 $\lambda_1+\lambda_2+\lambda_3+\lambda_4=1$），也可以将权重进行平均分配。

2）设计变量的确定。因为本实例主要针对挖掘机工作装置的优化设计，所以将挖掘机主机上各参数作为输入参数，并将液压系统压力情况（最大工作压力和闭锁压力）、各液压缸缸径大小、挖掘机吨位等参数均作为输入参数处理。

设计变量的确定原则是兼顾设计质量和经济性，对各参数进行筛选，将其中最必要的部分作为设计变量，因此对于反铲液压挖掘机工作装置的变量选取如下。

整机结构变量 L_{ao}、X_F、Y_F；动臂机构上的变量 L_{ab}、L_{ac}、L_{ad}、$\angle BAC$、$\angle BAD$；斗杆机构上的变量有 L_{bg}、L_{bh}、L_{be}、L_{bn}、$\angle GBH$、$\angle GBE$、$\angle GBN$；连杆机构上的变量有 L_{kn} 和 L_{kl}；铲斗机构上的变量有 L_{gj}、L_{gl}、$\angle LGJ$；动臂液压缸、斗杆液压缸、铲斗液压缸的最长与最短尺寸为设计变量，即 L_{1min}、L_{1max}、L_{2min}、L_{2max}、L_{3min}、L_{3max}。

从而确定挖掘机整体设计变量为

$$\begin{aligned}X[i] &= \{L_{ao}, X_F, -Y_F, L_{ab}, L_{ac}, L_{ad}, \angle BAC, \angle BAD, L_{bg}, L_{bh}, L_{be}, L_{bn}, \angle GBH, \\ &\quad \angle GBE, \angle GBN, L_{kn}, L_{kl}, L_{gj}, L_{gl}, \angle LGJ, L_{1min}, L_{1max}, L_{2min}, L_{2max}, L_{3min}, L_{3max}\} \\ &= \{x_1, x_2, x_3, x_4, x_5, x_6, x_7, x_8, x_9, x_{10}, x_{11}, x_{12}, x_{13}, x_{14}, x_{15}, x_{16}, x_{17}, x_{18}, x_{19}, \\ &\quad x_{20}, x_{21}, x_{22}, x_{23}, x_{24}, x_{25}, x_{26}\}\end{aligned}$$

3）优化设计的约束条件。

① 挖掘深度约束。$D_1 > D_{1max}$。

② 挖掘半径约束。$R_1 > R_{1max}$。

③ 挖掘高度约束。$H_1 > H_{1max}$。

④ 机构约束。机构约束包括满足三角形的几何条件约束以及铲斗机构中的铰链四连杆机构必须是双摇杆机构且工作中需要同向摆动、各液压缸不得碰撞、各机构需要满足一定的转角等运动特性约束。

注：D_{1max}、R_{1max} 和 H_{1max} 分别为最大挖掘深度、最大挖掘半径和最大挖掘高度；D_1、R_1 和 H_1 分别为优化方案中的数值。

（2）优化程序介绍　在建立好上述优化模型后，编写优化程序（液压挖掘机工作装置优化软件），根据前文所确定的设计变量和目标函数，采用遗传算法对挖掘机工作装置进行设计，设计流程如图 5-15 所示。

（3）优化结果　根据分析结果和实测评价，原机型的挖掘能力和稳定性还有待进一步的提高。在不改变原有作业范围的前提下，对工作装置铰点数据进行优化，通过改变液压缸尺寸和改变铲斗的长度等，分别得到了相应优化方案，见表 5-9。

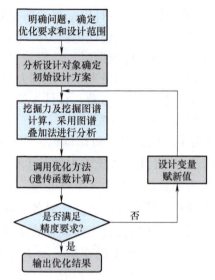

图 5-15 反铲液压挖掘机优化软件设计流程

表 5-9 优化结果与原始方案参数对比

参数		L_{ao}/mm	X_F/mm	$-Y_F$/mm	L_{ab}/mm	L_{ac}/mm	L_{ad}/mm	∠BAC	L_{bg}/mm	L_{bh}/mm	∠GBH
优化前	原机型	146	486	630	5710	2528	3410.8	22.77°	2915	850	163.59°
优化后	方案一	146	481	626	5713	2532	3360	21.14°	2864	890	162.17°
	方案二	146	481	626	5713	2532	3360	21.14°	2864	890	162.17°

参数		L_{be}/mm	∠BAD	∠GBE	∠GBN	L_{gj}/mm	L_{gl}/mm	∠LGJ	L_{kn}/mm	L_{kl}/mm	L_{bn}/mm
优化前	原机型	664.8	21.14°	60.81°	0.61°	1478	475	107.74°	640	600	2506
优化后	方案一	692	21.45°	61.85°	1.22°	1454	440	106.03°	645	593	2517
	方案二	692	21.45°	61.85°	1.22°	1478	440	106.03°	645	593	2517

其中优化方案二与方案一的主要区别在于：方案二将斗杆液压缸缸径由 135mm 改为 140mm，杆径由 95mm 改为 100mm。通过对优化后机型综合性能的分析（表 5-10），方案一和方案二机型的挖掘范围与原机型相当，而主挖掘区内平均和最大复合挖掘力均优于原机型。这说明优化后工作装置的挖掘性能得到了显著提升。

表 5-10 优化前后性能比对结果

项目	挖掘深度 /mm	挖掘高度 /mm	卸载高度 /mm	挖掘半径 /mm	复合挖掘力 /kN	
					最大	平均
原机型	-6758.24	9737.97	7034.368	9897.494	135.46	105.32
方案一	-6650.08	10056.61	7337.98	9903.04	137.99	110.52
方案二	-6650.08	10056.61	7337.98	9903.04	138.72	114.83
提高比例	-1.6%	3.3%	4.3%	0.1%	2.4%	9%

5.2.4 数字孪生技术在挖掘机环境适应性评估中的应用

液压挖掘机的环境适应性评估是指在挖掘机的实际使用过程中，对其工作环境进行模拟，以快速、准确地反映其在环境中的表现情况。评估过程包括四个部分：一是虚拟模型，构建一个数字化的挖掘机原型，用于在不同环境条件下进行模拟测试；二是环境适应性评估框架，开发一套评估体系，专门用于衡量挖掘机对环境变化的适应性和响应能力；三是环境适应性数字孪生模型，创建一个与物理挖掘机同步的数字副本，用以实时监控和预测其在实际环境中的表现；四是虚拟样机与数字孪生系统的互动，确保虚拟模型与数字孪生系统之间的数据和信息能够互通，以实现高效的性能评估和决策支持。

液压挖掘机的数字孪生模型通过对物理样机的仿真分析，能够快速、准确地得到虚拟样机在真实环境下的仿真结果，其主要包括以下内容。

（1）受力分析　如液压系统、斗杆等在实际工作时所承受的载荷大小和分布情况。
（2）动力学分析　如斗杆等在不同工况下的运动情况、运动轨迹和受力大小。
（3）工况分析　如挖掘过程中各部件所处的工作环境。
（4）仿真环境　如模型中各部件所在空间的温度、湿度等。

5.3 数字孪生技术在工程机械智能化中的应用

5.3.1 在挖掘机轨迹规划中的应用

在液压挖掘机的作业过程中，需要对其工作装置的轨迹进行规划，以得到最佳的作业路径。然而，由于液压挖掘机的运动特性与作业任务之间的强耦合性，使得传统轨迹规划方法计算效率低、精度差。此外，由于液压挖掘机在工作过程中受到负载变化和路况等因素的影响，工作装置的姿态也会发生变化。因此，传统方法无法准确计算液压挖掘机作业轨迹。数字孪生技术作为一种新兴技术，可以将物理实体与虚拟模型结合起来进行仿真分析和优化决策。

利用包括激光雷达、旋转编码器和倾斜传感器在内的多种传感器捕获的动态传感数据，经过初步整合进入包括运动学、动力学和代理模型在内的多个模型中，以此来映射物理实体的状态和作业环境。通过使用实际的三维激光雷达扫描仪测量正在挖掘的矿层，可以获得现场工作条件的几何表示。根据挖掘设备的实时状态和载荷信息，构建数值仿真模型来评估铲斗的结构性能，并通过开发基于代理模型的算法来实现对结构性能的实时预测。这些代理模型的输出结果，结合挖掘设备的状态信息和传感器数据，一起被集成到数字空间中。整体而言，建立挖掘设备的数字孪生体可以细分为八个子步骤，如图5-16所示。

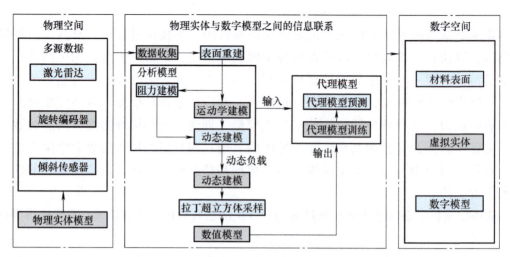

图 5-16 基于代理的数字孪生的工作流程

子步骤 1：通过访问放置在物理系统（物理孪生体）上的不同类型的传感器来收集不同类型的数据，以感知周围环境和物理对象的属性。

子步骤 2：基于激光雷达扫描数据建立被挖掘材料表面的几何模型。

子步骤 3：建立铲斗前端总成的运动学模型，描述铲斗的全运动，并计算出与开挖轨迹相对应的开挖深度和加载物料质量。

子步骤 4：在运动学模型的基础上建立动态模型，计算铲斗开挖周期中作用于各部件上的动载荷。

子步骤 5：使用拉丁超立方体采样（LHS）算法对可控变量进行采样，形成样本。

子步骤 6：建立仿真模型，基于铲斗前端与动载荷的全运动关系进行结构性能分析。

子步骤 7：训练代理模型来实时预测结构性能。

子步骤 8：在 3D 场景中呈现和渲染物理实体的工作条件、状态变量和结构性能。

为了有效地连接物理实体和数字模型，选择了提供全双工通信的计算机通信协议 TCP/IP。从多源传感器收集的数据被导入到基于分析的模型中，以获得代理模型的输入，然后代理模型立即将这些输入映射到感兴趣的输出中。由于连续场由代理模型表示，因此可以实现瞬时输出和等高线图，从而使数字模型保持实时更新。

以上建立的多种模型可以使用生成的挖掘轨迹作为输入，在虚拟空间中模拟挖掘过程。因此，基于已建立的数字孪生模型，可以在规划过程中轻松评估生成的挖掘轨迹，包括违反预定义约束条件和挖掘性能指标的情况，挖掘能耗、挖掘时间和挖掘效率在内的性能参数均可计算得出。初始设计变量的设定依据其初始感知状态以及当前挖掘作业的材料表面。将规划阶段创建的挖掘轨迹作为输入数据，用于在虚拟环境中模拟铲斗的动作。依托已构建的数字孪生技术，可以便捷地评估挖掘轨迹是否违背了既定的约束条件。当设计变量达到稳定值或迭代次数达到预设的上限时，设定为结束条件。如果这些条件未被满足,迭代循环将持续进行;一旦条件满足,循环将终止,并输出最优的挖掘路径。

5.3.2 数字孪生技术在推土机远程控制中的应用

通过将真实推土机数字孪生体作为控制对象,运用虚拟仿真技术对其进行虚拟仿真试验,实现对推土机的远程控制。

远程控制系统包括工作环境监测系统、虚拟仿真系统和远程操控接口等。工作环境监测系统采集推土机工作时的环境信息,利用传感器对环境信息进行实时监测。虚拟仿真系统利用数字化仿真模型对其进行虚拟测试,并将模拟所得的数据反馈至远程控制平台。在该平台上,对仿真结果进行深入分析和处理,以便根据推土机的实际作业状况,实时跟踪其工作状态和性能表现。这种集成化的仿真与分析流程,为推土机的远程监控和操作提供了强有力的数据支持。

非结构化施工现场复杂多变的环境给人机交互带来了挑战。数字孪生能实现精确和实时的感知,为推土机的远程操作提供支持。整体框架包括前时间数字孪生、实时数字孪生和后时间数字孪生。推土机远程操作中的多维异构数据可以实时显示,以确保施工安全。施工过程中的大数据可以采集、存储和分析。数字孪生系统框架如图 5-17 所示。

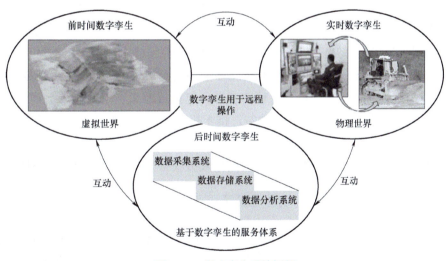

图 5-17 数字孪生系统框架

无人机倾斜摄影是一种有效的大规模三维场地建模方法,如图 5-18 所示。利用倾斜摄影技术,可以从图像中提取地物的空间位置、颜色、纹理等,然后根据统一的坐标系快速建立真实的建筑工地三维数据模型。考虑到矿山排土场面积较大,驾驶员很难通过地面观测获得施工现场的整体情况,实现全局最优决策。施工现场的三维实景模型有效突破了地面观测的局限性。

图 5-18　无人机倾斜摄影示意图

在数字孪生系统中，不同部件的数据相互作用，保证推土机安全高效施工。数字孪生系统软硬件架构如图 5-19 所示。遥控驾驶室可以获得推土机的实时视频图像，并可以基于眼动仪跟踪操作人员的注意力，并显示裸眼 3D 视频图像。力反馈和环境立体声改善了操作人员对现场环境的感知。操作人员通过座椅上的控制杆实现推土机的运动控制、推铲姿态控制和松土器姿态控制。通过数据交互终端和现场搭建的 5G 基站实现数据的接收和发送。矿坑中的遥控推土机安装了各种传感器，包括摄像头、力传感器、声音传感器等，这些传感器经过编码后发送到遥控驾驶室。推土机数据接收模块主要实现控制信号的解码和传输，并通过车辆的电子控制单元发送给相应的执行器。辅助施工系统基于无人机的 3D 建模实现。施工现场 3D 模型可以帮助操作人员获得大范围施工现场的整体信息。

5.3.3　数字孪生技术在悬臂式掘进机智能控制中的应用

悬臂式掘进机智能操控信息系统是连接人与掘进工作面的信息集成空间，帮助操作人员进行分析决策和人机协作控制。通过集成人、信息系统和物理系统的多源数据，形成了基于人 - 信息 - 物理系统（Human-Centric Pervasive Systems，HCPS）的悬臂式掘进机智能操控系统，如图 5-20 所示。利用数据驱动的掘进机虚拟仿真与远程控制技术实现了人与设备之间的协同控制，借助虚拟现实（Virtual-Reality，VR）、增强现实（Augmented Reality，AR）、混合现实（Mixed-Reality，MR）技术完成人与数字空间的交互控制，以数字孪生驱动的掘进设备智能化技术实现了数字空间与物理空间的虚实融合交互，构成面向悬臂式掘进机智能交互系统全局的 HCPS 体系结构。

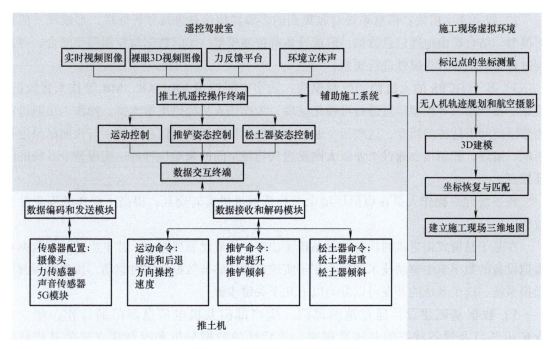

图 5-19 数字孪生系统软硬件架构

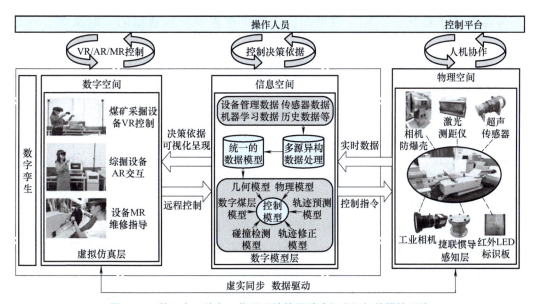

图 5-20 基于人-信息-物理系统的悬臂式掘进机智能操控系统

HCPS 驱动的悬臂式掘进机智能操控系统由三个主要部分组成：悬臂式掘进机物理空间数据感知融合模块、数字孪生模块和基于 HCPS 的人机协同控制模块。

1）悬臂式掘进机物理空间数据感知融合模块：这个模块使用各种传感器设备来感知掘进机状态和环境状态。这些数据通过工业以太网传输到信息系统。

2）数字孪生模块：信息系统对收集到的多源异构信息进行分析处理，形成统一的数据模型。结合矿山地理信息数据，形成设备群控制模型。实时数据与控制模型结合，对控制过程中的潜在行为属性进行预判。

3）基于 HCPS 的人机协同控制模块：数字空间使用 VR、AR、MR 等技术将数据、模型、预判结果等控制信息进行可视化呈现，为操作人员提供决策支持。操作人员通过观测数字空间下达控制指令，这些指令通过虚拟通信接口反馈到信息系统，与预测结果进行匹配。最终，控制指令通过工业以太网发送到物理空间的末端执行器，实现整个系统的闭环控制。

该系统允许操作人员在虚拟环境中与物理掘进机实时交互，提高了操作的安全性和效率。

在基于悬臂式掘进机的信息物理系统（CPS）构成模型研究中，井下生产过程数据对虚拟设备的数字孪生驱动技术的核心在于实现多源传感器数据的实时驱动，构建远程智能操控系统。这个系统的开发可以分为以下几个关键步骤。

1）数据基础建设：通过地测部门、生产部门及机电信息部门的合作，建立包含矿山环境及设备状态的基础数据库，为后续的数据分析和模型建立提供基础数据支持。

2）子系统数据库建立：在生产过程中，根据巷道的几何特征变化和设备运行情况，为各设备子系统分别建立数据库，实现工矿多源异构数据的实时采集、存储与共享。

3）数字孪生技术应用：利用数字孪生技术，将矿山掘进工作面的设备状态及环境信息变化实时映射到可视化的三维虚拟空间中。通过远端数据库访问和数据逻辑关系分析，构建统一的数字模型和数字孪生体。这些模型和体系为可视化决策提供支持，包括孪生模型、孪生控制和孪生服务。

4）自动化生产与预警：在自动化生产过程中，虚拟模型实时修正设备间相互位置，并对异常情况（如人机、设备间碰撞）进行自主预警。对于复杂突发情况，监控室人员可以进行人为干预，如按下急停按钮。

5）虚拟仿真与决策支持：在构建掘进工作面的虚拟仿真场景基础上，增加设备状态预警分析和历史数据回溯模块。为远程操控提供可靠的决策依据，确保人员和设备的安全，并推动矿山向少人或无人自动化开采转变。

通过这样的系统架构和技术实施，悬臂式掘进机的智能操控系统能够实现更高效、安全的矿山作业环境，优化资源利用并减少人为错误和事故发生的风险。

5.4 液压挖掘机智能制造平台

随着科技的不断进步，液压挖掘机作为工程机械领域的重要代表之一，已经逐渐走向智能化制造的道路。液压挖掘机智能制造平台的出现，为挖掘机行业带来了革命性的变革,极大地提高了挖掘机的生产率、品质和可靠性,同时也拓展了液压挖掘机的应用领域,为用户提供了更加便捷、高效的挖掘体验。

首先,液压挖掘机智能制造平台充分运用了先进的信息技术,实现了对液压挖掘机生产全过程的数字化、网络化管理。通过建立全面的生产数据监控系统,实时监测液压挖掘机各个环节的生产情况,包括零部件加工、装配、质检等,确保生产过程的可视化、透明化。这不仅有利于企业实现对生产过程的精细化管理,提高生产率和产品质量,还能够及时发现和解决生产中的问题,保障生产计划顺利执行。

其次,液压挖掘机智能制造平台还充分利用了人工智能、大数据分析等技术,实现了液压挖掘机生产过程的智能化优化。通过对海量生产数据进行收集、分析和挖掘,不断优化生产工艺流程和生产调度方案,提高生产资源的利用效率,降低生产成本。同时,结合人工智能技术,实现对液压挖掘机设备的智能诊断和预测维护,及时发现设备故障隐患,减少停机时间,提高设备的可靠性和稳定性。

此外,液压挖掘机智能制造平台还注重用户体验,通过智能化的产品设计和定制服务,为用户提供个性化的解决方案。根据用户的需求和应用场景,定制液压挖掘机的配置和功能,提供更加符合用户需求的产品。同时,通过智能化的远程监控和服务系统,实现对液压挖掘机的远程监控和故障诊断,为用户提供及时的技术支持和维护服务。

5.4.1 平台简介

(1)平台功能

1)三维虚拟仿真。实现液压挖掘机零部件、整机及装配等的三维虚拟仿真。

2)产品虚拟设计。为液压挖掘机的设计研发提供基于3D模型的产品信息、零部件信息、装配信息等,并在虚拟环境下对产品进行虚拟装配、动态干涉检查和调试。

3)工艺优化。对产品生产全过程进行优化,实现在制品库存最小化,生产时间最短化。

4)质量追溯。实现产品从设计到交付全过程的质量追溯。

(2)平台特点

1)智能装配。利用传感器、视觉识别、大数据分析等技术,实现装配工艺的自动化、智能化。

2)智能检验。利用智能图像识别技术,实现对零部件的自动检验。

3)智能工艺。采用自动化生产线和柔性制造系统,实现零部件的智能装配和柔性化制造。

5.4.2 平台架构

液压挖掘机智能制造平台架构包括数据层、网络层、控制层、设备层和应用层五个部分。该平台采用模块化设计,以标准的通用软件包为基础,可方便地集成和扩展。

该平台按照工业互联网架构设计,通过大数据平台为工业企业提供业务应用。该平台包含两大应用:一是数据采集与监控应用,二是云服务应用。通过大数据平台采集设备状态信息和生产信息,并根据这些信息进行决策分析;通过工业互联网平台将数据传递给云服务应用,供云服务平台处理分析并输出结果;通过云服务应用将结果反馈给设备制造商,指导设备的设计制造。

该平台采用开放式架构设计,具有良好的开放性、可扩展性、可定制性、安全性和可靠性。该平台可以根据用户需求进行个性化定制,在保证数据安全和隐私的前提下,对数据进行全面分析。其包括四个子系统。

(1)产品设计子系统 产品设计子系统通过建立三维模型库和三维虚拟仿真平台,实现了液压挖掘机的三维模型及装配模型的快速创建,同时也实现了液压挖掘机虚拟现实技术与三维辅助设计、装配工艺等功能的结合。

该子系统将液压挖掘机的所有零部件作为对象,建立了工程机械产品设计数据库,对液压挖掘机的零部件进行统一管理。在此基础上,结合设计流程和工艺要求,对液压挖掘机的结构、工艺进行详细分析,并完成产品三维造型及虚拟仿真。基于该子系统可进行液压挖掘机的设计、仿真及虚拟样机验证等工作,同时实现了与其他企业之间的信息共享,并实现了产品设计和制造流程的自动化。

(2)产品制造子系统 产品制造子系统主要是为液压挖掘机制造生产而设计的,包含智能生产管理系统和智能检测设备两部分。

智能生产管理系统是液压挖掘机智能制造平台的核心,是智能制造的大脑,是整个平台的核心和关键。该系统采用 B/S 架构,客户端与服务器之间通过 J2EE 技术进行通信,通过 C/S 架构对用户端进行管理。在该系统中,所有液压挖掘机生产的数据都可以被实时地采集,并经过智能分析处理后存储在数据库中,为进一步的决策分析提供支持。

该系统支持远程监控,可以将所有的生产数据传输到服务器端,同时服务器端会对数据进行实时监控和分析。通过该系统的应用,可以对液压挖掘机制造过程中各个环节进行监控和管理,如液压挖掘机加工过程中的刀具使用情况、加工参数、设备运行状态等信息都可以被实时监控。另外,在生产过程中还可以通过对这些数据进行分析得到液压挖掘机在各个工艺环节所存在的问题并提出相应的解决方案。

智能检测设备包含三个部分:

1)机械设备质量检测设备。主要是用于对液压挖掘机的主要部件进行外观质量、尺寸精度及其他性能的检测。

2)智能数据采集及分析系统。主要是用于对液压挖掘机的主要部件进行数据采集及分析。

3)液压挖掘机智能装配检查设备。主要是用于液压挖掘机的装配检查过程。图 5-21 所示为数字孪生装配空间整体框架建模。

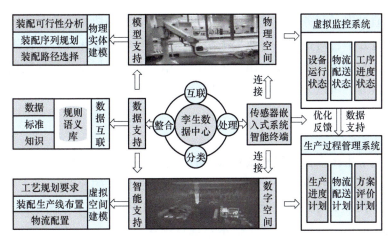

图 5-21 数字孪生装配空间整体框架建模

（3）产品销售子系统　产品销售子系统主要是为液压挖掘机用户提供使用服务，包括智能安装调试、使用指导及远程监控等功能。该系统主要包含三个部分：智能安装调试、使用指导及远程监控。

1）智能安装调试。通过计算机软件对液压挖掘机进行安装调试，实现了自动识别并安装相应的设备。

2）使用指导。通过对液压挖掘机的结构进行详细分析，为用户提供使用指导。

3）远程监控。通过网络技术，实现对液压挖掘机的远程监控，包括远程信息采集、数据传输、远程控制等功能。

（4）产品追溯系统　为满足液压挖掘机的生产需求，将质量追溯体系引入到液压挖掘机的制造环节中，利用二维码、RFID 等技术对液压挖掘机产品的生产制造进行追溯。该产品追溯系统主要实现以下几个功能。

1）信息采集。将信息采集技术与 RFID 技术结合，采集生产过程中的关键环节和重要数据，并将采集到的数据自动写入 RFID 标签。

2）信息管理。对产品质量进行动态监控和管理，并在出现质量问题时及时记录相关信息。

3）信息查询。可实现产品质量追溯，方便用户查询产品质量信息。

4）安全防伪。产品在销售到用户手中之前，通过标签上的 RFID 代码进行加密，使其无法被复制或窃取，同时对生产过程中的关键环节进行跟踪。

5.4.3　应用效果

通过平台实现对液压挖掘机的设备、保养、生产、质量、仓储以及销售服务的全流程信息化管控。通过物联网技术，对设备的运行状态进行实时监测，确保设备运行状态良好。通过平台，对设备故障进行实时监控和分析，提高设备利用率和作业效率，减少故障停机时间，降低维修成本。通过大数据分析，可为企业提供决策依据，提高生产率，降低能耗和成本。通过电子商务平台的应用，可以实现企业间的协同采购、协同制造和协同销售等功能。通过云平台对挖掘机行业上下游资源进行整合和优化配置，促进行业的协同发展。通过云平台的应用，可实现与用户之间的数据交互，包括设备管理数据、生产数据以及物流运输数据等，可以为企业提供大数据分析能力和决策能力。

课后思考题

1. 关于数字孪生技术在工程机械领域中的应用，你还了解哪些内容？你认为未来数字孪生技术在工程机械哪些方面的应用会促进该行业发生巨大的改变？
2. 数字孪生技术如何实现对液压挖掘机物理实体的模拟？请列举关键技术和要点。
3. 如何利用液压挖掘机数字孪生技术实现轨迹规划？
4. 如何利用液压挖掘机数字孪生技术实现远程控制？
5. 工程机械的智能制造平台核心任务有哪些？

科学家科学史
"两弹一星"功勋科学家：杨嘉墀

第 6 章

数字孪生技术在电力系统中的应用

6.1 电力系统数字孪生概述

随着电力系统数字化转型和信息通信技术的不断发展,数字孪生技术在电力系统中的应用越来越广泛。目前,数字孪生不断地向智能调度与优化、新能源接入与并网运行、电网安全与稳定、电力设备的预测性维护和故障诊断、微电网的接入等电力系统领域扩展,已涉及电力系统规划设计、建设实施到运行维护的全生命周期,为电力系统的智能化、高效化和绿色化发展提供了有力支持。

6.1.1 电力系统数字孪生的定义

在电力系统中,数字孪生本质是利用建模仿真、虚拟现实、机器学习和网络安全等技术,建立与发电 – 输电 – 变电 – 配电 – 用电(储能)物理实体相匹配的数字孪生体,实现"状态精准感知、数据实时分析、模型科学决策、智能精准控制",有效破解电力系统运行风险激增、智能化亟须提升等困境,保证电力系统经济、优质、安全运行,服务于国家经济社会发展和人民生活用电需求,助推电力系统实现"碳达峰,碳中和"目标。

数字孪生在电力系统中尚未形成公认的定义,目前普遍被接受的电力系统数字孪生定义为:通过先进的高性能测量设备与传感终端、监测系统以及机器人、北斗定位和激光雷达等辅助装备,实现电力系统中发电 – 输电 – 变电 – 配电 – 用电、源 – 网 – 荷 – 储电气量、物理量、环境量、状态量、空间量的全息感知,基于电力专用通信网络、5G 等先进通信移动互联和物联网技术,实现全覆盖、广连接、低时延及高可靠的数据传输,从而将电力系统的物理世界实时、完整地映射到数据、模型和算法定义的具有全生命周期数据的虚拟世界。

电力系统数字孪生以智能感知、高速通信、先进计算和存储技术为支撑,利用大数据、人工智能和区块链等数字技术构建物理实体对应的虚拟实体,并通过物理机理和数据驱动方式建模、仿真、演绎等实现虚拟实体修正,利用虚拟实体反映物理实体的状态,促进物理世界中电力系统资源要素优化配置，保障其实现安全、高效、友好和低碳运行，从而建立一个物理实体和虚拟实体组成的有机体，该虚实结合有机体具有环境感知、预测预警、辅助诊断决策及集约管控功能。

6.1.2　电力系统数字孪生的应用

数字孪生技术可以应用于电力系统的各个方面，包括发电、输电、变电、配电、用电、储能等全流程。

（1）发电环节的应用　在发电环节，利用数字孪生技术，结合常规火电、水电（包括抽水蓄能）、风力发电、光伏发电、地热能发电、核电等业务，实现机组运行优化调度、设备状态检修、新能源发电并网优化等功能。数字孪生技术也可应用于发电功率预测、故障识别与诊断等。在火力发电系统中，通过搭建数字化运营平台，对发电厂进行工厂精细化的数字管理，进而提升企业对整个发电厂业务的数字化管理能力。在光伏发电系统中，通过建立光伏电池的数字模型，对光伏电池性能进行模拟和分析，以更好地了解光伏电池性能，提高光伏发电效率和可靠性。在风力发电系统中，通过实时监测、分析，及时发现并解决风机故障，从而有效提高风力发电运行效率，更好管理和调度风力发电。

（2）输电环节的应用　在输电环节，输变电设备是电网最基础、最重要的组成部分，通过构造与实体输变电设备一致的数字输变电设备虚拟实体，能够深入挖掘电网数据价值，实现智能运维、精准作业和远程协作等。

（3）变电环节的应用　数字孪生在变电站运维中不仅可以提高远程监控能力、操作能力、故障诊断和预测能力，而且可以实现变电站的智能化运维管理。数字孪生系统可以实现对变电设备的远程监控和操作，运维人员可以通过网络实时获取设备的运行状态和工作情况，并进行操作和调整，避免了人员到场的需要，实现了运维的远程化和智能化。通过与实际设备的数据进行对比和分析，及时发现变电设备的异常情况，提前采取维护措施，有效降低故障风险，确保供电的安全与稳定。数字孪生系统可以通过实时更新的虚拟模型，呈现出变电站设备的运行状态和参数，提供智能化的运维指导和决策支持。

（4）配电环节的应用　在配电环节中，数字孪生可提升配电网区运维管理水平，引领和带动电力系统智能化、数字化发展。基于配电网区数字孪生，可便捷准确获取各类档案信息及运营指标，实现对配电网区状态的快速准确评价；根据配电网变压器容量、负载情况及电能传输路径上供电线路的允许载流量和负载情况，可计算接入点的可开放容量；精准反映配电网区设备参数和用户信息，快速定位线损网区，提升线损定位水平；实时反映运行状态，准确研判故障范围及故障地点，有效提升抢修工作效率、缩短停电时间；预测配电网区迎峰度夏、迎峰度冬期间负载率，提前发现过载风险设备。

（5）用电环节的应用　在用电环节，通过建立数字孪生系统，可提高能源管理水平。通过对系统中数据、流程、设备等信息的模拟，帮助实现精细化管理，提高能源生产率、降低能源消耗、减少能源浪费；通过对数据的分析、建模，自动优化系统运行策略，实现系统的智能优化，实时监测系统运行状态，发现或预测潜在故障和风险，以便及时采取相应预防或应对措施，提高系统的安全性和可靠性。

（6）储能环节的应用　在储能环节，数字孪生技术可对智慧储能电站的运营管理和优化提供支持。在智慧储能电站设计和建设阶段，可在虚拟环境中对电站进行模拟分析，预测电站的性能、能耗、成本等指标，提高电站设计的效率和准确性；通过对电站各个设备实时监控、预测和诊断，及时发现和解决潜在问题，提高电站的可靠性和稳定性；可对智慧储能电站进行虚拟仿真实验，帮助电站运营人员进行决策。

在电力系统中，数字孪生技术在智能电网建设、新能源集成、能源调度和电力市场运行等方面的应用已经取得了显著的成果。

6.1.3　电力系统数字孪生的发展趋势

电力系统数字孪生的技术体系也在不断完善，其发展趋势主要包含以下几个方面。

1）数字孪生模型精度更高。引入更多数据、机理融合建模方法，并以标准化的建模规则提高电力系统建模和仿真精度，促进数字孪生模型进行更加准确的预测和提供高级别决策支持。

2）电力系统智能化程度更高。人工智能技术将广泛应用于电力系统。电力系统智能化水平更高，不仅能准确预测电力系统发电、输电、变电、配电、用电、储能的变化趋势，还能提供智能决策支持，提高设备和系统的自主运行能力，为电力系统稳定经济运行提供决策支持。

3）数字孪生模型安全性和隐私保护更高。区块链等新兴技术将嵌入数字孪生架构中，保障数据的安全与隐私，采用更加强大的加密算法、访问控制和数据监管机制将成为常态。

4）电力系统数据格式和交互协议标准化。电力系统中设备多样，数据格式和交互协议五花八门，数字孪生的深入应用使得电力系统中数据格式和交互协议统一成为重要的趋势，更多的开放接口和标准支持不同系统之间无缝集成。

5）更紧密的跨领域融合。数字孪生技术将与物联网、云计算、大数据等技术更加紧密地融合，会把所有设备级数字孪生、部件级数字孪生有机整合到一起，形成整个电力系统的数字孪生，实现电力设备和系统的全面数字化和智能化。

6.2　电力系统数字孪生模型的框架

6.2.1　电力系统数字孪生的特征

数字孪生已逐渐在各行各业中开始应用，其应用形式和方法各有不同，但总体上具备以下典型特征。

（1）数字保真化　数字孪生体是对物理实体进行数字化而构建的模型，需要高度接近物理实体，要求数字孪生体不仅要保持几何结构的高度仿真，在状态、相态和时态上也要仿真。物理实体的各项指标及相互关系都能够高度近似地虚拟在数字孪生体中，而数字孪生体的演化预测也能够高度近似物理实体的变化。

（2）信息同步化　信息既是指物理实体的状态信息、运行信息，也是数字孪生体经过虚拟诊断、预测给出的过程、建议和结果等。数字孪生体与物理实体之间存在数据及指令相互流动的通道，将信息在数字孪生体与实体之间进行同步。

（3）运行预测化　基于物理实体在真实世界中运行的海量历史数据及物理机理，利用数字孪生体进行仿真，从而预测物理实体未来的状态。未来状态的预测能够帮助用户做出更合理的决策。例如，根据物理实体的实时运行状态，通过数字孪生体实现对系统风险进行预测，使用户从容避免非计划事故的发生。

（4）数据共享化　数字孪生体是基于物理实体构建的，数字孪生体和物理实体双向映射、动态交互、实时连接，数据信息在两者之间是相互同步的，在全生命周期中两者相互依存。物理实体的各个子系统之间是相互作用、相互影响的，并且同一数字孪生体不同组成部分（即子数字孪生体）、不同数字孪生体之间也存在数据共享。

6.2.2　电力系统数字孪生模型

电力系统数字孪生模型是基于数字孪生五维模型发展而来，如图6-1所示，主要由物理实体、虚拟实体、电力系统孪生数据、服务以及相互之间的连接交互五部分构成。虽然各部分处于不断演变之中，但数字孪生必须具备几个基本要素，即真实空间、虚拟空间、从真实到虚拟空间的数据流连接及从虚拟到真实空间的信息连接。

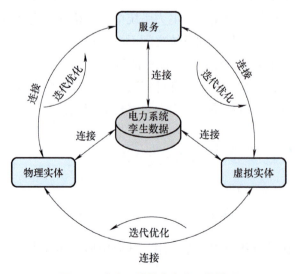

图6-1　电力系统数字孪生五维模型

数字孪生框架通过传感器、物联网、人工智能等技术实现电力系统物理对象到数字模型的映射。通过建立虚拟实体来构建物理实体的数字孪生体,满足数字化的工作要求;基于多种传感器及采集终端的感知技术,实现物理实体到虚拟实体映射,形成数字化的工作基础;通过即时共享数据传输及支持平台,实现物理实体及虚拟实体的信息交互,形成数字化的实体支持;基于人工智能算法对平台数据进行演算,实现对物理实体的模拟及演化,最终达到数字孪生的应用效果。

由电力系统数字孪生五维模型可知,电力系统数字孪生框架可分为物理层、感知层、传输层、虚拟层、应用层五个层次,如图 6-2 所示。

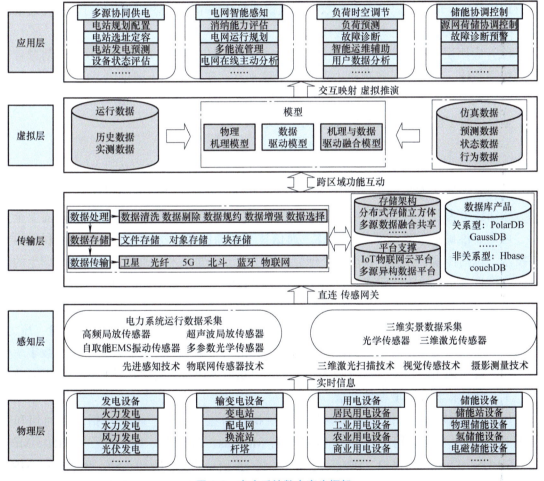

图 6-2 电力系统数字孪生框架

（1）物理层　物理层包括电力系统中发电设备、输变电设备、用电设备和储能设备等物理实体,也就是数字孪生体的映射对象。

（2）感知层　感知层主要通过各种感知传感器完成电力设备状态数据、电网运行数据和人员行为、管理数据以及三维实景数据的采集。感知层是数字孪生电力系统所有其他环节的基础，海量的传感器和智能传感终端采集物理层的数据，用于电力系统数字孪生模型的规划设计、离线训练和在线更新。

（3）传输层　该层主要提供数据支持服务，需要对来自于感知层的多维、多源异构数据进行数据处理、数据存储和数据传输，以供虚拟层进行智能分析处理。它是数字孪生电力系统各个环节数据可靠性的重要保障。

（4）虚拟层　虚拟层是指信息空间内与电力系统物理实体相互映射的数字孪生体的集合。虚拟层根据电力系统中发电设备、输变电设备、用电设备和储能设备的内在机理、数据驱动等多种方式进行建模，建立符合电力系统特征的机电暂态、电磁暂态、优化调度、需求响应等模型。结合运行数据和仿真数据，虚拟层建立的电力系统数字孪生模型完成仿真计算、评估决策。电力系统数字孪生模型是多环节、多层次协同运行、实时通信的模型群，也是数字孪生电力系统的核心层。

（5）应用层　应用层是在模型的基础上搭建数字化平台，是机理与数据驱动融合模型的数字载体，同时也是各项电力业务的接口平台，实现多源协同供电、电网智能感知、负荷时空调节和储能协调控制等功能。应用层直接与用户交互，为用户提供优质能源服务，是整个数字孪生电力系统与市场和用户交流的媒介。

6.2.3　电力系统数字孪生的关键技术

电力系统数字孪生的关键技术主要包括感知技术、通信技术、建模技术和可视化技术。感知技术为数字孪生体同步物理实体提供数据来源，对新型电力系统而言，需要全方面、可靠、准确地采集电网状态信息。通信技术是确保传感器采集的数据能被利用的支持技术，包括传输、存储、管理和处理数据等功能。感知技术和通信技术是数字孪生的基础。建模技术是在数字空间建立数字孪生体，是数字孪生的核心。具有交互式可视化界面的平台是数字孪生功能和业务的载体，为决策提供支持。

（1）感知技术　利用传感器采集电力系统物理对象的各种参数数据，如流量、压力、温度、湿度、形变等，对各种数据进行标准化的格式、量纲、类型等转换，变成数字孪生系统能够直接调用的物联感知数据结构体。主要功能模块包括对象特性检测、工况参数检测、工艺特征检测和环境参数测量。

（2）通信技术　通信为感知层和虚拟层搭接桥梁和纽带，主要包括工业通信和互联网通信两大类。常用的工业通信协议有 Modbus、RS-232、RS-485、HART、MPI、PROFIBUS、OPCUA、ASI、PPI、远程无线通信、TCP、UDP、S7、ProfNet、MPI、PPI、Profibus-DP、Device Net；常用的互联网通信协议有 TCP/IP 协议、IPX/SPX 协议、NetBEUI 协议等。

（3）建模技术　建模是为电力系统物理实体建立高精度、多耦合的数字孪生虚拟实体模型。虚拟实体模型构建技术采取模型驱动建模和数据驱动建模相结合的方式。初始化建模综合采用实际感知测量、设备三维建模、数字建模等手段获取原始数据，通过数据融合处理，叠加系统建模及动态建模，生成数字孪生模型。建模策略以设备建模为基础，然后连接构成子系统数字孪生模型和整个电网数字孪生模型。虚拟实体模型主要包括结构模型、参数模型、自动控制系统模型、规则模型、人员模型、环境模型、行为模型、业务流模型和业务知识模型等。通过多类型多模态模型实现多模型驱动的大系统模型体系。

（4）可视化技术　可视化技术将抽象的数据转化为可感知的视觉元素，通过图形、图表、图像或动画等方式将数据或信息以可视化形式呈现给用户，帮助用户更直观、更好地理解和分析复杂的数据模式、关联性和趋势，为应用决策奠定基础。

6.3　电力系统数字孪生建模

数字孪生建模是将物理世界的对象数字化和模型化的过程。通过建模将物理对象表达为计算机和网络所能识别的数字模型，对物理世界或问题的理解进行简化和模型化。数字孪生建模需要完成从多领域、多学科角度模型融合以实现物理对象各领域特征的全面刻画，建模后的虚拟对象会表征实体对象的状态、模拟实体对象在现实环境中的行为、分析实体对象的未来发展趋势。物理对象的数字化建模技术是实现数字孪生的源头和核心技术，也是"数字化"阶段的核心。

模型驱动建模和数据驱动建模是建立系统模型的两种基本方法。模型驱动建模方法可从物理机理和过程上反映物理实体；数据驱动建模可以绕过复杂的物理建模过程并利用输入、输出数据很好地描述物理过程。随着输入的数据或经验越来越多，模型会不断自我改进与完善。随着建模对象日趋扩大、时变因素日益增多，基于模型驱动的机理模型方法或基于数据驱动的经验模型方法在电力系统应用中都面临更多的挑战，因而常常将数据驱动方法与模型驱动方法两者融合，实现特性互补和综合性能提升。

建模技术是数字孪生的核心，主要包括传感器网络技术、三维建模技术、物理仿真技术和数据处理技术。传感器网络技术可以快速获取现实中的数据，并将这些数据传输到数字孪生中的数据处理系统，保证数字孪生数据的可靠性和实时性。三维建模技术可以将物理系统的几何形态、材质特性和运动状态等信息建模到数字孪生体中。物理仿真技术可以在数字孪生中实现物理现象的精确模拟，以便进行预测和优化。数据处理技术可以提供高速、高效的数据处理和存储，以便数字孪生系统能够支持实时数据的处理和管理。

6.3.1　基于机理模型驱动的建模方法

电力系统建模多采用机理模型驱动的建模方法。机理模型驱动建模是根据电力系统的物理机理，结合能量守恒、动量守恒及质量守恒定律对"源－网－荷－储"中的设备进行表征，实现多尺度、多物理机理的数字孪生模型。

纯机理建模只能针对一些机理极为明确、易于通过物理机理描述的系统。该方法有助于辨明问题起源、认识问题机理、提取普适规则、实施控制决策，并且能够在应用场景发生变化时，通过模型细化或参数修改等方式扩展，以增强模型适应性。

通过机理模型建立精确的电力系统数学模型，需要研究电力系统的拓扑结构、调度方式（规则、约束等）、电磁暂态、潮流模型等。要对电力系统中所有要素（发电厂、变电站、光伏板、风轮、变压器等）进行全景数字建模，深度挖掘电力系统的运行机理，研究对象大到发电、变电、输电、配电过程中涉及的机电暂态和电磁暂态，小到电力设备的健康状态和寿命等。

基于机理模型驱动的建模方法可以从物理机理和过程上反映物理实体。该方法首先需要构建装备的一维、二维、三维等几何模型，并结合实景数据实现实景化的数字孪生模型，由此涉及的关键技术包括模型的轻量化技术和三维可视化仿真技术。另一方面，需要融合实体的物理参数，以及对物理实体的行为与规则进行表征，从而实现装备的全尺度多物理场数字孪生模型。

6.3.2 基于数据驱动的建模方法

利用基于机理模型驱动的建模方法可以进行电力系统安全稳定运行、预测性维护、智能分析决策等行为，但电力系统内部机理和外部运行特征都已发生了深刻复杂的变化，或者系统内部结构复杂、物理机理难以表述、不易建模和求解时，可采用系统实际运行数据逆向构建模型。基于数据驱动的建模方法可以绕过复杂的物理建模过程并利用输入、输出数据很好地描述物理过程。建立基于数据驱动的运行状态模型，实现实时数据感知、处理、分析和决策。

数据驱动技术是数字孪生实现更高精度、更智能化的重要手段，主要包括机器学习技术、数据挖掘技术和深度学习技术。机器学习技术可以通过数字孪生中的大量数据实现模型的训练和预测，在保证数字孪生可信度的情况下，提高系统的效率和精度。数据挖掘技术可以在数字孪生中自动发现数据间的关系和隐藏规律，并提供精确预测和决策支持。深度学习技术可以实现更高层次的数据抽象和自主决策能力，并可以应用于自动化制造、城市工程和医疗健康等领域。

数据驱动方法摒弃了对研究对象内部机理的严格分析，以大量的实验及测试数据为基础，通过不同的数据处理算法，分析数据之间的关联关系，建立系统模型。数据驱动方法包括统计分析方法、人工智能方法等。一方面历史数据的分析有助于了解设备、系统在历史运行中的特性；另一方面在线数据的分析有助于了解设备、系统实际的运行状态，支撑电网运行态势感知、评估和预测。

基于数据驱动的建模方法实现流程为：结合电力系统的监测数据、实验数据等，利用机器学习方法构造出输入数据与输出数据之间的数据模型，实现用电力系统的物理现象和机理完成对电力系统的数字孪生建模。

6.3.3 基于机理模型和数据双驱动的建模方法

基于机理模型驱动的建模方法适用于系统机理明确的部分系统建模，基于数据驱动的建模方法适用于不确定的、机理不明的部分系统建模。基于机理模型和数据双驱动的建模方法兼具了两种建模的优势，是解决新型电力系统发展中电力系统稳态评估、运行规划、故障诊断、智能决策等问题的有效手段，也是提高数字孪生化水平的重要手段。

建模思路是首先利用物理机理建立机理模型，从而为数据驱动模型提供先验知识，再基于数据驱动建模方法对机理模型进行降阶化简，两者互为补充，形成模型-数据混合驱动的模型。

模型与数据驱动混合建模方式如图6-3所示。

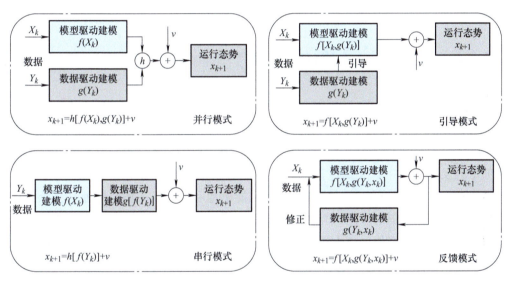

图 6-3　模型与数据驱动混合建模方式

（1）并行模式　并行模式主要针对电力系统中数据与知识联合建模的问题。并行模式的主要特征为将数据驱动与模型驱动方法结果综合处理后作为最终的输出结果，具体的处理方法包括直接叠加、因子相乘、加权求和、开关函数控制等。对于直接叠加、因子相乘的处理方法，主要适用于模型驱动的机理模型性能较差的场景，通常用数据驱动的经验模型预测机理模型输出的误差；对于加权求和、开关函数控制的处理方法，主要适用于模型驱动的机理模型与数据驱动的经验模型效果较好的场景，从而结合实际场景的特点，实现两者结果的合理选取或加权求和。

（2）串行模式　串行模式主要针对电力系统模型中复杂性高或准确性不足的问题。串行模式的主要特征为通过数据驱动的经验模型修正模型驱动的机理模型的输出结果，从而达到提高结果准确性的目标。该模式主要适合于简化程度相对较大的机理模型，通过数据驱动方法发现不同场景下简化的机理模型的输出结果与实际结果的关联模式，从而实现利用数据驱动方法对机理模型结果的校正。

（3）引导模式　引导模式主要针对电力系统数据模型构建缺乏知识或工程经验引导的问题。引导模式的主要特征为以已知的模型驱动的机理模型为基础，去指导构建合理的数据驱动的经验模型。该模式中主要通过修改数据驱动方法设置的方式，实现机理模型对经验模型构建的影响，如在人工智能模型的训练过程中，将机理模型推导出的规则体现在数据驱动方法的训练目标中，从而保证经验模型具有期望的性能。

（4）反馈模式　反馈模式主要针对电力系统模型参数不匹配问题。反馈模式的主要特征为通过数据驱动方法去修正或替代模型驱动的机理模型的相关模块或参数。该模式适合于模型驱动的机理模型中存在部分机理未知，或机理模型中参数不确定的场景。在反馈模式中，机理模型作为整个混合模型的基础模型来计算最终的输出结果，而数据驱动的经验模型依据输出结果和实际结果，修正待预测值并代入机理模型中。

6.4　数字孪生在光伏发电功率预测中的应用

在我国碳达峰、碳中和目标和全球光伏市场爆发式增长的驱动下，以光伏发电为代表的新能源已进入大规模、市场化、高质量发展阶段。光伏发电的装机规模和发电量持续快速增长，光伏发电装机连续八年居世界第一，消纳利用总体保持较高水平。

在光伏发电系统中，光伏电池发展经历了硅基太阳能电池、薄膜太阳能电池和新型太阳能电池（有机太阳能电池、染料敏化太阳能电池和钙钛矿太阳能电池）三个阶段。光伏发电一方面受太阳辐射强度、光伏组件温度、天气和一些随机因素影响，集中在白天发电，且在中午时呈现峰值，加大了电网午晚间供需平衡调节难度；另一方面，由于日照的昼夜周期性，光伏发电功率具有较强的间歇性和波动性，会导致电网设施在变化剧烈的恶劣条件下工作，降低工作效率与设备寿命，对电网的稳定性造成威胁。若能及时、准确地预测光伏发电功率，配电网高效地参与光伏能源优化、调度，在推进高比例光伏发电的同时降低其对配电网带来的影响，将对电网调度及光伏电站运行具有重要意义。

光伏发电功率预测是指利用气象数据、卫星图像数据和光伏电场的实测数据，结合光伏电场的实际位置以及周边环境等建立光伏发电功率预测模型，对未来一段时间内的光伏发电功率进行预测。光伏发电功率预测方法很多，根据预测过程的不同，可分为直接法和间接法；根据建模方式的不同，可分为物理方法和统计方法；根据预测时间尺度不同，可分为超短期、短期和中长期等预测方法；根据预测的空间范围大小不同，可分为设备发电预测、场站发电预测和区域发电预测。

随着人工智能技术的迅速发展，统计预测法在光伏发电领域的应用越来越多。统计预测法除了测量系统提供的各类数据之外，也考虑了光伏发电站的历史发电功率数据，比较典型的有传统机器学习算法、长短期记忆（LSTM）神经网络模型预测算法、支持向量机法等。另外，基于卷积神经网络模型（CNN）的深度学习和迁移学习算法在预测领域中展现了更高的预测精度和较好的鲁棒性，其主要原因是：深度学习具有强大的自适应特征提取能力，能够自动学习影响光伏发电功率输出的多个因素之间的关系，并将其转化为高维特征表示，从而提高预测准确性；迁移学习模型能够将已有的相关领域数据和知识迁移到新任务中，解决数据不足、标签不全等问题，提高预测模型的泛化能力和预测准确性。深度学习和迁移学习模型可以将气象条件、太阳辐射等多源数据融合起来，提高预测模型的综合性能。

数字孪生技术是充分利用物理实体、传感器以及历史数据库之间的交互仿真，以实现数字虚拟空间与实际物理装备之间高保真虚实映射，进而实现数字孪生体与实体装备全生命周期同步演化。光伏发电功率超短期预测的方法主要有基于 CNN-LSTM 和 GA-BP 神经网络的功率预测，实现网络数据的即时更新、光伏发电功率常态和超短期精确预测。

6.4.1 光伏发电功率预测数字孪生的框架

（1）光伏发电功率预测数字孪生结构体系　根据数字孪生定义，数字孪生的结构包含物理实体、虚拟实体以及双向的信息流动等要素，并在其全生命周期发挥作用。因此，光伏发电功率预测数字孪生体系包含物理层、感知层、数据传输层、数据处理层以及决策层五个组成部分，如图 6-4 所示。

1）物理层。物理层是预测系统数字孪生体的实体基础，主要是指光伏电站内的光伏阵列、交流/直流逆变器和储能电池等物理实体。物理实体是孪生数据的载体，是光伏发电功率预测系统的能量源和信息源，为感知层提供光伏阵列电气量数据、工作环境参数等信息。

2）感知层。感知层是数字孪生体系数据感知接入的媒介，主要由安装在光伏阵列周边的气象传感器、电气测量传感器组成。电气测量传感器用于收集电流、电压、电阻、电功率、相位、电能等电气量数据，气象传感器用于收集光伏阵列所处环境的太阳辐照度、温度、湿度、风速等实时气象数据，从而驱动数字孪生体系正常运作。

3）数据传输层。在数据传输层中主要是对获取的多类型数据进行数据处理、数据存储和数据传输，为后续光伏发电功率预测数字孪生模型的建立提供可靠的数据源。数据处理主要进行数据清洗、数据剔除、数据规约、数据增强和数据选择；数据存储完成数据文件、对象和数据块的存储任务；数据传输以交换机和以太网为核心，搭建无线网络传输系统，实现气象数据、设备运行数据等的高效传输。

4）数据处理层。数据处理层主要是构建虚拟实体，并通过仿真数据和实测数据不断修正虚拟实体的模型。数据处理层作为预测系统数字孪生体的核心，是实现光伏发电功率预测的关键，可为决策层生成最终的光伏发电功率预测方案提供依据。一方面，数据处理层将实时气象数据作为统计、物理组合方法等的输入量，计算得到光伏发电功率预测初始值；另一方面，基于历史气象数据融合修正光伏发电功率预测初始值，得到最终的数字孪生体预测值。

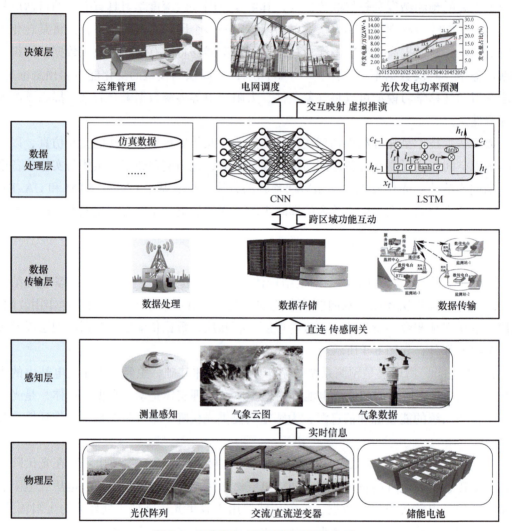

图 6-4　光伏发电功率预测数字孪生体系

5）决策层。决策层主要完成的工作有光伏发电功率预测、运维管理和电网调度。决策层根据数据处理层中虚拟实体预测的光伏发电功率数据，生成相应光伏并网方案，反馈到终端设备以指导电网调度。

（2）光伏发电功率预测中的数据　光伏发电功率预测中的数据主要包括气象数据、电力系统数据、光伏组件数据、光伏电站环境数据和历史数据等。

1）气象数据。太阳能量是影响光伏发电功率的关键因素，常常使用辐照度等指标来量化太阳能量。云量的变化会影响太阳辐射的强度和波动性，温度和湿度会影响光伏组件的电池输出功率，风速对于光伏组件的散热和光伏电池的蓄电池性能都有很大影响。通过安装辐照仪来感知太阳辐照度，从而对光伏发电功率进行预测。利用气象站收集的天气数据，如气温、风速、湿度、降雨量等数据，通过数学模型和算法来预测光伏发电功率。

2）电力系统数据。电网电压异常波动、电力系统的网络拓扑、输电线路的长度、材料和负载等会影响光伏发电功率的传输和利用。电力系统数据包括电能流转方向、电压等级、负载情况、电能质量、运维状态等。

3）光伏组件数据。光伏组件的温度系数会影响光伏发电的效率和稳定性。光伏组件的开路电压、短路电流、最大功率点等参数影响光伏发电的功率输出。光伏组件单位面积的功率输出、标称功率等参数都会对光伏发电功率的预测产生影响。通过获取光伏组件的参数，如电压、电流、输出功率等数据，通过数学模型和算法来预测光伏发电功率。

4）光伏电站环境数据。光伏电站的接地电阻和土壤电导率等参数会影响光伏电池的接地效果，从而影响光伏发电功率的稳定性和可靠性。湿度变化会影响光伏电池的接地效果和污染程度，从而影响光伏发电功率预测的准确性。

5）历史数据。历史数据对于构建虚拟实体、预测功率具有至关重要的作用。通过收集历史数据，如光伏发电功率、天气数据等，利用机器学习和数据挖掘等技术，建立预测模型来预测未来的光伏发电功率。

（3）光伏发电功率预测系统的工作原理　基于数字孪生的光伏发电功率预测系统由光伏阵列构成的物理实体、神经网络预测模型构成的虚拟实体、各类传感器构成的感知接入以及气象数据库和控制器组成，其工作原理为：一方面，使用传感器对光伏阵列所处环境的实时气象数据进行采集，进行归一化处理后，作为神经网络预测模型的输入量进行测试，获得神经网络初步预测结果；另一方面，将采集到的实时气象数据上传到气象数据库进行数据更新，并通过对比分析，搜索最接近的气象数据，得到当时该气象条件对应的光伏发电功率实际值和预测值，然后进行误差补偿得到最终的数字孪生体预测值。数字孪生体预测值将实时反馈到终端控制器，并生成相应控制指令，指导电网调度。

将数字孪生体作为构建光伏发电功率预测模型的核心，使光伏阵列、孪生数据与预测模型连接成一个整体，预测模型与孪生数据间可实现实时交互，可增强光伏发电功率预测的时效性和可靠性。同时，该预测模型中补偿因气象数据实时变化导致的光伏发电功率预测偏差，且随着孪生数据的不断更新，气象数据库对预测功率的补偿会更加精确，预测精度在一定范围内会不断提高。

6.4.2　光伏发电功率预测的影响因素

影响光伏发电功率的因素众多，除光伏电站本身的历史功率、电压、电流等数据，还有辐射强度、日照时长、降雨量、环境温度、相对湿度、风向和风速等气象因素。通过分析光伏发电站发电量数据和气象因素的关联度，得到影响实际光伏发电量较大的因素。在预测光伏发电量时，选择关联度较大的因素作为特征参量，从而提高光伏发电功率预测精度。光伏发电功率特征的选择方法主要有皮尔逊相关系数法、偏最小二乘法、动态时间弯曲法等。

光伏发电的不同特征参量与光伏发电功率均存在某种线性关系。皮尔逊相关系数法能衡量特征之间有无线性相关性及相关程度大小，故使用皮尔逊相关系数衡量光伏发电功率与其他特征的相关性。设两个变量分别为 X、Y，则 X、Y 变量间的皮尔逊相关系数为

$$\rho = \frac{E(XY) - E(X)E(Y)}{\sqrt{E(X^2) + E^2(X)}\sqrt{E(Y^2) + E^2(Y)}} \tag{6-1}$$

式中，ρ 是相关系数，正值表示特征与光伏发电功率之间呈正相关，负值表示特征与光伏发电功率之间呈负相关，相关系数的值在 [-1, 1] 之间，绝对值越大表明该变量与光伏发电功率的相关性越高。

光伏发电功率与相关特征因素的相关系数见表 6-1。相关系数 ρ 数值大小表示相关性的强弱。光伏发电功率与气象因素的相关系数均为正且太阳辐照度和板温相关系数更高，呈现强正相关性，风向、风速和现场温度的相关系数较低，呈现弱正相关性；光伏发电功率与转换效率和电压呈现弱负相关性，与电流和功率呈现强正相关性。

表 6-1 光伏发电功率与相关特征因素的相关系数

分类	特征	相关系数 ρ	相关性	分类	特征	相关系数 ρ	相关性
气象特征	太阳辐照度	0.877	正相关	历史处理数据	电流 B	0.975	正相关
	板温	0.517	正相关		电流 C	0.986	正相关
	现场温度	0.166	正相关		平均转换效率	-0.123	负相关
	风向	0.177	正相关		转换效率 A	-0.123	负相关
	风速	0.114	正相关		转换效率 B	-0.124	负相关
历史处理数据	平均功率	0.997	正相关		转换效率 C	-0.136	负相关
	功率 A	0.996	正相关		电压 A	-0.221	负相关
	功率 B	0.969	正相关		电压 B	-0.218	负相关
	功率 C	0.979	正相关		电压 C	-0.197	负相关
	电流 A	0.989	正相关				

6.4.3 光伏发电的数学模型

光伏发电功率预测建模技术能够利用历史气象数据、太阳辐射数据和光伏组件的特性参数等信息，预测未来一段时间内的光伏发电功率，为光伏发电系统的运行和管理提供重要依据。

光伏发电数字孪生建模的重要环节是建立太阳辐射模型、光伏组件模型、逆变器模型、储能系统模型和系统控制模型等。

1）太阳辐射模型用于估计太阳辐射，可以基于气象数据、太阳位置等进行计算。

2）光伏组件模型用于描述光伏组件的工作原理和特性，如光伏组件的电流 - 电压特性曲线或功率 - 辐射特性曲线。

3）逆变器模型用于描述逆变器的工作原理和特性，如逆变器的效率曲线、最大功率点跟踪算法等。

4）储能系统模型如果系统中包含储能系统，需要建立对应的储能系统模型用于电池的状态估计和电池的充放电特性等。

5）系统控制模型用于描述系统的控制策略，如光伏发电系统的功率调节、逆变器的电网连接控制等。

6.4.4 光伏发电功率预测的数字孪生建模

（1）BP神经网络预测模型　BP神经网络是一种利用误差反向传播的、包含输入层、输出层和隐含层的神经网络，可以用于解决分类和预测问题。若BP神经网络预测模型的输入层变量过多，必将导致模型复杂度增加、收敛速度变慢，且预测精度不会有质的提高。根据Pearson相关性分析方法，选取对光伏发电功率影响最大的太阳辐照度、温度、湿度和风速几个气象因素作为模型的输入量。因而，BP神经网络预测模型的输入层变量选择为太阳辐照度、温度及湿度等数据，输出层为光伏发电功率预测值。隐含层神经元的数量将影响BP神经网络预测模型的数据和信息处理能力。若隐含层神经元数量过多，会增加模型的复杂度及求解计算量，而隐含层神经元数量过少，则数据处理达不到精度要求。隐含层神经元数量的选择兼顾Kolmogrov隐含层神经元选取法则和经验公式，最终确定隐含层神经元数量为8。其中隐含层神经元数量的经验公式为

$$q = \sqrt{m+n} + a \tag{6-2}$$

式中，q是隐含层神经元数；m是输入层神经元数；n是输出层神经元数；a是1～10的常数。

综上，光伏发电的BP神经网络预测模型结构如图6-5所示。

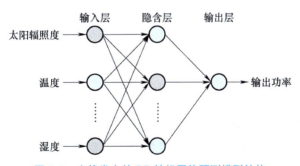

图6-5　光伏发电的BP神经网络预测模型结构

由于输入层太阳辐照度、温度及湿度数据的单位、大小均不相同，因此，需要对输入数据进行归一化处理，将不同特征统一取值在0～1之间。对输入数据进行归一化可避免神经元饱和，增加模型预测的准确性。归一化方法可表示为

$$D^* = \frac{D - D_{\min}}{D_{\max} - D_{\min}} \tag{6-3}$$

式中，D^* 是归一化后的数据；D 是原始数据；$D_{\max}$ 和 $D_{\min}$ 分别是数据的最大值和最小值。

以模型训练过程为例，BP 神经网络预测模型的构建过程为：首先通过 Pearson 相关性分析方法确定光伏发电功率影响因素，并将选定的影响因素输入 BP 网络的输入层，输入层将数据传递给隐含层，然后由输出层输出功率预测值，实现正向传播，各层信号传递过程均经过加权处理；如果输出的光伏发电功率与样本实测值不同，则将误差进行反向传递，利用梯度下降方法调整权重，具体实现步骤如下。

步骤 1：假设 BP 神经网络的输入层、隐含层和输出层节点个数分别为 m、q 和 n，输入层到隐含层的权重为 ω_{ij}，隐含层到输出层的权重为 ω_{jk}，输入层到隐含层的偏置为 a_j，隐含层到输出层的偏置为 b_k，学习速率为 η，激励函数为 $f(x)$。对模型进行初始化，初始化各层之间的权重矩阵和阈值，设定学习速度并选择激励函数为 Sigmoid 函数。

步骤 2：计算隐含层的输出。隐含层输出可以表示为

$$H_j = f\left(\sum_{i=1}^{m} \omega_{ij} x_i - a_j\right) \quad j = 1, 2, \cdots, q \tag{6-4}$$

步骤 3：计算输出层的输出。输出层输出可以表示为

$$O_k = \sum_{j=1}^{q} H_j \omega_{jk} - b_k \quad k = 1, 2, \cdots n \tag{6-5}$$

步骤 4：计算误差。计算模型输出误差为

$$e_k = Y_k - O_k \quad k = 1, 2, \cdots n \tag{6-6}$$

步骤 5：权重反向传播。根据误差，更新模型权重为

$$\begin{cases} \omega'_{ij} = \omega_{ij} + \eta H_j (1 - H_j) x(i) \sum_{k=1}^{n} \omega_{jk} e_k \\ \omega'_{jk} = \omega_{jk} + \eta H_j e_k \end{cases} \tag{6-7}$$

式中，ω'_{ij} 和 ω'_{jk} 分别是更新后的权重。

步骤 6：迭代停止条件判定。判断误差是否满足要求，如满足，模型迭代结束；如不满足，返回步骤 2。

(2) 基于 GA 的预测模型参数优化　BP 神经网络适合非线性拟合问题，能够有效预测光伏发电功率，但若初始值和阈值选取较差或权重调整不当，模型便存在收敛速度慢且易陷入局部最优解等问题，光伏发电功率预测精度也达不到预期要求。因此，在 BP 光伏发电功率预测模型基础之上，采用遗传算法（Genetic Algorithm，GA）对 BP 神经网络的

初始连接权重及阈值进行优化,在提高模型收敛速度的同时,降低了模型陷入局部最优的概率。

遗传算法是模拟达尔文生物进化论的自然选择和遗传学机理的生物进化过程的计算模型,是一种通过模拟自然进化过程搜索最优解的方法。它的主要特点是直接对结构对象进行操作,不存在求导和函数连续性的限定;具有内在的隐并行性和更好的全局寻优能力;采用概率化的寻优方法,不需要确定的规则就能自动获取和指导优化的搜索空间,自适应地调整搜索方向。

用遗传算法优化BP神经网络初始权重和阈值,以提高光伏发电功率预测的收敛速度,避免陷入局部最优值。遗传算法优化的BP神经网络流程,如图6-6所示。

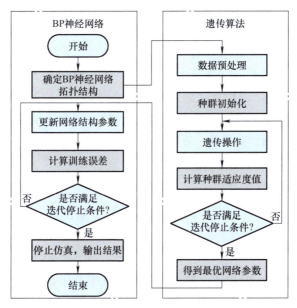

图6-6 遗传算法优化的BP神经网络流程

遗传算法优化BP神经网络初始权重和阈值的步骤如下。

1)初始化种群。在进行遗传算法之前,首先需要随机生成一个初始种群,该种群数量要大于BP神经网络所有神经元数量之和。然后采用实数编码方式对BP神经网络所有参数进行编码,使得种群内每个个体都包含所有的连接权重和阈值。

2)引入适应度函数。引入适应度函数,计算种群中每个个体的适应度值,从而选择出最优个体,得到相应的连接权重和阈值。建立的适应度函数为

$$\min H = \frac{1}{1+c-f(x)} \quad c \geq 0 \quad c-f(x) \geq 0 \tag{6-8}$$

式中,c 是目标函数 $f(x)$ 的界限保守估计值。目标函数 $f(x)$ 为预测输出值相对于期望输出值的绝对误差,即

$$f(x) = \left| Y_i^* - Y_i \right| \quad i=1 \text{ 或 } 2 \tag{6-9}$$

式中，Y_i^* 是期望输出值；Y_1、Y_2 分别是隐含层、输出层的预测输出值，用权重和阈值可表示为

$$Y_1 = g_1\left(\sum_{j=1}^{q}\omega_{ij}x_i + a_i\right) \tag{6-10}$$

$$Y_2 = g_2\left(\sum_{i=1}^{n}\omega_{ki}Y_1 + \beta_k\right) \tag{6-11}$$

式中，$g_1()$ 和 $g_2()$ 分别是隐含层和输出层的激活函数；x_i 是输入层第 i 个节点的输入值；a_i 是隐含层第 i 个节点的阈值；β_k 是输出层第 k 个节点的阈值；ω_{ij} 是输入层第 i 个节点与隐含层第 j 个节点之间的权重；ω_{ki} 是隐含层第 k 个节点与输出层第 i 个节点之间的权重；q 是隐含层节点数；n 是输出层节点数。

3）遗传算子（选择算子、交叉算子、变异算子）。遗传算法是模拟生物进化过程中的自然选择、优胜劣汰过程，遗传算子则是实现该过程的核心。采用锦标赛选择法，随机挑选初始种群中的部分神经元去运行若干个"锦标赛"，则每个锦标赛的冠军（适应度值最高的神经元）被选择到子代种群中。采用实数交叉法对任意两染色体的某两个基因进行交叉，即

$$\begin{cases} R_{ik} = R_{ik}(1-m) - R_{jk}m \\ R_{jk} = R_{jk}(1-m) - R_{ik}m \end{cases} \tag{6-12}$$

式（6-12）表示第 i 个染色体 R_i 与第 j 个染色体 R_j 在 k 位进行交叉操作，其中，m 是 [0，1] 的随机数。同样地，对第 k 个染色体 R_k 的第 i 个基因进行变异操作，即

$$R_{ki} = \begin{cases} R_{ki} + (R_{ki} - C_{\max})g(n) & r \geq 0.5 \\ R_{ki} + (C_{\min} - R_{ki})g(n) & r < 0.5 \end{cases} \tag{6-13}$$

式中，$C_{\max}$ 和 $C_{\min}$ 分别是基因的上、下界；$g(n)$ 是表征迭代次数的系数；r 是 [0，1] 的随机数。

4）运行参数，重新评价新一代种群。运行以上算法，重新产生新一代种群，对新一代种群进行误差评价。若网络总误差 E 满足精度要求，算法结束；若不满足精度要求，则将该种群作为父代种群，再次迭代以上算法，直到误差达到精度要求，即 $E<\varepsilon$。

$$E = \frac{1}{2}\sum_{k=1}^{n}(Y^* - Y_k)^2 \tag{6-14}$$

5）判断是否满足终止的条件，如果满足，转至输出 BP 神经网络最优权重和阈值；如果不满足，返回适应度函数计算。

6）如果获得 BP 神经网络最优的权重和阈值，调整各层参数。

7)计算 BP 神经网络的误差,如果误差在要求的范围内,则结束整个过程。反之继续校正 BP 神经网络参数。

8)得到优化后 BP 神经网络参数,对网络空间和映射关系进行保存。

遗传算法优化 BP 神经网络是利用遗传算法极其强大的全域搜索能力,确定 BP 神经网络的最优权值和阈值,使计算预测性能大幅度提升。

6.5 数字孪生在光伏阵列故障诊断中的应用

由于高温、强风和冰雹等环境因素的影响,光伏电站实际运行环境恶劣,这可能会导致光伏组件的表面腐蚀或损坏,引起老化、短路、局部阴影和雨天接地等故障,频繁发生的故障会对整个光伏电站的效率、发电量、安全性、可靠性产生重要的影响,影响系统安全运行和光伏产业健康发展,因此光伏阵列故障诊断研究十分必要。

光伏阵列故障诊断主要涉及光伏阵列故障特征量提取和光伏阵列故障诊断两方面内容。

在光伏阵列故障特征量提取方面。一是选取开路电压 U_{oc}、短路电流 I_{sc}、最大功率点电压 U_m、最大功率点电流 I_m 等参量作为故障特征量。二是选取开路电压的变化值 ΔU_{oc}、短路电流的变化值 ΔI_{sc}、最大功率点电压的变化值 ΔU_m、最大功率点电流的变化值 ΔI_m、最大功率点个数 N、最大功率变化值 ΔP_m 作为故障特征量,对光伏阵列的短路、开路、异常老化、局部阴影等故障时光伏阵列的输出特性进行分析。

对于光伏阵列的故障诊断主要集中于传统诊断方法、智能分类算法和基于数字孪生的故障诊断方法。传统诊断方法主要包括红外图像检测法、功率差值法、I–U 曲线法、时序电压-电流法、接地电容测量法和时域反射分析法;智能分类算法主要包括人工神经网络、模糊 C 均值聚类、随机森林、马尔可夫模型、堆叠集成技术等。传统诊断方法需要进行大量人工故障特征提取和筛选;智能分类算法依赖于大量故障数据的质量和数量,难以直接应用到实际大型的光伏电站中。

在数字时代大背景下,数字孪生技术与电力系统深度融合,为光伏阵列故障诊断提供了一种新的思路,在光伏发电功率预测中取得了积极效果,因而将数字孪生技术引入光伏阵列故障诊断,结合融合神经网络,可以实现高精度、实时的故障检测与诊断。

6.5.1 光伏阵列故障诊断数字孪生的框架

将数字孪生技术应用于光伏阵列故障诊断的具体思路如下:首先,设计并初步实现光伏电站数字孪生系统整体框架,其中采用机理模型建模方法构建光伏电站数字孪生模型,并利用粒子群算法进行模型更新,使数字孪生模型更接近于光伏电站实体;其次,通过比较数字孪生模型输出与物理实体输出之间残差和阈值的大小,检测是否有故障发生;

最后，采用时间卷积网络结合双向门控循环单元的融合神经网络，对光伏阵列故障进行诊断，并将最终的诊断结果呈现在人机交互界面中。

以物理实体、孪生数据、连接、虚拟实体和服务为主体的五维结构模型为基础，建立光伏阵列故障诊断的框架，如图 6-7 所示。

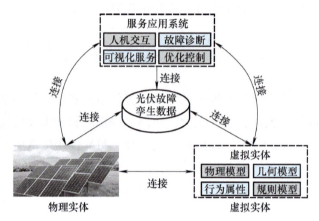

图 6-7　光伏阵列故障诊断数字孪生的框架

6.5.2　光伏阵列故障类型及特性分析

（1）光伏阵列故障类型　光伏发电中的运行故障主要分为两类：光伏组件故障和组串故障。其中光伏组件故障是指光伏组串中单个组件内部的电池单元发生损坏、旁路二极管故障以及组件出现的破碎、分层、EVA 老化发黄等故障，这会导致组件不正常发热；组串故障是指一部分光伏组串单元出现异常（如短路等），组串故障属于连接故障。综上所述，光伏阵列故障主要包括短路故障、开路故障、老化故障和遮挡故障四种典型故障，如图 6-8 所示。

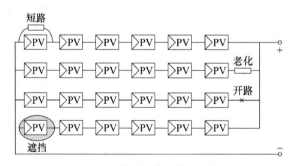

图 6-8　光伏阵列典型故障示意图

（2）光伏阵列故障特性分析

1）短路故障。

① 短路故障形成原因。光伏组件短路是指光伏组件正负极之间的电路短路，电流从正极进入负极的过程中受到阻滞，并形成热量积累。短路故障主要由光伏组件线路老化、

绝缘失效以及污渍等引起。在光伏组件制造过程中，金属线路接触不良、断裂、针脚线松动或放错就会导致电路短路；光伏阵列表面积聚太多的灰尘、树叶或鸟粪等，就会形成阻碍电流通过的绝缘层，导致电路短路；光伏组件在安装时如果承载结构不正确或变形，会导致压缩或牵拉，从而使电线拉伸、电线折断导致短路。

② 短路故障特性分析。当 PV 模块发生故障时，输出特性中开路电压 U_{oc}、最大功率点电压 U_m、最大功率 P_m 下降，光伏阵列的最大功率点电流 I_m 和短路电流 I_{sc} 不变。

③ 短路故障的危害。一方面将会影响光伏组件的输出功率和电压值；另一方面，过高的电能积累会使芯片局部温度升高，从而损坏芯片。

2）开路故障。

① 开路故障形成原因。开路故障是指光伏阵列中某一串线路存在断开点，导致故障串没有电流回路，使其进入开路状态，不产生能量。开路的主要原因是光伏组件连接器接头、线路老化以及绝缘体错位或者是接触不良。另外，组件表面受损也可能导致开路现象，如表面有裂缝、玻璃破损等。

② 开路故障特性分析。光伏阵列 U–I 特性由各组串 U–I 特性叠加而成，某一组件发生开路故障时，故障组件所在组串的输出电流为 0。随着断开支路数量的增多，光伏阵列并联组串支路减少，阵列短路电流 I_{sc} 降低。同时正常工作组件个数减少，阵列最大输出功率 P_m 降低，最大功率点电流 I_m 相应降低，最大功率点电压、开路电压保持不变。因此，开路故障在光伏阵列电气参数上体现为短路电流 I_{sc}、最大功率点电流 I_m、最大功率 P_m 的下降。

③ 开路故障的危害。当存在光伏板开路时，会导致电路中的电流无法流通，从而导致整个系统的发电量下降，影响到系统的经济效益。但如果光伏板此时没有负载，也就是光伏板没有输出功率，那么这种开路情况对电路不会造成任何损害。如果系统中的某个零件一直处于开路状态，那么可能会导致该零件过载，最终导致系统损坏，甚至发生火灾，给系统安全运行带来安全风险。

3）老化故障。

① 老化故障形成原因。组件在使用过程中，难免会受到暴雨、风沙、高温等恶劣天气的影响，导致组件表面腐蚀、龟裂或者出现氧化，这些问题都会导致组件老化或受损，从而出现接触不良、短路或开路的问题。

② 老化故障特性分析。光伏阵列老化故障在电气参数上表现为最大功率点电压、最大功率点电流和最大功率的下降。

③ 老化故障的危害。老化故障会导致光伏组件的电气性能逐渐下降，主要表现为电池片的光电转换效率降低、电阻增大等。电气性能下降会直接影响组件的发电效率和使用寿命。老化故障会导致组件的密封性能下降，进而引发水汽渗入、氧化等问题，严重影响组件的性能和寿命。

4）遮挡故障。

① 遮挡故障形成原因。光伏组件长时间被云层、植被、建筑物、鸟粪等外部因素遮住时，被遮组件电流小于未被遮组件电流，并以负载形式消耗其他组件发出的能量，形成局部阴影故障。光伏阵列遮挡因素包括自然遮挡物、人为遮挡物等，这些遮挡物轻则影响光线透射率、降低组件表面光照辐射量，重则在组件局部形成热斑效应，影响组件发电效率和使用寿命，甚至导致组件局部烧毁，形成暗斑等永久损坏，带来安全隐患。

② 遮挡故障特性分析。当光伏阵列出现遮挡故障时，因被遮组件带负电压导致旁路二极管导通，其 I–U、P–U 曲线均呈现多峰值、平坦阶梯状的特点。设正常光伏组件辐照度为 S_1，短路电流为 I_{sc1}，被遮组件辐照度为 S_2，短路电流为 I_{sc2}。当 $S_1 > S_2$ 时，$I_{sc2} = I_{sc1}(S_2/S_1)$。由光伏电池伏安特性可知，输出电压升高，输出电流随之下降。当正常光伏组件输出电流 I_1 满足 $I_{sc2} < I_1 < I_{sc1}$ 时，被遮组件旁路二极管导通，二极管电流 $I_{diode} = I_1 - I_{sc2}$。从电气参数分布上考虑，开路电压、短路电流基本无变化，遮挡故障在电气参数上体现为最大功率点电压、最大功率点电流、最大功率的下降。

③ 遮挡故障的危害。被异物遮挡的电池片部分的电子跃迁活跃度降低，对应电阻增大，该遮挡区域将成为耗能负载，导致遮挡区域温度升高，光伏组件温度不均，在局部产生"热斑效应"，组件的光吸收率和导电性降低，组件输出功率降低，发电效益减少。若遮挡长期存在，过热区域可引起 EVA 加快老化变黄，使该区域透光率下降，从而使热斑进一步恶化。严重情况下，可能会导致组件局部烧毁，形成暗斑、焊点熔化、栅线毁坏、封装材料老化等永久损坏，从而降低组件使用寿命，甚至形成安全隐患。

不同故障条件下的电气参数特征见表 6-2。

表 6-2 不同故障条件下的电气参数特征

故障名称	产生机理	U_{oc}	I_{sc}	U_m	I_m	P_m
开路故障	组件间意外开路	不变	下降	不变	下降	下降
短路故障	组件间意外短路	下降	不变	下降	不变	下降
老化故障	组件受腐蚀、损坏	不变	下降	下降	下降	下降
遮挡故障	阵列前后排、周围建筑物的遮挡等	不变	不变	下降	下降	下降

6.5.3 光伏阵列模型

（1）光伏阵列的数学模型　光伏阵列由光伏组件串并联组成，光伏组件由若干个太阳能电池串联封装而成，太阳能电池物理特性可用单二极管 PN 结描述。根据双二极管等效电路模型，可得单体太阳能电池物理特性方程为

$$I = I_{\mathrm{ph}} - I_{\mathrm{o}}\left\{\exp\left[\frac{q}{nkT}(U + IR_{\mathrm{s}})\right] - 1\right\} - \frac{U + IR_{\mathrm{s}}}{R_{\mathrm{sh}}} \quad (6\text{-}15)$$

式中，I 是输出电流（A）；I_{ph} 是光生电流（A）；I_{o} 是饱和电流（A）；q 是单位电荷（C）；n 是二极管特性因子；k 是波尔兹曼常数（J/℃）；T 是太阳能电池温度（℃）；U 是输出电压（V）；R_{sh} 是并联电阻（Ω）；R_{s} 是串联电阻（Ω）。

光伏组件的二极管物理模型刻画了光伏组件在正常工况下的输出特性。但当光伏组件发生某些故障时，其物理参数和物理等效电路会发生明显变化。例如：当发生隐裂、热斑等故障时，光伏组件物理模型结构会发生变化从而导致 I–U 曲线呈现阶梯状改变；当发生异常老化等故障时，I–U 曲线的走势不会发生明显的改变，但物理等效电路模型的参数会发生一定漂移，因而常常采用太阳能电池工程模型。

太阳能电池工程模型是超越方程，求解起来比较困难。在实际应用中，因为太阳能电池内部并联电阻 R_{sh} 阻值较大，$(U + IR_{\mathrm{s}})/R_{\mathrm{sh}}$ 远小于光生电流，所以可忽略它的影响。通常状况下，R_{s} 远小于二极管正向导通电阻，可认为 $I_{\mathrm{ph}} = I_{\mathrm{sc}}$。依据太阳能电池数学模型和标准工况下的工作参数，可推导出太阳能电池工程模型为

$$I = I_{\mathrm{sc}}\left\{1 - C_1\left[\exp\left(\frac{U}{C_2 U_{\mathrm{oc}}}\right) - 1\right]\right\} \quad (6\text{-}16)$$

当太阳能电池在最大功率点时，由 $I = I_{\mathrm{m}}$、$U = U_{\mathrm{m}}$、$e^{(U_{\mathrm{m}}/C_2 U_{\mathrm{oc}})} \geq 1$，可得

$$C_1 = \left(1 - \frac{I_{\mathrm{m}}}{I_{\mathrm{sc}}}\right)\exp\left(-\frac{U_{\mathrm{m}}}{C_2 U_{\mathrm{oc}}}\right) \quad (6\text{-}17)$$

当太阳能电池开路时，由 $I = 0$、$U = U_{\mathrm{oc}}$、$e^{(1/C_2)} \geq 1$，可得

$$C_2 = \left(\frac{U_{\mathrm{m}}}{U_{\mathrm{oc}}} - 1\right)\left[\ln\left(1 - \frac{I_{\mathrm{m}}}{I_{\mathrm{sc}}}\right)\right]^{-1} \quad (6\text{-}18)$$

式中，I_{sc} 是短路电流（A）；U_{oc} 是开路电压（V）；U_{m} 是最大功率点电压（V）；I_{m} 是最大功率点电流（A）。

输出特性曲线也会随着太阳辐射强度和温度的变化而变化。因此，当太阳辐射强度和温度发生变化时，其修正方法为

$$\begin{cases} \Delta T = T - T_{\mathrm{ref}} \\ \Delta S = \dfrac{S}{S_{\mathrm{ref}}} - 1 \end{cases} \quad (6\text{-}19)$$

式中，T_{ref} 是标准电池温度，为 25℃；T 是太阳能电池温度（℃）；S_{ref} 是标准太阳辐射强

度，为 1000W/m²；S 是辐照度（W/m²）。

修正后的短路电流 I'_{sc}、开路电压 U'_{oc}、最大功率点电流 I'_m、最大功率点电压 U'_m 可表示为

$$\begin{cases} I'_{sc} = \dfrac{I_{sc}S}{S_{ref}}(1+a\Delta T) \\ U'_{oc} = U_{oc}(1-c\Delta T)(1+b\Delta S) \\ I'_m = \dfrac{I_m S}{S_{ref}}(1+a\Delta T) \\ U'_m = U_m(1-c\Delta T)(1+b\Delta S) \end{cases} \quad (6\text{-}20)$$

式中，a、b、c 是修正系数，典型值为 a=0.0025/℃，b=0.5，c=0.00288/℃。

（2）光伏电站仿真模型　光伏电站物理实体采用多级型非隔离三相逆变器，有功功率采用最大功率点跟踪（MPPT）控制，MPPT 采用扰动观察法（P&O），以保证输出功率最大；无功功率采用逆变器的脉宽调制（PWM）控制，逆变器采用 PQ 控制策略（PLL、d-q 变换、功率环、电流环、SPWM 环节），以控制逆变器的输出电压和电流。

利用 MPPT 追踪到的最大功率 P_{ref} 及 Q_{ref}，使逆变器交流侧输出理想的有功功率和无功功率，则逆变器交流侧电压为

$$e_{abc} = Ri_{abc} + L\dfrac{\mathrm{d}i}{\mathrm{d}t} + u_{abc} \quad (6\text{-}21)$$

式中，u_{abc} 是电网三相电压；i_{abc} 是电网三相电流；R 是负载；L 是电路中的电感量。

对三相电压进行经典 park 变换，得到旋转 d-q 坐标系下电压，且当交流侧电压为标准对称三相正弦波时，u_q 为零，所以两相旋转 d-q 坐标系下简化的功率为

$$\begin{cases} P_{ref} = \dfrac{3}{2} u_d i_{dref} \\ Q_{ref} = -\dfrac{3}{2} u_d i_{qref} \end{cases} \quad (6\text{-}22)$$

式中，i_{dref}、i_{qref} 是电流参考值。

再经 PI 调节器求出电压参考值 u_{dref} 和 u_{qref}，然后通过 PWM 波调制，控制逆变器中各电力电子开关的占空比，最终实现逆变器交流侧输出理想的有功功率与无功功率。

光伏电站数字孪生模型是基于光伏电站现场实际数据建立的数字化仿真模型，传感器等数据采集装置实时采集数据，对电站内各个物理实体进行机理建模，并在模型中体现它们之间的相互作用。同时，光伏电站硬件设施易退化，并受到不同操作和环境条件的影响，导致光伏电站内部参数发生改变（主要表现在光伏阵列和逆变器上），进而影响功率、电流、电压等运行数据。因此，在光伏电站数字孪生模型的建立中，还需要考虑系统复杂性、模型准确性及计算效率等因素，并进行不断的模型动态更新，修正内部参数，以提高

模型精度和应用性，使孪生模型与物理实体工作状态保持一致。

光伏电站数字孪生模型的输入和输出主要涉及各类数据和信息的获取、处理、分析和反馈，以实现对光伏电站运行状态的实时监测、预测和优化，具体内容见表6-3。

表6-3 光伏电站数字孪生模型的输入和输出参量

接口	类别	描述
输入	天气数据	光照强度、温度、湿度、风速
	光伏组件信息	光伏组件类型、面积、材料特性、温度系数、额定参数等
	逆变器信息	逆变器型号、转换效率、最大功率点追踪方式、电气参数等
	环境数据	光照方向、地理位置
输出	状态监测	用模型内部算法处理输入数据，得出光伏电站的实际运行状态
	发电量预测	根据输入的天气数据、光伏组件信息等，预测电站发电量
	运行分析	对光伏电站运行情况进行分析，提供数据报告和图表展示

为了使数字孪生模型准确反映物理实体的状态，采用基于PSO优化算法的更新模型，将模型更新视为一个优化问题，目标函数是将数字孪生模型的输出与物理实体的实测输出之间的差值降至最低，以模型内部参数为寻优参数，目标函数的最优解即为最佳辨识参数，完成对数字孪生模型的更新。

确定待辨识的内部参数为

$$X = (I_{sc}, U_{oc}, U_m, I_m, a, b, c) \quad (6-23)$$

式中，I_{sc}、U_{oc}、U_m、I_m 是标准测试条件下的参量；a、b、c 是修正系数。

将待辨识参数 X 及辐照度 S、温度 T、光伏阵列输出电压 U 代入到虚拟实体模型中，则光伏阵列输出功率为

$$P = f(T, S, U, X) \quad (6-24)$$

对于含有 N 个粒子的粒子群，第 i 个粒子在第 t 次搜索后的位置和速度为

$$\begin{cases} X_i^t = (x_{i1}^t, x_{i2}^t, \cdots, x_{iD}^t) \\ V_i^t = (v_{i1}^t, v_{i2}^t, \cdots, v_{iD}^t) \end{cases} \quad (6-25)$$

式中，i 是粒子序号；D 是待优化的参数个数。

每个粒子相应的位置和速度的更新迭代方式为

$$\begin{cases} v_{id}^t = wv_{id}^{t-1} + c_1 r_1 (p_{id}^{t-1} - x_{id}^{t-1}) + c_2 r_2 (g_{id}^{t-1} - x_{id}^{t-1}) \\ x_{id}^t = x_{id}^{t-1} + v_{id}^t \quad i = 1, 2, \cdots, N \quad d = 1, 2, \cdots, D \end{cases} \quad (6-26)$$

式中，w 是惯性权重；c_1、c_2 是加速因子；r_1、r_2 是 [0, 1] 之间的随机数；p_{id}^{t-1}、g_{id}^{t-1} 是第 $t-1$ 次时第 i 个粒子的个体最优位置和全局最优位置。

目标函数 m 可表示为

$$m = \sqrt{\frac{1}{n}\sum_{i=1}^{n}\left(P_i - \hat{P}_i\right)^2} \qquad (6\text{-}27)$$

式中，n 是样本数据个数；P_i 是第 i 个样本实测输出功率；$\hat{P}_i$ 是第 i 个样本数字孪生模型输出功率。

通过不断更新粒子的位置和速度，以期望找到使目标函数最小化的最优解，即一组数字孪生模型的参数，使得数字孪生模型的输出结果与实测输出结果之间的误差最小，从而达到优化数字孪生模型精度的目的。

6.5.4 光伏阵列故障诊断模型

国内外学者针对光伏阵列的故障诊断方法做了大量研究，主要有基于红外热成像、信号分析、数学模型以及人工智能的故障诊断方法，基于人工智能的光伏阵列故障诊断方法能有效提升故障诊断的实时性和准确性。下面以蜣螂优化（Dung Beetle Optimizer，DBO）算法对双向长短期记忆（Bidirectional Long Short-Term Memory，BiLSTM）神经网络的超参数调优为例，介绍光伏阵列故障诊断数字孪生模型的建立方法。

（1）双向长短期记忆 BiLSTM 算法　LSTM 神经网络是循环神经网络（Recurrent Neural Network，RNN）的一种优化算法，能够在一定程度上解决梯度消失和梯度爆炸问题，提高时间序列信息的预测精度。如图 6-9 所示，LSTM 神经网络的结构与 RNN 相似，采用链式循环的网络结构。LSTM 网络是在 RNN 基础上增加了遗忘门 f_t、输入门 i_t 和输出门 o_t，输入门决定记忆单元中要保留多少当前时刻信息，输出门决定输出多少当前时刻单元状态，遗忘门决定前一时刻的单元状态保留到当前时刻的状态的信息。

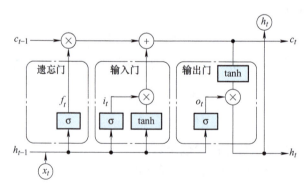

图 6-9　LSTM 网络模型结构

在遗忘门中，接收当前时间序列数据 x_t 和前一时刻网络输出 h_{t-1}，其输出可表示为

$$f_t = \sigma[W_f(h_{t-1}, x_t) + b_f] \qquad (6\text{-}28)$$

式中，x_t 为当前时刻的输入；h_{t-1} 为前一时刻的输出状态；W_f、b_f 分别为遗忘门的权值

和偏置；σ 为 sigmod 激励函数，每一个门都通过 sigmod 将数据映射到 0～1 之间。

输入门的作用是处理当前序列位置的输入，获得输出结果 i_t 和候选状态 $\tilde{c}_t$，并将上一时刻状态进行更新，即有

$$\begin{cases} i_t = \sigma[W_i(h_{t-1}, x_t) + b_i] \\ \tilde{c}_t = \tanh[W_c(h_{t-1}, x_t) + b_c] \\ c_t = f_t c_{t-1} + i_t \tilde{c}_t \end{cases} \quad (6\text{-}29)$$

式中，W_i、b_i 分别为输入门的权值和阈值；W_c、b_c 为 $\tanh$ 函数下当前输入状态的权值和偏置；c_t、c_{t-1} 分别为当前时刻和上一时刻的记忆。

输出门决定最后单元中当前时刻的输出状态 h_t，通过对遗忘门、输入门和输出门进行反复训练，对状态、隐含层进行更新，实现对各个门权值的优化，即有

$$\begin{cases} o_t = \sigma[W_o(h_{t-1}, x_t) + b_o] \\ h_t = o_t \tan c_t \end{cases} \quad (6\text{-}30)$$

式中，W_o、b_o 分别为输出门的权值和偏置。

LSTM 模型提取数据信息的过程是单向的，但光伏阵列输出的时序数据信息前后关联。如图 6-10 所示，由正向和反向 LSTM 模型组成的 BiLSTM 模型，可对光伏阵列时序数据进行正反两方向特征提取，充分地捕获时间序列中的长期依赖关系，有效提升信息特征提取的全面性。

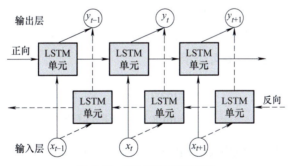

图 6-10　BiLSTM 模型结构

BiLSTM 网络由输入层、BiLSTM 层、全连接层、softmax 层和输出层五部分组成，BiLSTM 模型的输出可表示为

$$\begin{cases} \vec{h}_t = LSTM(x_t, \vec{h}_{t-1}) \\ \overleftarrow{h}_t = LSTM(x_t, \overleftarrow{h}_{t-1}) \\ y_t = \sigma(\overrightarrow{W}_y \vec{h}_{t-1} + \overleftarrow{W}_y \overleftarrow{h}_{t-1} + b_y) \end{cases} \quad (6\text{-}31)$$

式中，$\vec{h}_t$、$\overleftarrow{h}_t$ 分别为正向和反向传播的隐含层输出；$LSTM()$ 为 LSTM 模型的基本单元运

算；y_t 为 BiLSTM 模型获取的光伏阵列预测值；$\overrightarrow{W}_y$、$\overleftarrow{W}_y$ 分别表示输出层正向和反向传播的权重；b_y 为输出层的偏置向量。

（2）蜣螂优化算法　蜣螂优化算法是一种源于自然界中蜣螂种群基本行为的智能优化算法，具有收敛迅速和精度高的优点。该算法包括滚球蜣螂、繁殖蜣螂、觅食蜣螂以及偷窃蜣螂几个部分。

1）滚球蜣螂。滚球蜣螂的位置更新分为有障碍与无障碍两种情况。在无障碍滚球的过程中，蜣螂利用太阳进行导航，因此在这种模式下，蜣螂滚球的位置更新可表示为

$$\begin{cases} x_i(t+1) = x_i(t) + \alpha k x_i(t-1) + b\Delta x \\ \Delta x = |x_i(t) - X^w| \end{cases} \quad (6\text{-}32)$$

式中，t 为迭代次数；$x_i(t)$ 为第 i 只蜣螂在 t 次迭代时的位置；α 表示蜣螂是否偏离初始方向，$\alpha = 1$ 时无偏离，$\alpha = -1$ 时偏离；缺陷因子 $k = 0.1$；$b = 0.3$ 为常数；X^w 为当前次搜寻的全局最差值；由于在自然界中，蜣螂有趋光行为，因而 Δx 表示光照强度的变化量，越大光源越远。

当蜣螂遇到障碍物无法前进时，需要通过跳舞的行为来获取新的位置，可使用正切函数模仿跳舞行为，其位置更新可表示为

$$x_i(t+1) = x_i(t) + \tan\theta |x_i(t) - x_i(t-1)| \quad (6\text{-}33)$$

式中，偏转角 $\theta \subseteq [0, \pi]$，利用 $\tan\theta$ 可以得到新的蜣螂滚动方向。

2）繁殖蜣螂。蜣螂会选择在一个安全区域进行繁育后代，选择合适的产卵区域非常重要，雌性蜣螂产卵区域的边界可表示为

$$\begin{cases} Lb^* = \max(X^* \times (1-R), Lb) \\ Ub^* = \min(X^* \times (1+R), Ub) \end{cases} \quad (6\text{-}34)$$

式中，Lb^*、Ub^* 分别表示产卵区域的上下界；X^* 为局部次搜寻的最优值；$R = 1 - t/T_{\max}$，$T_{\max}$ 为最大迭代次数；Lb、Ub 分别表示寻优问题的上下界。

当产卵区域确定后，雌性蜣螂就会在此区域产卵。由于产卵区域的边界范围是动态变化的，随迭代动态变化的卵球的位置可表示为

$$X_i(t+1) = X^* + b_1[X_i(t) - Lb^*] + b_2[X_i(t) - Ub^*] \quad (6\text{-}35)$$

式中，b_1 和 b_2 为 $1 \times \dim$ 大小的随机量，$\dim$ 表示目标函数的优化变量的个数，即优化问题的维度。

3）觅食蜣螂。雌性蜣螂所产的卵会逐渐成长为小蜣螂，一些小蜣螂会从地下钻出土地觅食，因此需要建立最优觅食区域来引导蜣螂觅食，最优觅食区域可表示为

$$\begin{cases} Lb^b = \max(X^b \times (1-R), Lb) \\ Ub^b = \min(X^b \times (1+R), Ub) \end{cases} \quad (6\text{-}36)$$

式中，X^b 表示全局最优觅食区域；Lb^b、Ub^b 分别表示觅食最佳区域的下界和上界。

当觅食区域确定后，觅食蜣螂的位置更新为

$$x_i(t+1) = x_i(t) + C_1[x_i(t) - Lb^b] + C_2[x_i(t) - Ub^b] \quad (6\text{-}37)$$

式中，$x_i(t)$ 为第 i 只觅食蜣螂第 t 次迭代时的位置；C_1 为服从正态分布的随机数；$C_2 \subseteq [0,1]$ 且大小为 $1 \times \dim$。

4）偷窃蜣螂。偷窃蜣螂会从其他蜣螂那里偷盗，为了模仿从其他蜣螂处偷盗的行为，偷窃蜣螂位置可表示为

$$x_i(t+1) = X^b + Sg\left[\left|x_i(t) - X^*\right| + \left|x_i(t) - X^b\right|\right] \quad (6\text{-}38)$$

式中，$x_i(t)$ 为第 i 只偷窃蜣螂第 t 次迭代时的位置；X^b 为食物来源位置，也就是食物最佳位置；S 为 0.5 的常数；g 为服从正态分布的随机变量。

蜣螂优化算法实现步骤如下，其算法流程如图 6-11 所示。

步骤 1：设置蜣螂优化算法参数，初始化蜣螂种群参数。包括：函数初始化，随机生成 n 个蜣螂初始位置，设置种群规模、最大迭代次数等参数。

步骤 2：选择适应度函数，计算每个蜣螂的适应度值。

步骤 3：根据不同蜣螂的行为，更新滚球蜣螂、繁殖蜣螂、觅食蜣螂以及偷窃蜣螂的位置。

步骤 4：更新当前最优适应度值和最优位置，比较新位置是否优于原位置，优于则用新位置替代原位置，反之，则原位置保持不变。

步骤 5：重复上述步骤，直至达到最大迭代次数，输出全局最优个体位置和最优适应度值。

（3）DBO–BiLSTM 算法　长短期记忆 LSTM 能改善传统循环神经网络 RNN 易发生梯度爆炸或梯度消失的缺点，能够在复杂环境条件下识别和分类光伏阵列故障，表现出良好的分类能力及泛化能力。但 LSTM 的分类精度与 LSTM 网络超参数的选择密切相关，超参数的优化成为提高故障诊断精度的核心。利用蜣螂优化算法对 LSTM 网络中的超参数进行寻优，可提升模型诊断的准确率。

BiLSTM 模型中存在许多超参数，输入层单元个数由选择的光伏阵列特征参数确定，输出层单元个数与光伏阵列的故障类型相关，全连接层的单元数和输出层的维数相同，其他参数无法直接确定。对光伏阵列故障诊断影响较大的其他因素主要有隐藏层单元个数、最大训练周期、分块尺寸（批处理大小）、学习效率等，通过蜣螂优化算法对 LSTM 网络中的隐藏层单元个数、最大训练周期、分块尺寸、学习效率等关键超参数进行寻优，可以

避免反复试验，提高光伏阵列故障识别的准确率。

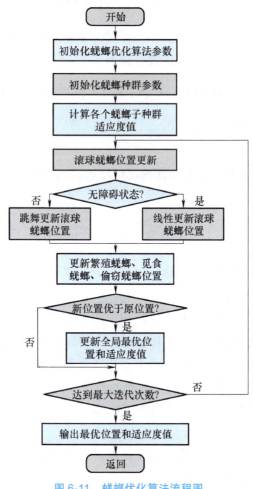

图 6-11 蜣螂优化算法流程图

蜣螂优化 BiLSTM 模型参数优化流程如图 6-12 所示，其具体步骤如下：

1）初始化蜣螂种群参数，设定蜣螂种群规模，最大迭代次数，搜索维度。

2）初始化 BiLSTM 网络，对 BiLSTM 中隐藏层单元个数、最大训练周期、分块尺寸（批处理大小）、学习效率等超参数进行初始化，并确定参数范围。

3）根据适应度函数计算蜣螂个体适应度值。

4）计算当前超参数下的滚球蜣螂、繁殖蜣螂、觅食蜣螂和偷窃蜣螂的个体位置，并计算新位置的适应度值。

5）更新当前最优适应度值和最优位置，若当前个体新位置优于原位置，更新为当前个体新位置，否则保持原个体位置不变。

6）判断是否满足最大迭代次数条件，若满足条件，则将最优超参数值赋予 BiLSTM 分类器，迭代过程结束，反之继续迭代更新。

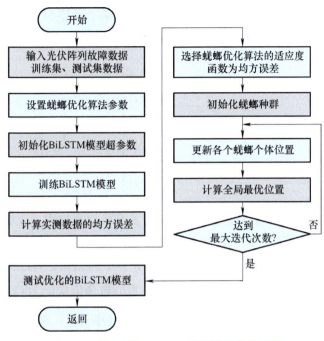

图 6-12　蜢螂优化 BiLSTM 模型参数优化流程

6.5.5　光伏阵列故障诊断方法

光伏阵列故障诊断方法分为视觉与成像诊断和电气特征参数诊断两大类方法，二者均通过辅助检测设备获得图像信息和数据信息，并利用相关算法实现故障诊断。视觉与成像方法通过红外热成像法、可见光成像法、电致发光法、光致发光法和计算机视觉法等进行故障诊断。电气特征参数方法通过 I-V 曲线、物理参数检测、功率损耗、电压－电流测量和机器学习等进行故障诊断。

数字孪生系统可以实时采集、传输和存储大量数据，涵盖了物理实体、数字孪生模型以及蜢螂优化 BiLSTM 神经网络模型之间的数据交互和协同工作。采用数据驱动与模型驱动双模式进行光伏阵列故障诊断，实时监控系统的运行情况，保证故障诊断的快速性和准确性。故障诊断作为数字孪生系统的一部分，其包含故障检测与故障识别两个阶段。

（1）故障检测　当光伏阵列发生故障时，不仅光伏阵列的内部参数及输出参数与正常状况不同，而且逆变器的输出参数也会发生明显变化。为了能够精确地识别光伏故障类型，选用光伏阵列输出电流 I_{PV}、输出电压 U_{PV}、输出功率 P_{PV}、逆变器的输出电压 U_{abc}、输出电流 I_{abc} 以及光照强度 G 作为识别光伏阵列故障的特征参数。首先，将采集的光伏阵列传感器数据进行降噪和归一化处理；然后，从处理后的数据中提取光伏阵列的特征参数并送入蜣螂优化 LSTM 神经网络；最后，根据残差和损失值对 BiLSTM 网络进行训练，优化 BiLSTM 网络的权重和偏置，从而获得最优光伏阵列数字孪生模型。

用光伏阵列的传感器实测值减去数字孪生模型的输出值，可以得到系统残差向量为

$$\gamma(t) = m(t) - \hat{m}(t) = \begin{bmatrix} \gamma_1(t) \\ \gamma_2(t) \\ \gamma_3(t) \\ \gamma_4(t) \\ \gamma_5(t) \\ \gamma_6(t) \end{bmatrix} = \begin{bmatrix} I_{PV} - \hat{I}_{PV} \\ U_{PV} - \hat{U}_{PV} \\ P_{PV} - \hat{P}_{PV} \\ I_{abc} - \hat{I}_{abc} \\ U_{abc} - \hat{U}_{abc} \\ G - \hat{G} \end{bmatrix} \tag{6-39}$$

由于光伏阵列输出数据随机波动性较大，为了准确检测故障，选取鲁棒性较高的四分位数法来确定故障检测阈值。四分位数法不需要假设分布，适用于波动较大的光伏阵列异常值检测。由光伏阵列数字孪生系统获取故障特征参数数据集，将故障特征参数数据集按升序排列并分成 4 等分，处于数据集 3 个分割位置的数值依次记为 Q_1、Q_2 和 Q_3，将第 3 个分割位置数据与第 1 个分割位置数据之差记为四分位距 I_{QR}，则四分位距可表示为

$$I_{QR} = Q_3 - Q_1 \tag{6-40}$$

根据四分位距可确定数据序列的阈值，在阈值之外的数据即为异常值，故障检测阈值 G 可表示为

$$G = Q_3 + 1.5 I_{QR} \tag{6-41}$$

故障检测是通过比较残差 $\gamma(t)$ 和阈值 $\varGamma$ 来确定是否有故障发生，即当光伏阵列数字孪生模型获得系统残差值大于阈值，即可判定系统发生故障。故障事件 FDflag 的逻辑可表示为

$$\text{FDflag} = \begin{cases} 1, \|\gamma(t)\|_\infty \geq \varGamma \\ 0, \|\gamma(t)\|_\infty < \varGamma \end{cases} \tag{6-42}$$

在无故障情况下，范数任意地接近于零，由于分析估计误差、离散化误差和系统噪声等不确定性会产生偏差，为了抵消这些偏差并使故障检测的出错率最小化，通过将设计的峰-峰值残差观测器与自适应阈值相集成，达到成功检测故障的目的。

（2）故障识别　检测到光伏阵列存在故障后，为维修光伏发电系统，需要进一步判断故障类型。光伏阵列中常见的短路故障、开路、老化以及局部阴影等故障。通过分析不同故障对光伏发电系统的影响，获得不同故障的特征信息，进而获得不同类型故障的阈值。当故障事件发生时，由故障检测模块获得残差 $\gamma(t)$ 数据，将残差 $\gamma(t)$ 输入到蜣螂优化 BiLSTM 网络模型中，通过与不同故障类型的阈值进行对比，故障识别模块输出故障类

型，具体流程如图 6-13 所示。

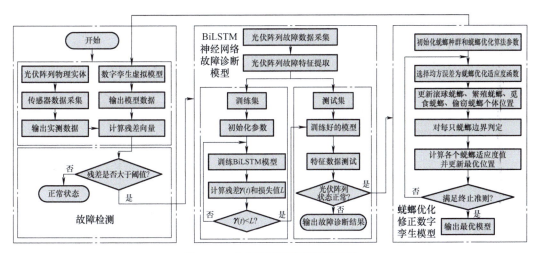

图 6-13　光伏阵列故障诊断整流程

蜣螂优化 BiLSTM 模型是通过正常运行数据和故障数据进行训练的，故障诊断的结果分为正常状态或者故障状态。如果检测到故障，送入 BiLSTM 进行故障诊断，若故障检测模块输出的残差大于阈值，但故障诊断模型的识别结果为正常状态，则表明此时数字孪生模型的精确度不准确，需要对数字孪生模型的内部参数进行修正，保证正常状态下的实测输出与数字孪生模型输出的系统残差小于故障检测的阈值。

随着光伏发电装机容量的不断扩大，光伏故障问题日趋增多，这对光伏阵列故障诊断提出了更高的要求。目前光伏阵列故障诊断技术尚存在以下几方面不足。

1）光伏阵列故障模型不准确。常规的光伏组件模型刻画了光伏组件在正常工况下的输出特性。但当光伏组件发生某些故障时，会引起光伏组件的 I-V 特性曲线发生变化或等效电路的参数发生漂移，需要用更加准确的模型刻画光伏阵列故障特性。

2）故障特征识别方法有待提高。光伏阵列故障诊断的设备和手段众多，但面对光伏阵列故障类别和故障深度的复杂性和不确定性，需要深度挖掘和提取故障特征信息，进一步提高光伏阵列故障特征识别方法，提高故障类别诊断的精准率。

3）故障诊断策略需要不断优化。现有光伏阵列故障诊断方法在某些故障诊断上效果较好，但在其他故障诊断上的效果并不明显。需要针对不同的故障类型和故障程度建立多种诊断方式相融合、相支撑的诊断策略，形成分级、分类、快速、高效的光伏阵列故障诊断体系。

课后思考题

1. 电力系统数字孪生的本质是什么？
2. 电力系统数字孪生模型的框架结构是什么？

3. 电力系统数字孪生系统构建时的建模方法都有哪些？
4. 如何利用数据驱动法对数字孪生系统进行建模？
5. 如何利用数据驱动法和机理模型法对数字孪生系统进行联合建模？
6. 基于数字孪生的光伏发电功率预测系统构建的步骤是什么？
7. 基于数字孪生的光伏发电故障诊断系统构建的步骤是什么？

科学家科学史
"两弹一星"功勋科学家：钱学森

第 7 章

数字孪生技术在风力发电机叶片设计及智能运维中的应用

在当前的可再生能源技术中,作为一种重要的清洁能源设备,风力发电机的效率和可靠性的优化显得尤为重要。数字孪生技术可通过创建一个完整的、虚拟的风机叶片数字复制品来模拟真实世界中的设备、产品或服务,为风力发电机的设计、维护和运营提供了新的视角和工具,尤其是在风力发电机叶片的性能监控和预测维护方面展示了巨大的潜力。数字孪生模型能够实时收集风电机组的运行数据,如温度、应力、振动等信息,并通过传感器反馈到虚拟模型中。这一模型不仅能够显示叶片当前的状态,还可以利用先进的数据分析和机器学习技术,预测叶片未来的失效情况和可能的故障点。然后通过实时数据的监控和分析,风力发电机运维团队可以更准确地判断叶片的健康状况,及时调整运营策略或进行必要的维修,从而降低故障率,延长设备的使用寿命。此外,数字孪生模型还能够帮助工程师在设计阶段模拟叶片在不同风速和环境条件下的表现,优化设计方案,提升风力发电机的整体性能和能效。

如图 7-1 所示为数字孪生技术在风电机组关键部件设计与智能运维环节中的一般应用流程,主要分为标识层、数据与决策和智能运维管理等环节。其中,标识层与物理层主要将各部件与所布置传感器相对应并逐个进行编码,数据层与特征层主要针对传感器采集得到的数据进行传输、存储和预处理,然后进一步提取相关特征,为后续产品的设计开发、健康监测与运维决策提供数据基础。

图 7-1 风电机组设计与智能运维数字孪生系统架构

7.1 风力发电机叶片的数字孪生模型

目前一些先进的数字孪生平台已经能够整合更广泛的环境和运营数据，如气象数据和周边地形数据，使得叶片模型不仅限于单一的结构分析，而是能够在更宏观的层面上优化整个风场的布局和风力发电机配置。这种从微观到宏观的综合分析和优化，展示了数字孪生技术在风力发电领域深远的应用前景。随着技术进一步发展和应用的深化，未来风力发电的效率和智能化水平将得到显著提升，可为全球的能源可持续发展贡献重要力量。

7.1.1 数据采集

风力发电机叶片的数据采集是数字孪生模型建立过程中的首要步骤，涉及从实际运行中的叶片获取关键性能参数和环境数据。风电大数据挖掘和应用过程中，需要部署多种传感器，例如应变计、加速度计、温度传感器等，以监测叶片在不同风速和环境条件下的物理状态。这些传感器不仅记录叶片的振动、应力和变形情况，还能监控叶片表面的温度变化和可能的裂纹发展。目前主要的叶片损伤实时监测技术包括应变监测、振动监测、声发射监测、噪声监测以及 SCADA 数据监测等。为了处理和传输大量数据，通常需要在叶片上安装数据采集单元，将从传感器获得的模拟信号转换为数字信号，并通过无线或有线系统传输到主控系统。此外，数据采集过程中，还需要考虑数据的时间同步问题，确保来自不同传感器的数据能够准确对应到相同的运行时刻。对于后续的数据分析和故障诊断尤为关键，因为数据的微小时间差异可能会导致分析结果的偏差。

随着技术的进步，一些更为先进的数据采集系统还能实现边缘计算，即在数据采集点对数据进行初步处理和分析，只将需要的信息或异常报告发送到云端，从而优化数据流和减少网络负担。这种智能化的数据采集方式为风力发电机叶片的监控和维护提供了更高效、更实时的技术支持。

7.1.2 数据预处理

风力发电机叶片数据采集所得数据通常包含噪声、异常值和不完整的记录，因此需要采用数据预处理的方式提高数据质量，以便进行更准确的分析和模型构建。此步骤包括异常数据识别、数据清洗、数据变换和数据归一化等多个环节。

（1）异常数据识别　GB/T 18710—2002《风电场风能资源评估方法》规定，风电场的测风数据要进行完整性和合理性检验。风电大数据的数据质量对后续的数据挖掘分析与建模至关重要，而风电大数据的数据质量问题主要包括数据缺失、数据重复和数据异常，广义上来说，异常数据的处理囊括了包括数据异常点、缺失值和重复值在内的数据质量问题。若不对缺失数据进行识别，会造成数据的统计特征和分布特征发生变化，使数据的可信区间增大、置信度降低，导致后期的数据挖掘可靠性下降。表 7-1 给出了目前常用的异常识别方法及优缺点，其中，3sigma法只适用于服从正态分布的数据；基于四分位、变点分组、云分段最优熵和Copula理论等风功率异常数据识别算法对离散型异常点识别效果很好，但面对大量的堆积型异常数据点，性能需要加强；基于组内最优方差、Thompson tau、图像处理技术的风功率异常数据识别算法对堆积型异常数据点识别效果好。

表 7-1 不同异常数据点识别方法优缺点对比

识别方法	优点	缺点
3sigma法	适用于数据呈现正态分布	用于非正态分布数据的异常数据识别，有效性有限
四分位法	适用于对离群点进行分析处理，不需要事先假定数据服从某种分布	当异常数据比重较大时，效果显著下降
组内最优方差法	不需要历史数据，处理速度快，操作简单，通用性强	人工反复试探才能确定阈值，孤立点会降低数据清洗准确性
变点分组法	不依赖正常数据训练，通用性高	忽略整体分布；对于大量堆叠的异常数据效果不佳
Thompson tau	结构简单，清洗速度快，不受弃风（由各种原因导致的风电场风机暂停现象）数据的影响	高比例异常数据识别效果不佳，易受偏离程度大的数据影响
云分段最优熵	过程简单，不需要对历史数据集进行训练和学习，通用性强	处理大量堆积型异常数据点效果欠佳
Copula理论	确定条件概率分布的上下分位点，考虑了数据分布的不对称	大量异常值会对联合概率密度函数的拟合产生影响
k-NN	简单易懂	学习速度慢，泛化能力差，需要大量数据进行训练
k-means	原理简单，实现容易，可解释性强	很难去决定参数 k
LOF	有效识别离散性异常点	不能用于堆积型异常点，不适用于大量异常数据
DBSCAN	有效实现分散型数据的识别，可用于一维或多维特征空间	识别密度较高的堆积型数据能力较差，阈值设置有难度
图像处理技术	滤除堆积型数据能力强	无法区分切出风速附近的虚假异常数据

（2）数据清洗 数据清洗主要是识别并处理错误数据和异常值。例如，由于传感器故障或外部干扰所产生的明显偏离正常范围的数据点需要被标识和修正或删除。此外，对于缺失的数据，可以采用插值或基于历史数据的预测方法来填补，确保数据的完整性。数据清洗主要包括对缺失数据、异常数据和重复数据进行处理。对于重复数据进行治理的方法比较简单，一般直接删除多余重复数据即可；对于缺失数据，可通过数据重构补全缺失值；而对于异常数据，一般需要用正常数据进行替代，异常数据替代也可以看作一个数据补缺的过程。常见的数据质量保障方法优缺点对比见表 7-2。

表 7-2　常见的数据质量保障方法优缺点对比

数据质量保障方法	优点	缺点
ARMA 的双向权重比	考虑时序，并对双向重构结果分配权重	重构时间长度有限
出力延时相关性	考虑风电场出力的相关性	效果与相邻风电场相关程度的数据质量有关
多点三次样条插值	简便快速	重构数据偏差大，忽略了重构值的时序信息
相关系数加权修正	考虑风电机组之间的相关性	风力发电机类型较多情况下不适用
Copula 理论的相关性数据补齐	在数据波动较大和连续缺失情况下，效果较好	随着风力发电机距离增加，重构误差越大
生成对抗网络	学习新能源处理特征，精确生成可再生能源日前场景集	只在数据相对完整情况下具有较好的效果
四点插值	不依赖其他的风力发电机或者风场的数据	数据非线性或不服从概率分布时，重构偏差大
双向马尔可夫链	适用数据不连续、数据量少、利用时间序列的时变特性	只适合现在状态，不考虑过去的时间信息
深度卷积生成对抗网络	补全新能源大量的历史缺失数据	只适合单目标单时段的缺失值重构
分段三次 Hermite 插值法	可重构小段非连续和连续的缺失数据	大段缺失数据，重构效果差
自适应模糊神经推理算法	可以对风速和风向缺失数据插值	重构性能取决于不同高度的数据

（3）数据变换和数据归一化　数据变换和数据归一化是调整数据尺度和分布的过程，目的是减少不同数据特征之间的差异性影响，以提高后续数学建模的稳定性和预测的准确性，还可避免模型过度受到某些大数值特征的影响，为建立高效和准确的数字孪生模型打下了坚实的数据基础。

1）数据变换。数据变换是将原始数据转换成更适合分析和建模的形式。对于风力发电机叶片而言，主要包括单位转换、时间序列的重采样、特征工程等。单位转换是基本的变换，如将风速单位从 m/s 转换为 km/h，以符合模型的输入要求。时间序列的重采样则是将数据从一种时间间隔转换到另一种，如将以秒为单位的数据聚合成每小时的平均值，这对于分析长期趋势非常有用。特征工程则是更复杂的数据变换过程，其涉及从原始数据中提取有用的信息作为模型的输入特征。

2）数据归一化。数据归一化处理是将数据按比例缩放，使其落在一个特定的范围。常见的归一化方法包括最小－最大归一化和 Z 得分归一化。最小－最大归一化通过缩放使所有数据均落在 0～1 的范围内，适用于数据边界明确的情况。Z 得分归一化则是将数据的均值调整为 0，标准差调整为 1，适用于数据分布接近正态分布的情况。在实际应用中，选择哪种归一化方法取决于数据的具体特性和模型的需求。

7.1.3　动力学建模

在风力发电机叶片的数字孪生建模过程中，动力学建模是一个核心环节。它通过构建动力学模型来模拟和预测风力发电机叶片的实际工作状态和性能。动力学建模的目的在于通过理论和数学方法深入理解风力发电机叶片的物理特性，为设计优化、故障诊断和性能评估提供科学依据。

（1）基本步骤　动力学建模的基本步骤为问题定义、模型假设和模型建立，如图 7-2 所示。

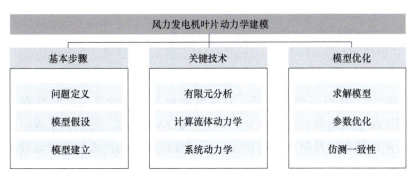

图 7-2　风力发电机叶片动力学建模

首先，明确建模的目的和需求。例如，可能需要模拟风力发电机叶片在不同风速和风向条件下的动态响应，或者预测叶片在长期运行中的疲劳寿命。然后对模型进行假设，如在考虑叶片振动模型时，可能假设叶片是一个理想的弹性体，忽略材料的非线性特性。最后根据力学、材料学和流体力学等多个领域的知识建立动力学模型。

（2）关键技术　构建风力发电机叶片动力学模型主要是结合有限元分析、计算流体动力学和系统动力学等方法构建风力发电机叶片的力学响应与内外部激励之间的映射关系。其中，有限元分析是研究复杂结构应力、振动、热传导等物理现象的一种数值分析技术。在风力发电机叶片模型中，有限元分析可以用来模拟叶片在风力作用下的应力和变形情况，预测叶片的疲劳寿命。计算流体动力学是用于流体流动和传热问题的数值分析和模拟技术。应用计算流体动力学可以模拟风在叶片表面的流动特性，分析叶片的空气动力学性能。系统动力学建模可以模拟叶片、轮毂和塔架等整个风力发电机的动态响应。这类模型通常需要考虑风力、重力、叶片转动等多种因素的交互作用。

（3）模型优化　采用适当的数学工具和计算方法求解模型后，其仿真所得动态响应与实测结果之间往往具有一定的差异。为了提升模型的仿测一致性，需要通过实验数据和实际运行数据来验证和校准模型，确保模型的准确性和可靠性。

7.1.4　模型测试验证

风力发电机叶片数字孪生建模是一项复杂而关键的工作，而其中的模型测试验证则是确保建立的数字孪生模型能够准确、可靠地反映实际叶片的行为和性能的关键步骤。在模型测试验证过程中，主要通过与实际操作中收集的数据进行比较，来测试和验证数学模型的预测能力，如图 7-3 所示。

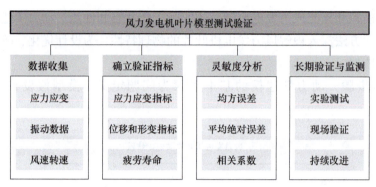

图 7-3　风力发电机叶片模型测试验证

（1）数据收集　在模型验证之前，首先需要收集大量的真实叶片数据。这些数据包括叶片在不同工况下的运行数据，如应力应变、振动数据等。数据的来源可以是现场监测系统、实验室测试结果以及历史运行记录。为了保证数据的代表性和全面性，必须覆盖各种运行条件和环境因素，如不同的风速、风向、温度和湿度等。为了进行有效的模型验证，需要将数据集分为训练集和验证集。训练集用于模型的建立和优化，而验证集则用于独立测试模型的性能。

（2）确立验证指标　模型验证需要明确的指标，这些指标通常包括叶片在不同载荷条件下的应力应变分布、叶片在不同工况下的位移和形变情况、叶片在长期运行中的疲劳寿命预测等内容。

（3）灵敏度分析　灵敏度分析是评估模型对输入参数变化的敏感程度。通过改变输入参数，观察输出结果的变化，可以识别哪些参数对模型预测结果影响最大。这有助于进一步优化模型，提高其鲁棒性。例如，分析风速、风向变化对应力应变分布的影响，可以帮助识别关键影响因素并优化相应的模型参数。初步验证阶段是将模型预测结果与验证集中的实际数据进行比较并结合均方误差、平均绝对误差和相关系数等指标对模型的初步准确性和存在的主要偏差加以判别。

（4）长期验证与监测　在模型通过初步验证和优化后，需要进行长期验证与监测。这一步骤包括将模型应用于实际运行环境中，持续收集叶片的运行数据，并与模型预测结果进行对比。通过长期监测，可以识别模型在长期运行中的表现和潜在问题，并进行相应的调整和优化。

模型验证是一个持续改进的过程。随着时间的推移和数据的积累，可能需要对模型进行周期性的更新和优化，以确保其始终能够准确反映实际叶片的行为和性能。持续改进包括引入新的数据源、改进建模方法、优化模型参数等。

7.1.5　数字孪生模型建立

最终的数字孪生模型建立是基于前面步骤的成果，将数学模型、数据处理和验证过程整合到一个统一的平台中。这个模型不仅包括叶片的物理和运行数据模型，还整合了用户界面和决策支持系统，使得维护人员和运营商可以实时监控叶片状态，预测故障并进行决策。如图 7-4 所示，建立数字孪生模型涉及多个关键步骤，包括确定建模范围与目标、数据收集、建模方法选择、训练模型以及模型部署与测试，需要依靠先进的软件工具和硬件设施，如高性能计算机、大数据存储和处理系统以及友好的可视化界面。这些技术的集成提供了一个动态的、交互式的数字环境，让用户可以从宏观和微观层面了解和分析风力发电机叶片的性能。

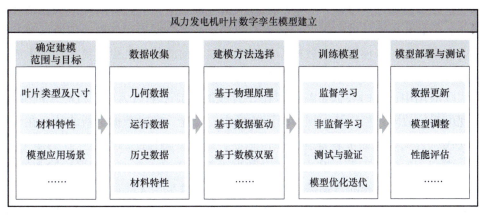

图 7-4　风力发电机叶片数字孪生模型

（1）确定建模范围与目标　建立数字孪生模型的第一步是确定建模范围与目标，该流程包括确定需要建模的风力发电机叶片类型及尺寸、材料特性等基本参数以及模型应用场景，如叶片的结构设计优化、运行状态监测、故障预警与诊断等。确定目标可以指导后续的建模工作，确保模型能够满足实际应用需求。

（2）数据收集　数据是数字孪生模型的基础。对于风力发电机叶片建模，所需数据主要包括叶片的三维形状、尺寸和结构特性，叶片材料的力学性能，叶片在不同风速、风向、温度等工况下的运行数据等。这些数据的准确性和完整性直接影响模型的可靠性和准确性。因此，数据收集需要采用高精度的传感器和测量设备，并确保数据的全面性和代表性。

（3）建模方法选择　根据数据特性和建模目标，选择合适的建模方法。风力发电机叶片数字孪生建模常用的方法包括基于物理原理的建模（利用风力发电机叶片的力学特性和动力学行为，建立基于有限元分析的物理模型，这种方法能够准确模拟叶片在不同工况下的应力应变分布和动态响应，但计算复杂度较高）、基于数据驱动的建模（采用机器学习和深度学习方法，根据历史数据和运行数据进行建模，这种方法在处理大数据和复杂非线性关系方面具有优势）和混合建模（结合物理模型和数据驱动模型的优点，建立混合模型，这种方法既能利用物理模型的高精度，又能借助数据驱动模型的灵活性和快速响应能力）。

（4）训练模型　在确定了建模方法后，需要对模型进行训练和验证。模型训练是利用收集到的数据对模型进行参数调整和优化的过程。常见的训练方法包括监督学习和非监督学习。模型训练完成后，需要进行严格的验证。验证过程通常包括验证集划分和误差分析，最后根据误差分析结果，调整模型参数和结构，提高模型的准确性和稳定性。

（5）模型部署与测试　经过验证和优化的模型可以投入实际应用。在应用过程中，模型能够实时模拟和预测风力发电机叶片的行为和性能，为叶片设计优化、运行监测和故障诊断提供支持。例如，通过监测叶片的应力应变分布，可以预测叶片的疲劳寿命，及时发现潜在的故障风险。

7.1.6 实时数据更新

数字孪生模型能够实时接收和处理来自真实叶片的数据。这些数据主要包括叶片的温度、振动、负载和风速及风向等多种传感器数据。这些数据通过各种通信协议被实时传输至数字孪生模型中。在模型中，数据不仅用于显示当前的状态，更重要的是用于通过与历史数据对比和趋势分析来预测未来的状态变化。

在实际应用中，实时数据更新使得操作者能够即时了解风力发电机叶片的健康状态，及时发现可能的故障迹象，从而预防故障的发生。首先，实时数据更新的核心在于传感器技术。现代风力发电机通常装备有多种传感器，这些传感器能够监测叶片的多个物理量，如应力、应变、振动频率等。其次，实时数据更新还依赖于高效的数据传输和处理系统。数据从传感器到处理系统的传输需要快速且可靠，通常采用无线通信技术以减少布线的复杂性和成本。最后，实时数据更新还需要考虑数据安全和隐私保护。由于涉及大量可能敏感的数据，确保这些数据的安全传输和存储是至关重要的，采用加密技术和严格的数据访问控制是保护数据不被未授权访问的重要措施。

7.1.7 模型的参数化与验证

参数化是建立数字孪生模型的基础。在风力发电机叶片的模型中，参数化包括定义叶片的几何形状、材料属性、结构强度等，这些参数直接决定了叶片模型的行为和反应。例如，叶片的弹性模量、密度、阻尼系数等物理特性必须准确输入模型中，以确保模拟结果的可靠性。

风力发电机叶片数字孪生模型的参数化与验证如图 7-5 所示。

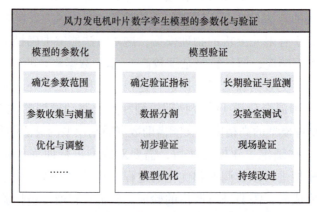

图 7-5　风力发电机叶片数字孪生模型的参数化与验证

(1) 模型的参数化　首先，确定参数范围，这些参数通常包括几何参数（叶片的长度、宽度、厚度、弯曲度等）、材料参数（如材料的密度、弹性模量、泊松比、抗拉强度等）、环境参数（如风速、风向、温度、湿度等）和操作参数（如转速、角速度、负载条件等）。其次，对上述参数进行收集与测量，具体方法包括实验室测试、现场监测和文献数据。最后，对参数进行优化与调整以提高模型的准确性和稳定性，主要包括敏感性分析和数值仿真分析。

(2) 模型验证　首先，确定验证指标以便评估模型的准确性和可靠性。常用的验证指标包括应力应变分布（验证叶片在不同载荷条件下的应力应变分布）、振动特性（验证叶片在运行过程中的振动频率和振幅）、位移和形变（验证叶片在不同工况下的位移和形变情况）以及疲劳寿命预测（验证模型在长期运行中的疲劳寿命预测能力）。其次，对数据进行分割，其中训练集用于模型的建立和优化，而验证集则用于独立测试模型的性能。最后，对模型进行验证，主要将模型预测结果与验证集中的实际数据进行比较，以识别模型的初步准确性和主要偏差。最后根据初步验证结果，对模型进行优化，同时对模型的准确性进行长期验证和监测并持续改进。

7.2　数字孪生技术在风力发电机叶片设计中的应用

数字孪生技术在风力发电机叶片设计中的应用，正成为推动风力发电行业向更高效率和可靠性迈进的关键技术之一。风力发电机叶片作为捕获风能并转换为机械能的核心部件，其设计和优化直接关系到整个风电系统的性能和经济效益。通过数字孪生技术，能够创建叶片的虚拟模型，并在这一模型中模拟、分析和验证各种设计方案，从而实现叶片性能的最大化和寿命的延长。

数字孪生技术可采用在计算机中构建风力发电机叶片的完整数字模型。这一数字模型不仅包括叶片的几何形状，还精确反映了材料属性、结构强度和操作环境等关键因素。通过这种方式，可以在不制造实际样品的情况下，对叶片设计进行全方位的测试和优化。这一点特别重要，因为实际的制造和测试过程不仅耗时长，而且成本高昂。如图7-6所示，数字孪生技术在风力发电机叶片设计中的应用主要集中于气动设计、结构设计、仿真验证和优化设计四个方面。

(1) 气动设计　数字孪生模型能够模拟风流如何在叶片表面流动以及叶片如何响应不同的风速和风向。通过高级的计算流体动力学（CFD）软件，模型可以显示气流在叶片表面的速度、压力分布和产生的扭矩，从而帮助优化叶片的形状和角度，以获得最佳的气动效率。

(2) 结构设计　数字孪生模型主要模拟叶片在实际工作中承受的各种负载和应力，包括风压、重力、温度变化等因素的影响。此外，模型还可以用于分析叶片的疲劳寿命和可能的失效模式，这对于确保叶片的结构安全和延长其使用寿命至关重要。

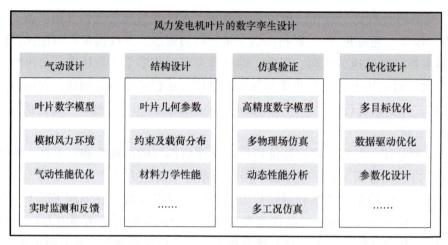

图 7-6　风力发电机叶片的数字孪生设计

（3）仿真验证　结合虚拟环境中对叶片进行多种操作条件下的模拟测试，可以确保所设计的叶片在最不利条件下仍能保持稳定和安全运行，同时还可以确定需要进一步优化的设计细节。

（4）优化设计　该过程通过整合之前阶段的测试和分析结果，利用算法自动调整设计参数，寻找最优设计方案。这不仅涉及提高发电效率和减少材料成本，还包括提升操作的可靠性、简化维护程序以及不断校正和更新模型，以适应实际运行中遇到的新情况和挑战。

7.2.1　气动设计

在风力发电机叶片的设计中，气动设计是确保叶片能有效转换风能为机械能的关键环节。利用数字孪生技术，气动设计可以更精准地模拟叶片在实际环境中的表现，从而优化叶片形状和性能。数字孪生模型通过集成实时环境数据和物理叶片数据，能够在虚拟环境中准确重现叶片的气动行为。气动设计需要准确计算叶片表面的气流分布和压力分布。这通常通过解决围绕叶片的 Navier-Stokes 方程来实现。

基于数字孪生技术，可以利用来自实际风场的数据模拟气流条件，使得气动模型更接近实际情况。数字孪生模型还可以进行多次迭代设计，通过调整叶片的弦长、扭角及厚度等参数，来观察这些变化对叶片气动性能的影响。每一次模拟后，模型都会根据实时反馈调整参数，以寻找最优的叶片设计方案。此外，气动设计不仅关注单一叶片，还会考虑到叶片之间的相互作用，以及叶片与整个风力发电机其他组件的集成效果。通过数字孪生模型的高度集成和实时数据分析能力，以最大限度地提高风能利用率。基于数字孪生的叶片设计主要包含以下几个环节。

（1）模拟风力环境　通过数字孪生技术，可以在虚拟环境中模拟真实的风力条件和叶片的工作状态。通过对风电场的详细分析，可以了解叶片在不同风速和风向下的气动性能，从而为优化设计提供参考数据。

(2)优化设计 通过数字孪生技术，可以在虚拟环境中对叶片的几何形状、攻角、扭转角度等进行多次实验和优化。通过对比不同设计方案的气动性能，选择最佳的设计方案，从而提高叶片的气动效率。

(3)实时监测和反馈 在风力发电机叶片的实际运行过程中，数字孪生技术可以实时监测叶片的工作状态，并将数据反馈到数字模型中。通过对比实际数据和仿真数据，可以及时发现和解决叶片设计中的问题，从而提高叶片的可靠性和稳定性。

7.2.2 结构设计

(1)结构设计的重要性 叶片不仅需要承受来自风的巨大压力，还要能抵御恶劣天气条件和物理疲劳。数字孪生技术在结构设计中的应用，使得设计师可以在不实际制造和测试的情况下，对叶片结构的强度和耐久性进行详细分析。在数字孪生模型中，结构设计开始于定义叶片的基本结构参数，如长度、宽度、材料类型和厚度等。这些参数将直接影响叶片的重量、刚度和弹性。通过在数字孪生模型中应用这些参数，可以使用有限元分析（FEA）技术来模拟叶片在不同负载和运行条件下的应力和变形。

(2)数字孪生技术在叶片结构设计中的应用

1）创建叶片数字模型。通过对叶片的几何形状、材料特性和制造工艺的详细建模，创建一个与真实叶片完全一致的数字模型。这个数字模型不仅包括叶片的气动外形和结构，还包括其物理特性和材料属性。通过对不同材料和结构形式的数字建模，可以在虚拟环境中进行多种方案的比较和选择。

2）模拟风力环境和应力分布。通过数字孪生技术，可以在虚拟环境中模拟真实的风力条件和叶片的工作状态。通过对叶片在不同风速和风向下的应力分布和变形情况进行详细分析，可以了解叶片在各种风力条件下的结构性能，从而为优化设计提供参考数据。

3）优化结构设计。通过数字孪生技术，可以在虚拟环境中对叶片的结构形式、材料选择、加强筋布置等进行多次实验和优化。通过对比不同设计方案的结构性能，选择最佳的设计方案，从而提高叶片的结构强度和刚度。

7.2.3 仿真验证

(1)仿真验证的重要性 仿真验证是数字孪生技术在风力发电机叶片设计中的又一核心应用。它主要通过虚拟仿真对叶片的气动性能、结构强度、疲劳寿命和动态特性等进行全面的评估和验证，从而确保叶片在各种风力条件下的可靠性和性能。仿真验证不仅能够发现和解决设计中的潜在问题，还能够为优化设计提供宝贵的数据支持和参考。

传统的仿真验证方法通常依赖于有限元分析、流体动力学仿真和实验室测试等手段。这些方法虽然能够提供一定的参考数据，但存在成本高、周期长和实验条件限制等问题。

数字孪生技术的引入为仿真验证提供了一种全新的方法，通过虚拟仿真和数字模型，可以在虚拟环境中快速进行多次实验和验证，缩短设计周期和降低成本。

（2）数字孪生技术在仿真验证中的应用

1）创建高精度数字模型。通过对叶片的几何形状、材料特性和制造工艺的详细建模，创建一个与真实叶片完全一致的高精度数字模型。这个数字模型不仅包括叶片的外形和结构，还包括其物理特性和材料属性。通过高精度的数字模型，可以在虚拟环境中进行精确的仿真验证。

2）多物理场仿真。可以在虚拟环境中进行多物理场仿真，包括气动仿真、结构仿真、热仿真和振动仿真等。通过对不同物理场的综合分析，可以了解叶片在各种风力条件下的性能，从而为优化设计提供全面的数据支持。

3）动态性能分析。通过对叶片在不同风速和风向下的振动和动态响应进行仿真，可以预测叶片的动态特性和疲劳寿命，从而为叶片的优化设计提供参考。例如，通过模态分析，可以确定叶片的固有频率和振型。

4）多工况仿真。通过数字孪生技术可以在虚拟环境中进行多工况仿真，模拟叶片在不同风力条件下的工作状态。通过对叶片在各种极端工况下的性能进行仿真验证，可以发现和解决设计中的潜在问题，从而提高叶片的可靠性和安全性。

7.2.4 优化设计

（1）优化设计的重要性　风力发电机叶片的设计和优化过程，需要综合考虑气动性能、结构强度、材料选择、制造工艺和成本等多方面因素。优化设计的目标是通过计算机辅助设计和仿真技术，在满足各项设计指标和约束条件的前提下，寻找叶片设计的最佳方案。通过优化设计，可以显著提高叶片的性能，降低制造和维护成本，从而提高风力发电机的整体效率和经济性。

传统的优化设计方法通常依赖于经验和试错法，通过不断调整设计参数和进行实验来寻找最佳方案。这种方法虽然能够提供一定的参考数据，但存在效率低、成本高和周期长等问题。数字孪生技术的引入为优化设计提供了一种全新的方法，通过虚拟仿真和数字模型，可以在虚拟环境中快速进行多次实验和验证。

（2）数字孪生技术在优化设计中的应用

1）多目标优化。风力发电机叶片的设计需要综合考虑多种性能指标，如气动性能、结构强度、疲劳寿命和制造成本等。通过数字孪生技术，可以在虚拟环境中进行多目标优化，综合考虑各项性能指标，寻找最优的设计方案。

2）参数化设计。通过数字孪生技术，可以实现叶片的参数化设计，根据设计需求调整叶片的几何形状和结构参数，从而进行快速的设计迭代和优化。例如，通过调整叶片的长度、扭曲角和厚度分布等参数，可以优化叶片的气动性能和结构强度，从而找到最佳的设计方案。

3）多物理场仿真与优化。通过数字孪生技术，可以在虚拟环境中进行多物理场仿真与优化，综合考虑气动、结构、热和振动等多种物理场的影响，优化叶片的设计。例如，通过流体动力学仿真与优化，可以优化叶片的气动性能和压力分布。

4）数据驱动优化。通过数字孪生技术，可以实现基于数据驱动的优化设计。利用大量的仿真数据和实际运行数据进行数据分析和建模，优化叶片的设计。例如，通过对历史运行数据和仿真数据的分析，可以发现和解决设计中的潜在问题，优化叶片的设计参数和结构，从而提高叶片的性能和可靠性。

7.2.5 案例分析

针对风电机组数字孪生建模受不同研究目的或软件的功能限制的问题，内蒙古工业大学尚海勇等人提出了一种基于数字孪生的风电机组建模方法。该方法首先结合 FAST 风速性能模块构建稳态风、随机湍流风模型以及风电场实时风速模型，然后采用空气动力学和结构动力学模块分别搭建风电机组叶片、塔架等关键部件的几何与动力学模型，最后基于 Simulink 构建风电机组电气系统模型及控制策略，将多个模型集成后形成完整的风电机组数字孪生模型，其构建方案如图 7-7 所示。

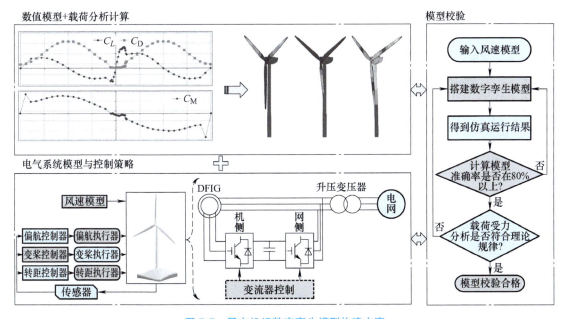

图 7-7　风电机组数字孪生模型构建方案

该数字孪生模型的详细步骤如下：

1）通过 FAST 软件风速性能模块建立包括稳态风模型、随机湍流风模型以及风电场实时风速模型。

2）因叶片和塔筒结构特殊，在建模时通常会根据叶片的不同翼型、气动特性以及塔筒形状进行分段，然后采用对叶片和塔筒各段分别建模的方式构建风电机组各部件数值模型。

3）对于不同翼型的气动特性，基于叶素-动量理论计算得到叶片、塔筒等各段上的气动载荷、加速度及位移量；并考虑参数的非线性分布，对叶片、塔筒等每段采用不同质量、挠度以及摆振刚度，采用模态表示法与 Kane 动力学方程相结合建立起叶片、塔筒各段的运动学方程。

4）在 Simulink 中建立风电机组电气系统模型与控制策略模型。在仿真运行过程中，FAST 仿真得到的力学特性参数经 S 函数实时发送给 Simulink 中电气系统模型与控制策略作为输入，同时电气系统模型仿真产生的电磁扭矩、控制策略计算得到的桨距角等输出参数也将实时传输给 FAST 作为下一仿真步长的输入。

最后结合某风电场 Fuhrländer 2.5 MW 双馈风电机组实测历史数据对所构建的数字孪生模型的准确性进行验证。首先，从风电机组的运行历史 SCADA 数据中选取连续 10 条采样序列，采样间隔为 50min，仿真前利用前一采样序列的实际运行数据，如风轮转速、发电机转速、发电机转矩等对所搭建的数字孪生模型进行初始化。最后将数字孪生模型所得发电机功率、发电机转速和风轮转速与 FAST 简化模型以及 SCADA 数据进行对比，其结果如图 7-8 所示。

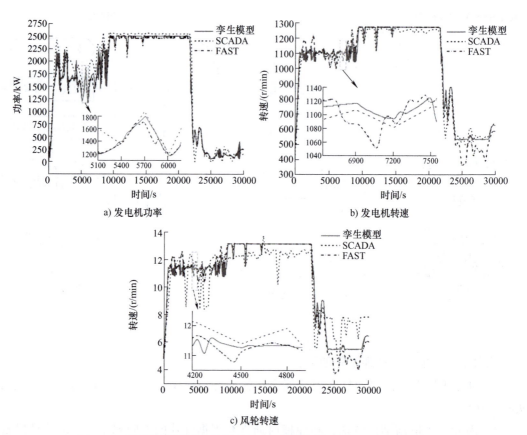

图 7-8　实际风速下数字孪生模型和 FAST 简化模型与 SCADA 数据对比

由图 7-8 可以看出，风电机组数字孪生模型在发电机功率、发电机转速、风轮转速等 3 个重要指标上都较好地接近于实际风电机组的运行数据，即使在短时间尺度下实时仿真时也同样获得了较高的仿真精度。由此可知，由于数字孪生模型采用更为精细的电力系统相量模型，而 FAST 简化模型则是动态链接库形式的转矩控制；数字孪生模型在 Simulink 中搭建变流器控制等电气控制策略，相较于 FAST 简化模型控制策略更为精细化、更加完整、更接近实体。因此孪生模型相较于 FAST 简化模型也更接近于实际风电机组的运行数据，具有较高的准确率。

7.3 风电设备的智能化运维

由于风电设备的运行环境复杂多变，设备自身也存在着较大的故障隐患。因此，风电设备的智能监测与诊断技术应运而生，旨在提高风电设备的运行效率与安全性，保障风电产业的健康稳定发展。

在风电机组全寿命周期内，采取相应的维护或维修策略是确保风电机组健康运行的重要手段。维护策略可分为事后性维护、预防性维护和预测性维护。事后性维护是指设备已经发生严重故障或停机时，对关键部件的维修或更换，具有维护成本高、耗时长的特点。预防性维护是指针对相关部件进行定期的维护和更换，具有一定的冗余性。结合运行健康状态的智能化预测性维护则是当设备出现潜在故障时，有针对性地对相关部件进行维护或更换。这可为制定合理的运维调度计划争取更长的时间，能够最大限度地节约运维成本。因此如何实时精准监测风电机组的潜在异常信息以制定和优化预测性运维策略，是提高风电设备运行健康状态与降低运维成本的重要保障。

21 世纪以来，随着计算机技术与数据驱动人工智能算法的不断发展与进步，风电设备等在线智能监测系统得到了初步完善与应用，同时逐渐形成了整机的健康状态监测科学体系与分门别类的研究领域。随着数据驱动算法在风电机组健康状态监测领域研究的逐步深入与工程应用需求的日益扩大，针对风电机组运行健康状态监测的研究重心也逐渐从传统的离线测试分析向基于数据驱动算法的实时在线监测转变。

7.3.1 风电设备智能监测与故障诊断技术

故障诊断主要用于当有明显的异常信号特征或已经发生故障时确定具体故障位置与程度；健康状态监测则主要针对故障早期或故障信号不够明显时，通过统计分析、数据驱动和工程经验等手段监测相关设备或部件的运行健康状况并作为预测性维护的参考，涉及传感器、数据采集、信号处理、模式识别与机器学习等多项技术。

智能监测与故障诊断的主要目标为：

1）故障预警。通过对风电设备进行实时监测，及时发现设备的异常情况，实现对潜在故障的预警。

2）状态评估。评估风电设备的运行状态，判断设备是否处于最佳运行状态，或是否需要维修或调整。

3）故障诊断。对已发生的设备故障进行分析，确定故障的具体类型和原因，为后续的维修提供指导。

4）健康管理。通过对设备的长期监测和分析，对设备的健康状况进行管理，提出维护和更换的建议。

风电设备智能监测与故障诊断一般的流程主要包括数据采集、数据预处理、统计分析、特征提取以及健康状态预测与诊断等步骤；从技术层面可分为结合油液润滑分析、时频分析和数据驱动人工智能的健康监测与故障诊断技术。

（1）结合油液润滑分析的健康监测与故障诊断技术　结合油液润滑分析主要针对半直驱、双馈型、机电一体化集成式等传动构型的风电机组齿轮传动系统的健康状态进行监测与诊断。大量的失效统计表明，齿轮、轴和轴承等零部件的失效会直接增加润滑油液中碎屑含量。因此油液清洁度（碎屑类夹杂物）、黏度和温度是直接反映齿轮箱健康状态的重要指标。其中油液清洁度对齿轮箱健康运行的影响最为显著，其可延长或缩短齿轮箱将近一半的寿命。同时，油液监测技术在新油验收、油品更换、机组出质保验收、设备运行状态跟踪、油品按质换油方面都起着关键作用。为此可通过润滑油液的湿度、粒子浓度、电导率、介电常数和黏度等性能指标对齿轮传动系统的健康状态进行监测，主要分为在线（夹杂物浓度、温度和黏度监测等）和离线（滤油器流量、清洁度和进出口压差分析）的油液状态对齿轮传动系统的潜在故障进行监测与辅助诊断。

润滑油液的状态监测大都是离线完成，仅当故障发生后才能够检测到齿轮箱异常，很难为齿轮箱的预测性运维策略提供参考。另一方面，用于油液碎屑监测的传感系统费用昂贵，并且需要额外的维护费用，其经济性较差。润滑油液参数可以作为润滑剂退化（黏度、湿度等）或部件失效（碎屑）的指标，该领域面临的最大挑战在于如何选取对故障信息敏感的油液监测指标，安装相应的传感器以获得油液的相关参数来间接反映齿轮箱的健康状态。

（2）结合时频分析的健康监测与故障诊断技术　风电齿轮箱旋转部件的缺陷产生的局部刚度变化会导致振动信号成分的改变，结合振动信号通常能够直观反映其缺陷部位。早在 20 世纪 80 年代开始，国内外诸多学者围绕齿轮箱的振动信号已经开展了大量研究。目前针对振动信号的分析大都基于傅里叶变换（Fourier Transform，FT）提取特征，可直接地反映相关信号的频率、振幅和相位等信息。传统的振动信号处理方法及其优缺点见表 7-3。

信号处理对时间成本和准确性的要求较高。当面向风力发电机齿轮传动系统的非线性和非平稳振动信号分析时，单独使用传统的信号处理方法较难获得理想的结果。因此，为满足实际工程需求，应将多种方法进行有机结合，充分发挥其性能优势，以确保采用更高效与更准确的时频特征分析方法。

表 7-3 传统的振动信号处理方法及其优缺点

方法	优点	缺点
傅里叶变换	快捷、简便	只能进行频域分析
短时傅里叶变换	频谱分辨率高	不能同时兼顾频率与时间分辨率的需求
Wigner-Ville 分布	时频分辨率高	存在临界交叉干扰
小波变换	窗口大小不随频率变化	冗余度较大
经验模态分解	非线性和非平稳信号	末端效应、模态混叠问题
支持向量机	准确率高	无法控制数据点数量

虽然声发射和振动信号都具有检测齿轮箱故障的能力，但其浅层表征对于区分不同的故障模式不够敏感。由于较低转速下故障特征不够明显，目前对于风力发电机齿轮传动系统的健康状态监测相关研究，大多仍集中在中速级和高速级的旋转部件。随着测试技术和诸如 Teager-Kaiser 能量算子、时间同步平均和数据驱动等分析方法的逐步发展，结合高频信号的风力发电机齿轮传动系统监测与故障诊断技术将具有十分广阔的工程应用前景。

（3）结合数据驱动人工智能的健康监测与故障诊断技术 风电机组在运行过程中所积累的大量数据涵盖了复杂工况下多物理源产生出的海量健康状态信息，如何利用新一代人工智能理论与方法表征"隐喻"在装备监控大数据中的故障特征信息及其演化机理，是发挥大数据信息效能、帮助精准运维决策的关键。近年来随着信号处理系统、大数据管理、机器学习和计算能力的不断发展以及在健康状态监测研究领域的逐步应用，结合不同类型的监测数据促使健康状态监测系统在异常检测方面具有更高的准确性、鲁棒性和经济效益。

在风电机组运行过程的监测数据中，声发射以及 CMS 振动信号能够较为准确地进行故障定位，但由于极高的采样频率，大量的数据累积给实时存储与分析带来了极大挑战。与高频信号相比，SCADA 系统能够同时针对多种监测信号（风速、风向、组件温度、油压差、空气密度、润滑油温度、输出转速和功率等）进行采集，并且能够在较低的存储和计算成本下对风电机组的健康状态进行实时监测。

结合数据驱动人工智能的风电机组健康监测与故障诊断方法主要分为特征工程和机器学习两大类。

1）特征工程方法。常见的特征工程方法是指从原始数据中提取有意义的特征，如频域特征、时域特征和统计特征等。常见的特征选择方法有信息增益、方差分析、主成分分析等，筛选出最具代表性和相关性的特征，以提高模型的准确性和泛化能力。上述方法已经在风电机组智能健康监测与故障诊断方面取得了良好的工程应用成效。

2）机器学习方法。目前常见的机器学习方法主要有支持向量机、随机森林、深度学习以及迁移学习等。其中，支持向量机方法对风电机组的运行数据进行分类和故障诊断，具有较高的准确性和泛化能力；随机森林方法是通过构建随机森林模型对风电机组的状态进行监测和预测，能够处理大量的输入特征并有效地识别故障模式，目前已有相关研究结论和工程应用。深度学习方法，如卷积神经网络、循环神经网络和长短期记忆网络等，可以学习复杂的特征表示，适用于风电机组运行数据的高维、非线性特征提取和状态识别；迁移学习方法主要围绕大样本与少标注之间的矛盾以及风电机组故障数据样本匮乏等问题，数据分布自适应、Fine-tune、深度网络自适应和深度对抗网络迁移等方法已经在风电机组智能健康监测与故障诊断领域取得了初步的探究。图 7-9 所示为支持向量机原理与循环神经网络结构。

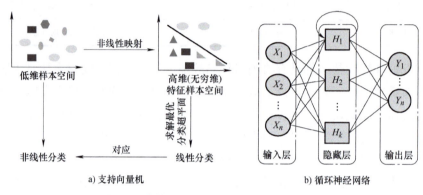

图 7-9　支持向量机原理与循环神经网络结构

上述方法主要用于风电机组故障诊断与预测、健康状态监测与优化以及维护决策支持。主要开发结合数据驱动人工智能的健康监测与故障诊断系统，实现与风电机组监控系统的集成，提供实时监测、故障诊断、预测分析等功能。构建可视化的应用平台和决策支持系统，为运维人员提供直观的数据展示和分析工具，帮助其快速做出决策并采取相应的措施。通过监测风电机组的振动、温度、电流等数据，实现对关键部件（如轴承、齿轮箱）的故障诊断和预测，及时发现并解决潜在问题，提高系统可靠性和运行效率。利用数据驱动的人工智能算法监测风电机组的运行状态，包括风机性能、偏航控制、功率曲线等。通过实时优化控制策略，提高风电场的整体发电效率和利用率。结合历史数据和实时监测信息，制定合理的维护计划和决策策略，优化维护资源配置和维护成本，延长设备寿命并降低运营风险。

随着风电整机厂商不断地从风电齿轮箱采集更多的运行、故障、维护和维修数据，针对各型号风电机组不同部件、子系统的多种故障类型的预测模型和方法也将会逐步得到完善。未来，随着技术的进步和应用领域的扩展，风电设备智能监测与故障诊断将为风电产业的可持续发展提供更加强有力的支持。风电设备智能监测与故障诊断技术的发展前景广阔，但也面临着如下挑战。

1）数据安全与隐私保护。在风电设备智能监测与故障诊断过程中，会涉及大量的设备数据和运行信息的收集与分析。如何保证这些数据的安全，防止数据泄露成为一个重大挑战。因此亟须加强数据安全技术的研究，开发更为高效的数据加密技术，建立严格的数据访问和控制机制，确保数据的安全和隐私。

2）数据处理能力。随着监测设备的增加和数据量的爆炸性增长，如何有效地存储、处理和分析这些大量数据，提取有价值的信息，是技术发展需要解决的问题。因此需提升数据处理能力，利用云计算和边缘计算等技术，提高数据处理的速度和效率。同时，发展更为高效的数据分析算法，提高数据处理的精度。

3）标准化与互操作性。风电设备智能监测与故障诊断技术缺乏统一的标准和规范，不同设备之间的数据格式和通信协议可能不一致，这给数据的集成和应用带来了困难。需要推进行业标准化工作，通过行业协会和专业机构，制定统一的标准和规范，促进不同设备和系统之间的兼容性和互操作性。

综合来看，风电设备智能监测与故障诊断技术在近年来得到了快速发展，从最初的简单数据监测到现在的智能化、网络化、大数据支持的监测诊断体系，技术日趋成熟。利用数据驱动的人工智能算法在风电机组健康监测与故障诊断领域具有广阔的应用前景，在提高风电系统运行效率、降低维护成本和风险等方面发挥着重要作用。随着风电产业的快速发展，风电设备智能监测与故障诊断技术的应用将越来越广泛。这不仅可以提高风电设备的运行效率和安全性，降低维护成本，还将促进整个风电产业的技术进步和健康发展。未来，随着技术的不断进步和创新，风电设备智能监测与故障诊断技术将展现出更大的应用潜力和发展空间。

7.3.2 风电设备智能化维护与保养技术

风电设备运行环境恶劣，设备结构复杂，因此，设备的维护与保养尤为关键，直接关系到风电场的安全、稳定运行和经济效益。在此背景下，风电设备智能化维护与保养技术应运而生，其主要利用现代信息技术，对风电设备进行实时监控，并结合风电设备实时健康状态制定和优化其预测性运行和维护策略。风电设备智能化维护与保养技术的技术手段、技术优化与创新和未来挑战如图 7-10 所示。

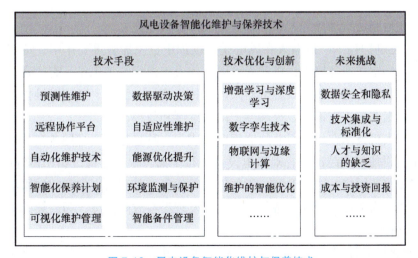

图 7-10　风电设备智能化维护与保养技术

(1) 目的及意义

1) 提高风电设备运行效率。可通过智能监测实时掌握风电设备的运行状态，及时发现并解决设备潜在的问题，从而提高风电设备的运行效率。

2) 延长设备使用寿命。智能诊断能够预测设备的潜在故障，提前进行维修或更换，避免了故障的扩大，延长了设备的使用寿命。

3) 降低运维成本。与传统的定期维护相比，智能监测与诊断能够根据设备的实际状况进行针对性的维护，避免了不必要的维护费用，降低了运维成本。

4) 保障电网安全稳定运行。风电并网运行对电网的稳定性提出了更高要求。智能监测与诊断能够及时发现并处理风电设备的问题，避免了对电网造成的冲击。

(2) 技术手段

1) 预测性维护。在智能化维护系统中，数据分析扮演着重要角色。通过对大量历史数据的深入挖掘和分析，能够识别设备可能出现的故障模式和趋势。这种数据驱动的预测模型不仅可以提前发现潜在问题，还能够为维修团队提供准确的信息，使其能够在故障发生之前采取针对性的维护措施，从而最大限度地减少停机时间和生产损失。

同时，机器学习算法的应用使得预测模型能够不断优化和适应设备运行状态的变化。通过持续监测和反馈，系统可以自我学习并不断改进预测准确度，从而提高维护效率和设备可靠性。此外，智能化维护系统还能够对设备的寿命和维护周期进行精准预测。通过分析设备的使用情况、环境条件以及维护记录，系统还可以为风电设备的维护计划提供科学依据。

2) 远程协作平台。建立风电设备远程协作平台，实现维护人员之间的信息共享和协作。通过远程协作平台，不同地区的维护团队可以共同处理风电设备故障和维护任务，提高响应速度和效率。这一平台的建立不仅仅是为了简单的信息传递，而是为了实现实时的跨地区协作。在该平台，维护人员可以分享在处理类似问题时的经验和解决方案，从而让整个团队受益。通过共享实时数据和设备状态信息，团队成员可以迅速了解当前的维护情况，有针对性地制定行动计划，减少维护时间和停机损失。

3) 自动化维护技术。机器人在风电设备维护中也发挥着重要作用。特别是在风力发电机内部或者高空作业环境下，机器人可以替代人工进行维护工作，有效降低了人员的安全风险。配备各种传感器和工具的机器人可以执行清洁、润滑、紧固等维护任务，并且能够根据实时数据调整工作策略，提高维护的精准度和效率。

另外，无人机技术在风电行业的应用已经成为一种趋势。通过配备高分辨率摄像头和传感器，无人机能够飞越高空，对风电设备进行全面、快速巡检。相比传统的人工巡检，无人机具有覆盖范围广、成本低廉、无须停机等优势，其高清影像和数据采集功能使得巡检人员可以在地面上远程监控设备状态，及时发现潜在故障隐患，为后续的维护工作提供准确的信息支持。

4) 智能化保养计划。基于设备运行数据和预测模型，制定一套智能化保养计划。通过实时监测风电设备的运行状况，收集关键性能指标数据，利用先进的数据分析技术和机器学习算法，能够准确预测设备潜在的故障和维护需求。这一过程中，特别考虑到了风电设备的实际运行情况和特有需求，确保每一项保养措施都针对性强，能够有效延长设备的使用寿命，提升运行效率。

进一步地，通过优化保养计划，最大化提升风电设备的性能，同时降低维护成本和减少设备的停机时间。具体措施包括调整保养频次、采用预防性维护而非事后修复以及根据设备实际运行情况动态调整保养策略等。此外，还需引入智能故障诊断技术，通过分析历史维护数据和实时运行数据，快速识别并解决故障问题，避免大规模停机事件的发生。

5）数据驱动决策。借助先进的大数据分析技术，对风电设备的运行数据进行了深入分析，涵盖从设备的实时功率输出到长期的运行效率变化等多个维度。通过收集和处理来自风电场的海量数据，能够准确地识别出设备性能下降的早期迹象，预测可能出现的故障类型，从而为管理层提供强有力的数据支持。这些数据不仅帮助决策者了解当前的设备状态，还可为基于数据驱动的决策提供可靠的依据。

通过分析设备故障数据，识别出维护活动中的关键影响因素，然后调整维护计划，确保关键设备能够获得优先级更高的维护资源。此外，还采用动态资源分配策略，根据设备的实际运行状况和维护需求，灵活调配技术人员和维护设备，避免资源的浪费，确保维护活动的高效率和高效果。

6）自适应性维护。结合风电设备运行数据和环境条件，精心制定一套自适应的风电设备维护策略。通过实时监控风电设备的运行状态以及周围环境的变化，如风速、温度和湿度等关键参数，能够对每台设备的独特运行环境和潜在风险因素有一个全面的了解。基于这些深入的分析，设计一套动态的维护框架，能够根据风电设备实际运行情况和维护需求，灵活调整维护计划和措施。

具体来说，自适应性维护策略包括在风速较低且对电网负荷影响最小的时段安排重要维护活动以及在检测到关键部件性能下降时立即实施预防性维护等。此外，还需引入先进的故障预测模型，以准确预测设备潜在的故障点，从而在问题发生之前采取措施，避免大规模的设备停机。同时还需特别注重维护活动的效率和效果，通过采用最新的维护技术和工具，确保每次维护都能达到最佳效果。此外，通过定期培训技术人员，确保他们掌握最新的维护知识和技能，以应对风电设备的复杂性和多变性。

7）能源优化提升。通过深度整合智能化技术，着手对风电设备的能源利用进行全面优化，旨在显著提高整个风电场的发电效率。这一进程包括利用先进的监控系统和大数据分析工具，对风电设备进行实时监控，精确收集关于风速、风向、温度等环境因素以及各项设备运行参数的数据。通过对这些数据的深度分析，能够识别出影响发电效率的关键因素，并据此优化风电设备的运行参数和控制策略。

具体的优化措施包括调整叶片的角度以适应不同风速和风向，优化发电机和增速齿轮箱的工作状态以提高能量转换效率以及调节功率输出以适应电网需求的变化等。此外，还需采用智能预测模型来预测风速和电网负荷，使得风电场能够提前调整运行策略，最大限度地捕捉可利用的风能。通过实时监控和数据分析，不仅可优化风电设备的运行参数和控制策略，还可实现对整个风电场运行状态的精细管理。

8）环境监测与保护。通过部署先进的环境监测系统，能够实时监测风电场周围的环境变化，包括风速、风向、温度、湿度以及降雨量等多个关键指标。这些监测指标不仅帮助运维人员更好地了解风电场的运行环境，还能够及时采取措施，保护生态环境，避免风电设备运营对当地生态系统造成不利影响。

利用这些环境监测数据，能够精确调整风电设备的运行参数和工作策略。例如，当监测到高风速可能导致设备产生过大噪声时，可以适当调整叶片角度或是减少部分设备的运行速度，以减少噪声对周围环境和生物的影响。同时，当环境监测系统提示可能对飞行鸟类构成威胁时，可以调整设备的运行时间，避开鸟类迁徙的高峰期，最大限度地减少对鸟类的伤亡。此外，还可依据环境监测数据优化风电场的整体布局和设备配置。通过分析长期环境数据，能够识别出对生态环境影响最小的设备安装位置，同时优化风电场的布局设计，以保障生物多样性和生态平衡。

9）可视化维护管理。建立可视化维护管理系统，实时显示风电设备状态、维护进度和预警信息。通过可视化界面，方便维护人员对风电设备进行监控和管理，及时发现和解决问题。此外，该系统还可以提供历史数据分析功能，帮助管理人员了解设备运行情况的趋势和模式，从而制定更加有效的维护计划和预防措施。同时，系统可以实现远程监控和操作，使得维护人员无须实地到达风电场，即可进行设备状态检查和故障排查，提高工作效率和响应速度。另外，该系统还可以与其他智能化设备和传感器进行集成，实现设备之间的数据交互和协同工作，进一步提升系统的维护管理能力和整体运行效率。

此外，为了增强系统的实用性和用户体验，可以通过用户权限管理模块，为不同级别的维护人员分配相应的权限，确保数据安全性和管理的灵活性。同时，通过整合地理信息系统，可以实现对风电场地理位置和环境因素的管理和分析，进一步优化维护策略和资源配置，提高系统的整体运行效率和可靠性。因此，建立可视化维护管理系统不仅可以实现对风电设备的实时监控和管理，还可以通过数据分析、智能化技术和地理信息等手段，提升维护效率、降低成本、延长设备寿命，为风电行业的可持续发展做出积极贡献。

10）智能备件管理。利用物联网技术和大数据分析，优化风电场备件库存管理。基于风电设备运行数据和预测模型，精准预测备件需求，避免备件短缺或过剩，降低备件成本和库存风险。同时，通过建立智能化的库存管理系统，可以实现对备件的实时监控和跟踪，及时更新库存信息，确保备件的及时供应和合理利用。此外，结合供应链管理技术，优化备件的采购和供应流程，提高供应链的响应速度和灵活性，从而更好地满足风电场对备件的需求。另外，在备件库存管理中引入区域化和定制化策略，根据不同地区的风电场特点和需求，进行差异化管理，最大限度地提高备件的利用率和管理效率。

随着风电场规模的不断扩大和设备的更新换代，备件管理也需要不断优化和调整。因此，可以建立反馈机制，定期对备件库存管理策略进行评估和改进，根据实际情况调整预测模型参数和库存控制参数，保持备件管理策略的有效性和适应性。同时，结合设备维护和运行情况，对备件的品质和性能进行监测和评估，及时淘汰老化或低效的备件，确保备件质量符合要求，提高备件的可靠性和使用寿命。另外，在备件库存管理中加强与供应商的合作与沟通，建立长期稳定的供应关系，确保备件的及时供应和质量可控，进一步降低备件管理的风险和成本。综上所述，通过持续改进备件库存管理策略，加强备件品质管理和供应链合作，可以更好地满足风电场的备件需求，提高风电场的设备可靠性和经济效益，推动风电行业的健康发展。

（3）技术优化与创新　随着风电行业的快速发展，对智能化维护与保养技术的要求也在不断提升。未来的技术优化与创新，将围绕提高预测准确性、优化维护策略、增强系统的自主性和智能化水平展开。

1）增强学习与深度学习。利用增强学习与深度学习技术，进一步提升故障诊断和预测的准确性。通过大量实际运行数据的训练，使模型能够更准确地识别复杂的故障模式和预测潜在的设备问题。

2）数字孪生技术。数字孪生技术通过创建风电设备的虚拟副本，可以在数字空间中模拟设备运行和故障发生过程，为维护决策提供更加直观和精确的依据。这不仅能提高维护决策的准确性，还能优化设备的设计和运维策略。

3）物联网与边缘计算。结合物联网技术，实现设备的全面连接和数据的实时收集。同时，应用边缘计算技术处理和分析数据，可以减少数据传输的延迟，提高处理效率，实现更快的故障响应和维护决策。

4）维护的智能优化。通过机器学习算法不断优化维护计划和策略，实现维护资源的最优分配。这包括对维护任务的优先级进行智能排序以及根据设备状态和维护历史自动调整维护周期和内容。

（4）未来挑战

1）数据安全和隐私。随着风电行业的快速发展，风电场数量和规模不断增长，这意味着大量的监测数据被生成和传输。然而，随之而来的是数据泄露和安全漏洞的风险。企业需要采取有效的措施来确保数据的加密、安全存储和传输，同时遵守相关的隐私法规和标准，以保护用户和企业的利益。

2）技术集成与标准化。在风电行业，存在着来自不同厂商的设备和系统，它们可能使用不同的通信协议、数据格式和接口，导致信息孤岛的问题。因此，实现不同设备和系统之间的无缝集成成为一项关键挑战。制定统一的数据标准和通信协议，推动行业内技术的互操作性，将有助于解决这一问题，促进智能化维护技术的广泛应用。

3）人才与知识的缺乏。随着智能化技术的不断演进，对于工程师和技术人员的需求也在不断增加。然而，目前行业内对于智能化维护技术的专业人才培养和知识传承还不够完善，导致人才供给不足的局面。因此，需要加大对于相关领域的人才培养力度，建立行业内的技术培训和知识共享机制，以满足行业发展的需求。

4）成本与投资回报。尽管智能化维护技术可以提高设备的运行效率和可靠性，降低维护成本，但其初期投资包括硬件设备、软件开发和系统集成等方面的费用较高。因此，企业需要仔细评估投资回报周期，并权衡投入与收益之间的关系。同时，政府和行业协会可以通过税收减免、资金补贴等政策手段，鼓励企业加大对智能化维护技术的投资，推动行业向智能化发展。

风电设备智能化维护与保养技术的发展是一个复杂而全面的过程，涉及技术创新、人才培养、标准化建设、数据安全、环境适应性等多个方面。面对未来的挑战，行业需要采取综合措施，促进技术的持续进步和健康发展，最终实现风电产业的高效、安全、可持续发展。随着技术的不断进步和应用的深化，风电设备智能化维护与保养将为风电产业带来更大的社会和经济效益，为全球能源转型不断助力。

7.3.3 风电设备智能化运维案例分析

本节将深入探讨我国北方某风电场（2.0 MW 双馈型一级行星 + 两级平行传动增速齿轮箱，如图 7-11 所示）的智能化运维实施案例。并分别从结合时频分析的潜在故障识别与基于机器学习的健康状态预测两个方面进行举例分析。

图 7-11　某风电场 2.0MW 双馈型一级行星 + 两级平行传动增速齿轮箱

（1）结合高频信号时频分析的潜在故障识别　问题描述：2019 年 4 月 13 日 13：16，由于第 7 号风电机组齿轮箱高速轴磨损导致高速轴后端轴承温度过高，超过了 SCADA 系统的固定报警阈值，查看历史监测数据发现早在 3 月 21 日已有明显的故障特征，但各监测指标均未达到 SCADA 系统的固定报警阈值。

针对该风电场第 7 号风电齿轮箱在被连续 5 次评估为故障状态时以及故障排除之后的 6 个月内，共计选取了 12 组不同功率状态下的中心管理系统振动数据。其中，在 2019 年 3 月 21 日与 3 月 22 日选取了 6 组，故障排除后自 2019 年 6 月至 2019 年 11 月，每月随机选取了一组中心管理系统振动数据进行分析。该中心管理系统振动数据采自齿轮箱高速级垂直轴径向方向，采样频率为 25600Hz，采样持续时间 1.0s，时间、转速、转频与有功功率信息见表 7-4，所选的共计 12 组异常和正常状态下的时域振动信号如图 7-12 所示。

表 7-4　第 7 号风电齿轮箱转频与有功功率

健康状态	时间	高速轴转速/(r/min)	高速轴转频/Hz	高速轴转频×2/Hz	高速轴转频×3/Hz	有功功率/kW
异常	2019/03/21 19：12：15	1108.3	18.47	36.94	55.42	130.00
	2019/03/21 21：14：10	1757.8	29.30	58.59	87.89	1060.00
	2019/03/22 02：14：10	1058.9	17.65	35.30	52.95	71.00
	2019/03/22 04：12：06	1418.9	23.65	47.30	70.95	291.00
	2019/03/22 12：15：45	1764.9	29.42	58.83	88.25	1279.00
	2019/03/22 18：12：59	1771.9	29.53	59.06	88.60	2046.00
正常	2019/06/27 20：58：55	1468.4	24.47	48.95	73.42	425.00
	2019/07/15 00：24：50	1362.5	22.71	45.42	68.13	297.00
	2019/08/23 02：20：42	1327.2	22.12	44.24	66.36	270.00
	2019/09/22 00：18：46	1101.3	18.36	36.71	55.07	129.00
	2019/10/17 11：59：13	1030.7	17.18	34.36	51.54	0.00
	2019/11/21 14：16：44	1327.2	22.12	44.24	66.36	167.00

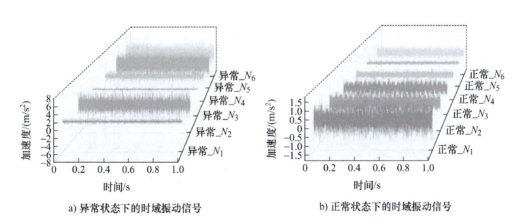

a）异常状态下的时域振动信号　　b）正常状态下的时域振动信号

图 7-12　第 7 号风电齿轮箱各健康状态下的时域振动信号

彩图 7-12

从图 7-12 中可知，在异常状态下振动信号幅值偏高，故障排除后齿轮箱恢复正常状态时，其振动信号幅值明显降低。无论何种健康状态，振动信号幅值均与齿轮箱的转速和功率呈正相关关系。为了进一步对齿轮箱的故障位置定位，结合快速傅里叶变换（Fast Fourier Transform，FFT）对上述 12 组数据进行频域分析，变换后的频谱如图 7-13 所示。

根据实时转速与齿轮箱参数，计算得到高速轴一倍转频（$f_{HSS\times1}$）均已在图 7-13 中进行标注。从频域图中可以看出，各时刻转速所对应高速轴一倍转频均呈现较为明显的边频成分。当故障排除后，从正常状态下的频域信号可以看出，一倍转频成分较为清晰，边频成分消失。各健康状态下的高速轴一倍转频幅值随着转速的增加而变大。据此可推断，用该方法所得连续五次故障状态时的评估结果与实际健康状态相符。

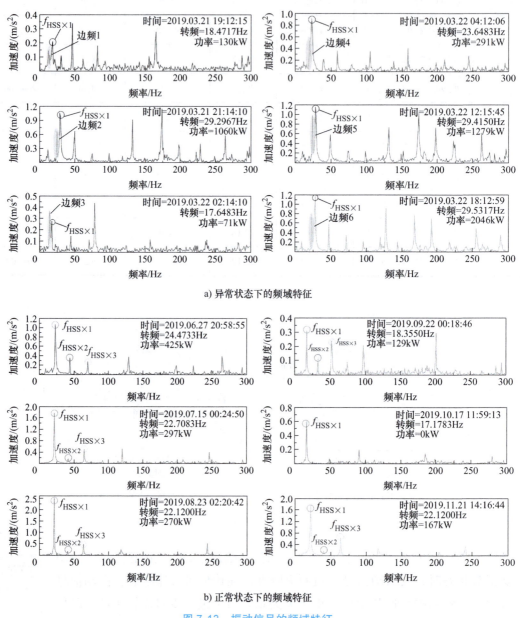

图 7-13 振动信号的频域特征

为了进一步判断故障损伤程度与故障状态下振动信号的时域特征量的变化，提取了该

12组振动数据的时域特征量(均方根、偏度和峭度)进行分析,如图7-14所示。

由图7-14所示时域特征的统计结果表明,方均根值与功率都呈正相关关系。在异常状态下,偏度和峭度与有功功率呈负相关关系,功率越小其偏离正常范围的程度越明显。由此可知,不同的时域特征量,与功率和转速的相关关系存在差异。从上述分析可知,结合特征工程能够准确检测出潜在故障信息,为制定和优化风电机组智能运维策略提供参考。

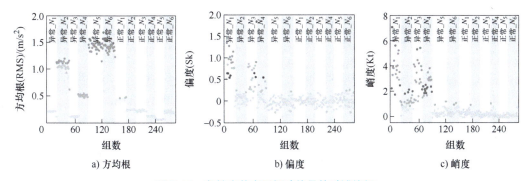

图 7-14 各健康状态下振动信号的时域特征

(2)基于机器学习的健康状态预测 问题描述:系统出现第13和第15号风电机组报警的时间分别为2018年8月16日12:05与11月8日9:20,齿轮箱入口温度接近70℃,并且在更换液压泵滤芯时发现存在铁屑,进一步检查后发现其故障原因为中间级小齿轮齿面断裂与行星级内齿圈磨损。

彩图 7-14

为了能够与其他健康状态下的风电机组预测结果有明显的对比,针对所筛选出的各风电齿轮箱的评价指标SCADA数据样本,采用LSTM网络训练各关键监测指标的预测模型,学习率为0.001,训练次数为200,隐藏层节点数为模型输入特征维度的2/3并向下取整。可知第11~15号风电齿轮箱的健康状态评估指标预测模型均已收敛,即能够准确预测各齿轮箱在正常状态下的所有评估指标。

采用训练所得指标预测模型,对测试样本进行预测。为了反映上述指标预测模型能够较为准确地区分故障和正常状态,这里将群组内具有故障数据的第13和第15号风电齿轮箱的预测误差采用最大最小值归一化,如图7-15所示。

如图7-15所示,其中 Nor_Ci 表示第 i 个预测指标归一化后的预测百分比误差。在 t_0 之前,当齿轮箱处于正常状态时,预测百分比误差相对较小且平稳,表明训练所得模型在正常状态下能够准确地预测评估指标。t_0 时刻之后,当齿轮箱处于异常状态时,归一化后的预测误差与正常状态下具有非常明显的差异,即状态评估指标预测模型都能较为准确地检测到故障信息。

此外,为进一步探究风电设备智能监测与故障诊断技术的未来发展方向和潜在挑战,还需要从技术融合与创新、数字孪生技术应用以及预测性维护优化等多个维度进行深入分析。

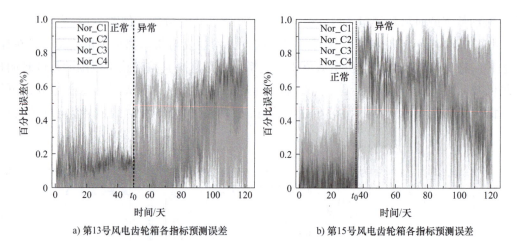

a) 第13号风电齿轮箱各指标预测误差　　b) 第15号风电齿轮箱各指标预测误差

图 7-15　第 13 和第 15 号风电齿轮箱各指标预测误差

1）技术融合与创新。随着物联网、大数据、云计算和人工智能等技术的快速发展，未来的风电设备智能监测与故障诊断将向着技术融合与创新的方向发展。通过多种技术的综合应用，提高监测与故障诊断的精度和效率。

彩图 7-15

2）数字孪生技术应用。数字孪生技术通过创建设备或系统的虚拟副本，可以在虚拟环境中模拟、分析和预测设备的运行状态，为设备的智能监测与故障诊断提供更为精确的数据支持和决策依据。

3）预测性维护优化。随着智能技术的不断发展，预测性维护将更加深入和精准。通过深度学习等技术分析历史数据和实时数据，准确预测设备潜在故障的发生时间和类型，实现更为高效和经济的维护策略。

课后思考题

1. 简述数据清洗、数据变换和归一化的目的及意义。

2. 请描述用于风力发电机叶片健康状态监测的数字孪生模型建模过程，并画出相应的技术路线。

3. 数字孪生模型中数据实时更新的目的是什么？

4. 结合数字孪生技术的风力发电机叶片设计，相较于传统的叶片设计方法有哪些优势？

5. 请简述风电机组健康状态监测的目的及意义。

6. 结合数据驱动人工智能的风电机组健康状态预测的优点是什么？

7. 预测性维护策略的优势是什么？为什么需要对风电机组采用该维护策略？

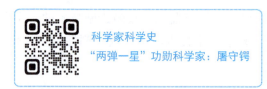

科学家科学史
"两弹一星"功勋科学家：屠守锷

参 考 文 献

[1] 王鹏，杨妹，祝建成，等．面向数字孪生的动态数据驱动建模与仿真方法[J]．系统工程与电子技术，2020，42（12）：2779-2786.

[2] 魏一雄，郭磊，陈亮希，等．基于实时数据驱动的数字孪生车间研究及实现[J]．计算机集成制造系统，2021，27（2）：352-363.

[3] 陶飞，刘蔚然，张萌，等．数字孪生五维模型及十大领域应用[J]．计算机集成制造系统，2019，25（1）：1-18.

[4] TAO F, ZHANG M, LIU Y S, et al. Digital twin driven prognostics and health management for complex equipment[J]. Cirp Annals, 2018, 67（1）：169-172.

[5] QI Q L, TAO F, HU T L, et al. Enabling technologies and tools for digital twin[J]. Journal of Manufacturing Systems, 2021, 58：3-21.

[6] TAO F, QI Q L, LIU A, et al. Data-driven smart manufacturing[J]. Journal of Manufacturing Systems, 2018, 48：157-169.

[7] CRISTINA A, Javier L. Digital twin: a comprehensive survey of security threats[J]. IEEE Communications Surveys and Tutorials, 2022, 24：1475-1503.

[8] 鲁斌，刘莉，李继荣，等．人工智能及应用[M]．北京：清华大学出版社，2017.

[9] 贲可荣，张彦铎．人工智能[M]．3版．北京：清华大学出版社，2018.

[10] 吕智涵．数字孪生[M]．北京：清华大学出版社，2023.

[11] 马特．数字孪生变革：引爆企业数字化发展[M]．北京：中国经济出版社，2023.

[12] AASEN H, HONKAVAARA E, LUCIEER A, et al. Quantitative remote sensing at ultra-high resolution with UAV spectroscopy: a review of sensor technology, measurement procedures, and data correction workflows[J]. Remote Sensing, 2018, 10（7）：1091.

[13] SALAMÍ E, BARRADO C, PASTOR E. UAV flight experiments applied to the remote sensing of vegetated areas[J]. Remote Sensing, 2014, 6（11）：11051-11081.

[14] MELIÁN J M, JIMÉNEZ A, DÍAZ M, et al. Real-time hyperspectral data transmission for UAV-based acquisition platforms[J]. Remote Sensing, 2021, 13（5）：850.

[15] GUO J, LI X, LV Z G, et al. Design of real-time video transmission system for drone reliability[C]//IOP Conference Series: Materials Science and Engineering. Bristol: IOP Publishing, 2020, 790（1）：012004.

[16] RIEKE M, FOERSTER T, GEIPEL J, et al. High-precision positioning and real-time data processing of UAV-systems[J]. The International Archives of the Photogrammetry, Remote Sensing and Spatial Information Sciences, 2012, 38：119-124.

[17] BLEIHOLDER J, NAUMANN F. Data fusion[J]. ACM computing surveys（CSUR）, 2009, 41（1）：1-41.

[18] GORDON R, HERMAN G. Three-dimensional reconstruction from projections: A review of algorithms[J]. International review of cytology, 1974, 38：111-151.

[19] 刘文帅，姚小敏，李超群，等．基于响应面和遗传算法的尾座式无人机结构参数优化[J]．农业机械学报，2019，50（5）：88-95.

[20] YAO X M, LIU W S, HAN W T, et al. Development of response surface model of endurance time

[21] 刘洋宏.航空发动机再制造叶片自动修磨生产线优化设计及仿真[D].重庆：重庆理工大学，2023.

[22] 万青山.压气机再制造叶片缺陷修磨生产线管控系统研究[D].重庆：重庆理工大学，2023.

[23] 任洪樟.基于数字孪生的数字化生产线虚拟监控系统研究[D].重庆：重庆理工大学，2023.

[24] 宋海鹰，叶锐锋，岑健，等.智能化生产线的数字孪生设计[J].制造业自动化，2024，46（2）：38-41.

[25] 孙丽，李九博，乔文宣，等.基于Unity3D的智慧物流实验室孪生研究[J].制造技术与机床，2024（2）：53-58.

[26] 宋飞虎，王梦柯，尹静，等.基于数字孪生控制的精密机床热误差模型[J].机电工程，2023，40（3）：391-398.

[27] 邢洁林.数字孪生在机械加工工艺中的应用与切削参数优化研究[J].内燃机与配件，2024（10）：107-109.

[28] 孙嘉玉，张娜，李奇颖.面向复杂装备的工业数字孪生管理系统[J].制造业自动化，2023，45（5）：151-156.

[29] 孙捷夫，薛详友，杨巍，等.考虑刀具磨损的细长轴车削参数动态调整策略[J].工具技术，2023，57（6）：69-74.

[30] ZHANG L J, ZHAO J X, LONG P X, et al. An autonomous excavator system for material loading tasks[J]. Science Robotics, 2021, 6（55）：1-13.

[31] WANG X B, SONG X G, SUN W, Surrogate based trajectory planning method for an unmanned electric shovel[J]. Mechanism and Machine. Theory, 2021, 158：104230.

[32] LI Y, FRIMPONG S, Hybrid virtual prototype for analyzing cable shovel component stress[J]. The International Journal of Advanced Manufacturing Technology, 2008（6）：423-430.

[33] WANG X B, SUN W, LI, et al. Energy-minimum optimization of the intelligent excavating process for large cable shovel through trajectory planning[J]. Structal and Multidisciplinary Optimization, 2018（5）：2219-2237.

[34] YANG Y J, LONG P X, SONG X B, et al. Optimization-based framework for excavation trajectory generation[J]. IEEE Robot, 2021, 6（2）：1479-1486.

[35] 张旭辉，张超，王妙云，等.数字孪生驱动的悬臂式掘进机虚拟操控技术[J].计算机集成制造系统，2021，27（6）：1617-1628.

[36] 李成雲，杨东升，周博文，等.基于数字孪生技术的新型电力系统数字化[J].综合智慧能源，2024，46（2）：1-11.

[37] 蒲天骄，陈盛，赵琦，等.能源互联网数字孪生系统框架设计及应用展望[J].中国电机工程学报，2021，41（6）：2012-2029.

[38] 江苏省电力试验研究院有限公司.新型电力系统数字孪生技术及实践[M].北京：机械工业出版社，2023.

[39] 孙荣富，王隆扬，王玉林，等.基于数字孪生的光伏发电功率超短期预测[J].电网技术，2021，45（4）：1258-1264.

[40] 徐鹤勇，张倩.基于数字孪生和改进LSTM的光伏发电预测技术[J].热能动力工程，2023，38（2）：84-91.

[41] 吴永斌，张建忠，袁正舳，等.风电场风功率异常数据识别与清洗研究综述[J].电网技术，2023，47（6）：2367-2380.

[42] 陶飞，刘蔚然，张萌，等．数字孪生五维模型及十大领域应用[J]．计算机集成制造系统，2019，25（1）：1-18.

[43] STETCO A，DINMOHAMMADI F，ZHAO X Y，et al. Machine learning methods for wind turbine condition monitoring：A review[J]. Renewable Energy，2019，133：620-635.

[44] 陈雪峰，郭艳婕，许才彬，等．风电装备故障诊断与健康监测研究综述[J]．中国机械工程，2020，31（2）：175-189.

[45] ZHU Y，ZHU C，TAN J J，et al. Anomaly detection and condition monitoring of wind turbine gearbox based on LSTM-FS and transfer learning[J]. Renewable Energy，2022，189：90-103.

[46] CORONADO D，KUPFERSCHMIDT C. Assessment and validation of oil sensor systems for on-line oil condition monitoring of wind turbine gearboxes[J]. Procedia Technology，2014，15：747-754.

[47] ZHU J，YOON J M，HE D，et al. Online particle-contaminated lubrication oil condition monitoring and remaining useful life prediction for wind turbines[J]. Wind Energy，2015，18：1131-1149.

[48] SALAMEH J P，CAUET S，ETIEN E，et al. Gearbox condition monitoring in wind turbines：A review[J]. Mechanical Systems and Signal Processing，2018，111：251-264.

[49] GONZÁLEZ-CARRATO R. Sound and vibration-based pattern recognition for wind turbines driving mechanisms[J]. Renewable Energy，2017，109：262-274.

[50] REN H，LIU W，SHAN M，et al. A new wind turbine health condition monitoring method based on VMD-MPE and feature-based transfer learning[J]. Measurement，2019，148：106906.

[51] CHEN W，QIU Y，FENG Y，et al. Diagnosis of wind turbine faults with transfer learning algorithms[J]. Renewable Energy，2021，163：2053-2067.

[52] LIU Y Z，SHI K M，LI Z X，et al. Transfer learning method for bearing fault diagnosis based on fully convolutional conditional Wasserstein adversarial Networks[J]. Measurement，2021，180：109553.

[53] 尚海勇，刘利强，齐咏生，等．基于数字孪生技术的风电机组建模研究[J]．太阳能学报，2023，44（5）：391-400.